ARABISCH

WORTSCHATZ

FÜR DAS SELBSTSTUDIUM

DEUTSCH
ARABISCH

Die nützlichsten Wörter
Zur Erweiterung Ihres Wortschatzes und
Verbesserung der Sprachfertigkeit

9000 Wörter

Wortschatz Deutsch-Arabisch für das Selbststudium - 9000 Wörter

Von Andrey Taranov

T&P Books Vokabelbücher sind dafür vorgesehen, beim Lernen einer Fremdsprache zu helfen, Wörter zu memorieren und zu wiederholen. Das Wörterbuch ist nach Themen aufgeteilt und deckt alle wichtigen Bereiche des täglichen Lebens, Berufs, Wissenschaft, Kultur etc. ab.

Durch das Benutzen der themenbezogenen T&P Books ergeben sich folgende Vorteile für den Lernprozess:

- Sachgemäß geordnete Informationen bestimmen den späteren Erfolg auf den darauffolgenden Stufen der Memorisierung
- Die Verfügbarkeit von Wörtern, die sich aus der gleichen Wurzel ableiten lassen, erlaubt die Memorisierung von Worteinheiten (mehr als bei einzeln stehenden Wörtern)
- Kleine Worteinheiten unterstützen den Aufbauprozess von assoziativen Verbindungen für die Festigung des Wortschatzes
- Die Kenntnis der Sprache kann aufgrund der Anzahl der gelernten Wörter eingeschätzt werden

T&P Books Publishing
www.tpbooks.com

ISBN: 978-1-78716-757-5

Dieses Buch ist auch im E-Book Format erhältlich.
Besuchen Sie uns auch auf www.tpbooks.com oder auf einer der bedeutenden Buchhandlungen online.

WORTSCHATZ DEUTSCH-ARABISCH
für das Selbststudium

Die Vokabelbücher von T&P Books sind dafür vorgesehen, Ihnen beim Lernen einer Fremdsprache zu helfen, Wörter zu memorieren und zu wiederholen. Der Wortschatz enthält über 9000 häufig gebrauchte, thematisch geordnete Wörter.

* Der Wortschatz enthält die am häufigsten benutzten Wörter
* Eignet sich als Ergänzung zu jedem Sprachkurs
* Erfüllt die Bedürfnisse von Anfängern und fortgeschrittenen Lernenden von Fremdsprachen
* Praktisch für den täglichen Gebrauch, zur Wiederholung und um sich selbst zu testen
* Ermöglicht es, Ihren Wortschatz einzuschätzen

Besondere Merkmale des Wortschatzes:

* Wörter sind entsprechend ihrer Bedeutung und nicht alphabetisch organisiert
* Wörter werden in drei Spalten präsentiert, um das Wiederholen und den Selbstüberprüfungsprozess zu erleichtern
* Wortgruppen werden in kleinere Einheiten aufgespalten, um den Lernprozess zu fördern
* Der Wortschatz bietet eine praktische und einfache Lautschrift jedes Wortes der Fremdsprache

Der Wortschatz hat 256 Themen, einschließlich:

Grundbegriffe, Zahlen, Farben, Monate, Jahreszeiten, Maßeinheiten, Kleidung und Accessoires, Essen und Ernährung, Restaurant, Familienangehörige, Verwandte, Charaktereigenschaften, Empfindungen, Gefühle, Krankheiten, Großstadt, Kleinstadt, Sehenswürdigkeiten, Einkaufen, Geld, Haus, Zuhause, Büro, Import & Export, Marketing, Arbeitssuche, Sport, Ausbildung, Computer, Internet, Werkzeug, Natur, Länder, Nationalitäten und vieles mehr...

INHALT

LEITFADEN FÜR DIE AUSSPRACHE

T&P phonetisches Alphabet	Arabisch Beispiel	Deutsch Beispiel
[a]	طَفَى [ṭaffa]	schwarz
[ā]	إختار [iχtār]	Zahlwort
[e]	هامبورجر [hamburger]	Pferde
[i]	زفاف [zifāf]	ihr, finden
[ī]	أبريل [abrīl]	Wieviel
[u]	كلكتا [kalkutta]	kurz
[ū]	جاموس [ʒāmūs]	über
[b]	بداية [bidāya]	Brille
[d]	سعادة [sa'āda]	Detektiv
[d]	وضع [waḍ']	pharyngalisiert [d]
[ʒ]	الأرجنتين [arʒantīn]	Regisseur
[ö]	تذكار [tiökār]	Motherboard
[z]	ظهر [zahar]	pharyngalisiert [z]
[f]	خفيف [χafīf]	fünf
[g]	جولف [gūlf]	gelb
[h]	إتجاه [ittiʒāh]	brauchbar
[ḥ]	أحبّ [aḥabb]	pharyngalisiert [h]
[y]	ذهبي [öahabiy]	Jacke
[k]	كرسي [kursiy]	Kalender
[l]	لمع [lamah]	Juli
[m]	مرصد [marṣad]	Mitte
[n]	جنوب [ʒanūb]	Vorhang
[p]	كابتشينو [kaputʃīnu]	Polizei
[q]	وثق [waθiq]	Kobra
[r]	روح [rūḥ]	richtig
[s]	سخرية [suχriyya]	sein
[ṣ]	معصم [mi'ṣam]	pharyngalisiert [s]
[ʃ]	عشاء ['aʃā']	Chance
[t]	تنّوب [tannūb]	still
[ṭ]	خريطة [χarīṭa]	pharyngalisiert [t]
[θ]	ماموث [mamūθ]	stimmloser th-Laut
[v]	فيتنام [vitnām]	November
[w]	ودّع [wadda']	schwanger
[χ]	بخيل [baχīl]	billig
[ɣ]	تغدّى [taɣadda]	Vogel (Berlinerisch)
[z]	ماعز [mā'iz]	sein
['] (ayn)	سبعة [sab'a]	stimmhafte pharyngale Frikativ
['] (hamza)	سأل [sa'al]	Glottisschlag

ABKÜRZUNGEN
die im Vokabular verwendet werden

Arabisch. Abkürzungen

du	-	Plural-Nomen-(doppelt)
f	-	Femininum
m	-	Maskulinum
pl	-	Plural

Deutsch. Abkürzungen

Adj	-	Adjektiv
Adv	-	Adverb
Amtsspr.	-	Amtssprache
f	-	Femininum
f, n	-	Femininum, Neutrum
Fem.	-	Femininum
m	-	Maskulinum
m, f	-	Maskulinum, Femininum
m, n	-	Maskulinum, Neutrum
Mask.	-	Maskulinum
n	-	Neutrum
pl	-	Plural
Sg.	-	Singular
ugs.	-	umgangssprachlich
unzähl.	-	unzählbar
usw.	-	und so weiter
v mod	-	Modalverb
vi	-	intransitives Verb
vi, vt	-	intransitives, transitives Verb
vt	-	transitives Verb
zähl.	-	zählbar
z.B.	-	zum Beispiel

GRUNDBEGRIFFE

Grundbegriffe. Teil 1

1. Pronomen

ich	ana	أنا
du (Mask.)	anta	أنت
du (Fem.)	anti	أنت
er	huwa	هو
sie	hiya	هي
wir	naḥnu	نحن
ihr	antum	أنتم
sie	hum	هم

2. Grüße. Begrüßungen. Verabschiedungen

Hallo! (Amtsspr.)	as salāmu ʿalaykum!	السلام عليكم!
Guten Morgen!	ṣabāḥ al ḵayr!	صباح الخير!
Guten Tag!	nahārak saʿīd!	نهارك سعيد!
Guten Abend!	masāʾ al ḵayr!	مساء الخير!
grüßen (vi, vt)	sallam	سلّم
Hallo! (ugs.)	salām!	سلام!
Gruß (m)	salām (m)	سلام
begrüßen (vt)	sallam ʿala	سلّم على
Wie geht's?	kayfa ḥāluka?	كيف حالك؟
Was gibt es Neues?	ma aḵbārak?	ما أخبارك؟
Auf Wiedersehen!	maʿ as salāma!	مع السلامة!
Bis bald!	ilal liqāʾ!	إلى اللقاء!
Lebe wohl! Leben Sie wohl!	maʿ as salāma!	مع السلامة!
sich verabschieden	waddaʿ	ودّع
Tschüs!	bay bay!	باي باي!
Danke!	ʃukran!	شكرًا!
Dankeschön!	ʃukran ʒazīlan!	شكرًا جزيلًا!
Bitte (Antwort)	ʿafwan	عفوا
Keine Ursache.	la ʃukr ʿala wāʒib	لا شكر على واجب
Nichts zu danken.	al ʿafw	العفو
Entschuldige!	ʿan iðnak!	عن أذنك!
Entschuldigung!	ʿafwan!	عفوًا!
entschuldigen (vt)	ʿaðar	عذر
sich entschuldigen	iʿtaðar	إعتذر
Verzeihung!	ana ʾāsif	أنا آسف

Es tut mir leid!	la tu'āχiðni!	لا تؤاخذني!
verzeihen (vt)	'afa	عفا
bitte (Die Rechnung, ~!)	min faḍlak	من فضلك

Nicht vergessen!	la tansa!	لا تنس!
Natürlich!	ṭab'an!	طبعاً!
Natürlich nicht!	abadan!	أبداً!
Gut! Okay!	ittafaqna!	إتفقنا!
Es ist genug!	kifāya!	كفاية!

3. Jemanden ansprechen

Herr	ya sayyid	يا سيّد
Frau	ya sayyida	يا سيدة
Frau (Fräulein)	ya 'ānisa	يا آنسة
Junger Mann	ya ustāð	يا أستاذ
Junge	ya bni	يا بني
Mädchen	ya binti	يا بنتي

4. Grundzahlen. Teil 1

null	ṣifr	صفر
eins	wāḥid	واحد
eine	wāḥida	واحدة
zwei	iθnān	إثنان
drei	θalāθa	ثلاثة
vier	arba'a	أربعة

fünf	χamsa	خمسة
sechs	sitta	ستّة
sieben	sab'a	سبعة
acht	θamāniya	ثمانية
neun	tis'a	تسعة

zehn	'aʃara	عشرة
elf	aḥad 'aʃar	أحد عشر
zwölf	iθnā 'aʃar	إثنا عشر
dreizehn	θalāθat 'aʃar	ثلاثة عشر
vierzehn	arba'at 'aʃar	أربعة عشر

fünfzehn	χamsat 'aʃar	خمسة عشر
sechzehn	sittat 'aʃar	ستّة عشر
siebzehn	sab'at 'aʃar	سبعة عشر
achtzehn	θamāniyat 'aʃar	ثمانية عشر
neunzehn	tis'at 'aʃar	تسعة عشر

zwanzig	'iʃrūn	عشرون
einundzwanzig	wāḥid wa 'iʃrūn	واحد وعشرون
zweiundzwanzig	iθnān wa 'iʃrūn	إثنان وعشرون
dreiundzwanzig	θalāθa wa 'iʃrūn	ثلاثة وعشرون
dreißig	θalāθīn	ثلاثون
einunddreißig	wāḥid wa θalāθūn	واحد وثلاثون

| zweiunddreißig | iθnān wa θalāθūn | إننان وثلاثون |
| dreiunddreißig | θalāθa wa θalāθūn | ثلاثة وثلاثون |

vierzig	arba'ūn	أربعون
einundvierzig	wāḥid wa arba'ūn	واحد وأربعون
zweiundvierzig	iθnān wa arba'ūn	إننان وأربعون
dreiundvierzig	θalāθa wa arba'ūn	ثلاثة وأربعون

fünfzig	χamsūn	خمسون
einundfünfzig	wāḥid wa χamsūn	واحد وخمسون
zweiundfünfzig	iθnān wa χamsūn	إننان وخمسون
dreiundfünfzig	θalāθa wa χamsūn	ثلاثة وخمسون

sechzig	sittūn	ستّون
einundsechzig	wāḥid wa sittūn	واحد وستّون
zweiundsechzig	iθnān wa sittūn	إننان وستّون
dreiundsechzig	θalāθa wa sittūn	ثلاثة وستّون

siebzig	sab'ūn	سبعون
einundsiebzig	wāḥid wa sab'ūn	واحد وسبعون
zweiundsiebzig	iθnān wa sab'ūn	إننان وسبعون
dreiundsiebzig	θalāθa wa sab'ūn	ثلاثة وسبعون

achtzig	θamānūn	ثمانون
einundachtzig	wāḥid wa θamānūn	واحد وثمانون
zweiundachtzig	iθnān wa θamānūn	إننان وثمانون
dreiundachtzig	θalāθa wa θamānūn	ثلاثة وثمانون

neunzig	tis'ūn	تسعون
einundneunzig	wāḥid wa tis'ūn	واحد وتسعون
zweiundneunzig	iθnān wa tis'ūn	إننان وتسعون
dreiundneunzig	θalāθa wa tis'ūn	ثلاثة وتسعون

5. Grundzahlen. Teil 2

einhundert	mi'a	مائة
zweihundert	mi'atān	مائتان
dreihundert	θalāθumi'a	ثلاثمائة
vierhundert	rub'umi'a	أربعمائة
fünfhundert	χamsumi'a	خمسمائة

| sechshundert | sittumi'a | ستّمائة |
| siebenhundert | sab'umi'a | سبعمائة |

| achthundert | θamānimi'a | ثمانمائة |
| neunhundert | tis'umi'a | تسعمائة |

eintausend	alf	ألف
zweitausend	alfān	ألفان
dreitausend	θalāθat 'ālāf	ثلاثة آلاف
zehntausend	'aʃarat 'ālāf	عشرة آلاف
hunderttausend	mi'at alf	مائة ألف
Million (f)	milyūn (m)	مليون
Milliarde (f)	milyār (m)	مليار

6. Ordnungszahlen

der erste	awwal	أوّل
der zweite	θāni	ثان
der dritte	θāliθ	ثالث
der vierte	rābi'	رابع
der fünfte	χāmis	خامس
der sechste	sādis	سادس
der siebte	sābi'	سابع
der achte	θāmin	ثامن
der neunte	tāsi'	تاسع
der zehnte	'āʃir	عاشر

7. Zahlen. Brüche

Bruch (m)	kasr (m)	كسر
Hälfte (f)	niṣf	نصف
Drittel (n)	θulθ	ثلث
Viertel (n)	rub'	ربع
Achtel (m, n)	θumn	ثمن
Zehntel (n)	'uʃr	عشر
zwei Drittel	θulθān	ثلثان
drei Viertel	talātit arbā'	ثلاثة أرباع

8. Zahlen. Grundrechenarten

Subtraktion (f)	ṭarḥ (m)	طرح
subtrahieren (vt)	ṭaraḥ	طرح
Division (f)	qisma (f)	قسمة
dividieren (vt)	qasam	قسم
Addition (f)	ʒam' (m)	جمع
addieren (vt)	ʒama'	جمع
hinzufügen (vt)	ʒama'	جمع
Multiplikation (f)	ḍarb (m)	ضرب
multiplizieren (vt)	ḍarab	ضرب

9. Zahlen. Verschiedenes

Ziffer (f)	raqm (m)	رقم
Zahl (f)	'adad (m)	عدد
Zahlwort (n)	ism al 'adad (m)	إسم العدد
Minus (n)	nāqiṣ (m)	ناقص
Plus (n)	zā'id (m)	زائد
Formel (f)	ṣīɣa (f)	صيغة
Berechnung (f)	ḥisāb (m)	حساب
zählen (vt)	'add	عدّ

berechnen (vt)	ḥasab	حسب
vergleichen (vt)	qāran	قارن

Wie viel, -e?	kam?	كم؟
Summe (f)	maʒmūʿ (m)	مجموع
Ergebnis (n)	natīʒa (f)	نتيجة
Rest (m)	al bāqi (m)	الباقي

einige (~ Tage)	ʿiddat	عدّة
wenig (Adv)	qalīl	قليل
Übrige (n)	al bāqi (m)	الباقي
anderthalb	wāḥid wa niṣf (m)	واحد ونصف
Dutzend (n)	iθnā ʿaʃar (f)	إثنا عشر

entzwei (Adv)	ila ʃaṭrayn	إلى شطرين
zu gleichen Teilen	bit tasāwi	بالتساوى
Hälfte (f)	niṣf (m)	نصف
Mal (n)	marra (f)	مرّة

10. Die wichtigsten Verben. Teil 1

abbiegen (nach links ~)	inʿaṭaf	إنعطف
abschicken (vt)	arsal	أرسل
ändern (vt)	ɣayyar	غيّر
andeuten (vt)	aʿṭa talmīḥ	أعطى تلميحًا
Angst haben	χāf	خاف

ankommen (vi)	waṣal	وصل
antworten (vi)	aʒāb	أجاب
arbeiten (vi)	ʿamal	عمل
auf ... zählen	iʿtamad ʿala ...	إعتمد على...
aufbewahren (vt)	ḥafaẓ	حفظ

aufschreiben (vt)	katab	كتب
ausgehen (vi)	χaraʒ	خرج
aussprechen (vt)	naṭaq	نطق
bedauern (vt)	nadim	ندم
bedeuten (vt)	ʿana	عنى
beenden (vt)	atamm	أتمّ

befehlen (Milit.)	amar	أمر
befreien (Stadt usw.)	ḥarrar	حرّر
beginnen (vt)	bada'	بدأ
bemerken (vt)	lāḥaẓ	لاحظ
beobachten (vt)	rāqab	راقب

berühren (vt)	lamas	لمس
besitzen (vt)	malak	ملك
besprechen (vt)	nāqaʃ	ناقش
bestehen auf	aṣarr	أصرّ
bestellen (im Restaurant)	ṭalab	طلب

bestrafen (vt)	ʿāqab	عاقب
beten (vi)	ṣalla	صلّى

bitten (vt)	ṭalab	طلب
brechen (vt)	kasar	كسر
denken (vi, vt)	ẓann	ظنّ

drohen (vi)	haddad	هدّد
Durst haben	arād an yaʃrab	أراد أن يشرب
einladen (vt)	daʿa	دعا
einstellen (vt)	tawaqqaf	توقّف
einwenden (vt)	iʿtaraḍ	إعترض
empfehlen (vt)	naṣaḥ	نصح

erklären (vt)	ʃaraḥ	شرح
erlauben (vt)	raxxaṣ	رخّص
ermorden (vt)	qatal	قتل
erwähnen (vt)	ðakar	ذكر
existieren (vi)	kān mawʒūd	كان موجودًا

11. Die wichtigsten Verben. Teil 2

fallen (vi)	saqaṭ	سقط
fallen lassen	awqaʿ	أوقع
fangen (vt)	amsak	أمسك
finden (vt)	waʒad	وجد
fliegen (vi)	ṭār	طار

folgen (Folge mir!)	tabaʿ	تبع
fortsetzen (vt)	istamarr	إستمرّ
fragen (vt)	saʾal	سأل
frühstücken (vi)	afṭar	أفطر
geben (vt)	aʿṭa	أعطى

gefallen (vi)	aʿʒab	أعجب
gehen (zu Fuß gehen)	maʃa	مشى
gehören (vi)	xaṣṣ	خصّ
graben (vt)	ḥafar	حفر

haben (vt)	malak	ملك
helfen (vi)	sāʿad	ساعد
herabsteigen (vi)	nazil	نزل
hereinkommen (vi)	daxal	دخل

hoffen (vi)	tamanna	تمنّى
hören (vt)	samiʿ	سمع
hungrig sein	arād an yaʾkul	أراد أن يأكل
informieren (vt)	axbar	أخبر
jagen (vi)	iṣṭād	إصطاد

kennen (vt)	ʿaraf	عرف
klagen (vi)	ʃaka	شكا
können (v mod)	istaṭāʿ	إستطاع
kontrollieren (vt)	taḥakkam	تحكّم
kosten (vt)	kallaf	كلّف
kränken (vt)	ahān	أهان
lächeln (vi)	ibtasam	إبتسم

lachen (vi)	ḍaḥik	ضحك
laufen (vi)	ʒara	جرى
leiten (Betrieb usw.)	adār	أدار

lernen (vt)	daras	درس
lesen (vi, vt)	qara'	قرأ
lieben (vt)	aḥabb	أحبَّ
machen (vt)	'amal	عمل

mieten (Haus usw.)	ista'ʒar	إستأجر
nehmen (vt)	axað	أخذ
noch einmal sagen	karrar	كرَّر
nötig sein	kān maṭlūb	كان مطلوبا
öffnen (vt)	fataḥ	فتح

12. Die wichtigsten Verben. Teil 3

planen (vt)	xaṭṭaṭ	خطط
prahlen (vi)	tabāha	تباهى
raten (vt)	naṣaḥ	نصح
rechnen (vt)	'add	عدَّ
reservieren (vt)	haʒaz	حجز

retten (vt)	anqað	أنقذ
richtig raten (vt)	xamman	خمَّن
rufen (um Hilfe ~)	istaɣāθ	إستغاث
sagen (vt)	qāl	قال
schaffen (Etwas Neues zu ~)	xalaq	خلق

schelten (vt)	wabbax	وبَّخ
schießen (vi)	aṭlaq an nār	أطلق النار
schmücken (vt)	zayyan	زيَّن
schreiben (vi, vt)	katab	كتب
schreien (vi)	ṣarax	صرخ
schweigen (vi)	sakat	سكت
schwimmen (vi)	sabaḥ	سبح
schwimmen gehen	sabaḥ	سبح
sehen (vi, vt)	ra'a	رأى

sein (vi)	kān	كان
sich beeilen	ista'ʒal	إستعجل
sich entschuldigen	i'taðar	إعتذر

sich interessieren	ihtamm	إهتمَّ
sich irren	axta'	أخطأ
sich setzen	ʒalas	جلس
sich weigern	rafaḍ	رفض
spielen (vi, vt)	la'ib	لعب

sprechen (vi)	takallam	تكلَّم
staunen (vi)	indahaʃ	إندهش
stehlen (vt)	saraq	سرق
stoppen (vt)	waqaf	وقف
suchen (vt)	baḥaθ	بحث

13. Die wichtigsten Verben. Teil 4

täuschen (vt)	ҳada'	خدع
teilnehmen (vi)	iʃtarak	إشترك
übersetzen (Buch usw.)	tarӡam	ترجم
unterschätzen (vt)	istaҳaff	إستخفَّ
unterschreiben (vt)	waqqa'	وقّع

vereinigen (vt)	waḥḥad	وحّد
vergessen (vt)	nasiy	نسي
vergleichen (vt)	qāran	قارن
verkaufen (vt)	bā'	باع
verlangen (vt)	ṭālib	طالب

versäumen (vt)	ҳāb	غاب
versprechen (vt)	wa'ad	وعد
verstecken (vt)	ҳaba'	خبأ
verstehen (vt)	fahim	فهم
versuchen (vt)	ḥāwal	حاول

verteidigen (vt)	dāfa'	دافع
vertrauen (vi)	waθiq	وثق
verwechseln (vt)	iҳtalaṭ	إختلط
verzeihen (vt)	'afa	عفا
voraussehen (vt)	tanabba'	تنبّأ

vorschlagen (vt)	iqtaraḥ	إقترح
vorziehen (vt)	faḍḍal	فضّل
wählen (vt)	iҳtār	إختار
warnen (vt)	ḥaððar	حذّر
warten (vi)	intazar	إنتظر
weinen (vi)	baka	بكى

wissen (vt)	'araf	عرف
Witz machen	mazaḥ	مزح
wollen (vt)	arād	أراد
zahlen (vt)	dafa'	دفع
zeigen (jemandem etwas)	'araḍ	عرض

zu Abend essen	ta'aʃʃa	تعشّى
zu Mittag essen	taҳadda	تغدّى
zubereiten (vt)	ḥaḍḍar	حضّر
zustimmen (vi)	ittafaq	إتّفق
zweifeln (vi)	ʃakk fi	شكَّ في

14. Farben

Farbe (f)	lawn (m)	لون
Schattierung (f)	daraӡat al lawn (m)	درجة اللون
Farbton (m)	ṣabҳit lūn (f)	لون
Regenbogen (m)	qaws quzaḥ (m)	قوس قزح
weiß	abyaḍ	أبيض
schwarz	aswad	أسود

grau	ramādiy	رمادِيّ
grün	axḍar	أَحضَر
gelb	aṣfar	أَصفَر
rot	aḥmar	أَحمَر

blau	azraq	أَزرق
hellblau	azraq fātiḥ	أَزرق فاتِح
rosa	wardiy	وردِيّ
orange	burtuqāliy	برتقالِيّ
violett	banafsaʒiy	بنفسجِيّ
braun	bunniy	بُنِّيّ

| golden | ðahabiy | ذهبِيّ |
| silbrig | fiḍḍiy | فضِّيّ |

beige	bɛːʒ	بيج
cremefarben	ʿāʒiy	عاجِيّ
türkis	fayrūziy	فيروزِيّ
kirschrot	karaziy	كرزِيّ
lila	laylakiy	ليلكِيّ
himbeerrot	qirmiziy	قرمزِيّ

hell	fātiḥ	فاتِح
dunkel	ɣāmiq	غامِق
grell	zāhi	زاه

Farb- (z.B. -stifte)	mulawwan	ملوّن
Farb- (z.B. -film)	mulawwan	ملوّن
schwarz-weiß	abyaḍ wa aswad	أبيض وأسود
einfarbig	waḥīd al lawn, sāda	وحيد اللون, سادة
bunt	mutaʿaddid al alwān	متعدّد الألوان

15. Fragen

Wer?	man?	من؟
Was?	māða?	ماذا؟
Wo?	ayna?	أين؟
Wohin?	ila ayna?	إلى أين؟
Woher?	min ayna?	من أين؟
Wann?	mata?	متى؟
Wozu?	li māða?	لماذا؟
Warum?	li māða?	لماذا؟

Wofür?	li māða?	لماذا؟
Wie?	kayfa?	كيف؟
Welcher?	ay?	أي؟

Wem?	li man?	لمن؟
Über wen?	ʿamman?	عمّن؟
Wovon? (~ sprichst du?)	ʿamma?	عمّا؟
Mit wem?	maʿ man?	مع من؟

| Wie viel? Wie viele? | kam? | كم؟ |
| Wessen? | li man? | لمن؟ |

16. Präpositionen

mit (Frau ~ Katzen)	maʿ	مع
ohne (~ Dich)	bi dūn	بدون
nach (~ London)	ila	إلى
über (~ Geschäfte sprechen)	ʿan	عن
vor (z.B. ~ acht Uhr)	qabl	قبل
vor (z.B. ~ dem Haus)	amām	أمام

unter (~ dem Schirm)	taht	تحت
über (~ dem Meeresspiegel)	fawq	فوق
auf (~ dem Tisch)	ʿala	على
aus (z.B. ~ München)	min	من
aus (z.B. ~ Porzellan)	min	من

in (~ zwei Tagen)	baʿd	بعد
über (~ zaun)	ʿabr	عبر

17. Funktionswörter. Adverbien. Teil 1

Wo?	ayna?	أين؟
hier	huna	هنا
dort	hunāk	هناك

irgendwo	fi makānin ma	في مكان ما
nirgends	la fi ay makān	لا في أي مكان

an (bei)	bi ȝānib	بجانب
am Fenster	bi ȝānib aʃ ʃubbāk	بجانب الشباك

Wohin?	ila ayna?	إلى أين؟
hierher	huna	هنا
dahin	hunāk	هناك
von hier	min huna	من هنا
von da	min hunāk	من هناك

nah (Adv)	qarīban	قريباً
weit, fern (Adv)	baʿīdan	بعيداً

in der Nähe von ...	ʿind	عند
in der Nähe	qarīban	قريباً
unweit (~ unseres Hotels)	ɣayr baʿīd	غير بعيد

link (Adj)	al yasār	اليسار
links (Adv)	ʿalaʃ ʃimāl	على الشمال
nach links	ilaʃ ʃimāl	إلى الشمال

recht (Adj)	al yamīn	اليمين
rechts (Adv)	ʿalal yamīn	على اليمين
nach rechts	Ilal yamīn	إلى اليمين

vorne (Adv)	min al amām	من الأمام
Vorder-	amāmiy	أمامي

vorwärts	ilal amām	إلى الأمام
hinten (Adv)	warā'	وراء
von hinten	min al warā'	من الوراء
rückwärts (Adv)	ilal warā'	إلى الوراء

Mitte (f)	wasaṭ (m)	وسط
in der Mitte	fil wasat	في الوسط

seitlich (Adv)	bi ʒānib	بجانب
überall (Adv)	fi kull makān	في كل مكان
ringsherum (Adv)	ḥawl	حول

von innen (Adv)	min ad dāχil	من الداخل
irgendwohin (Adv)	ila ayy makān	إلى أيّ مكان
geradeaus (Adv)	bi aqṣar ṭarīq	بأقصر طريق
zurück (Adv)	'īyāban	إياباً

irgendwoher (Adv)	min ayy makān	من أي مكان
von irgendwo (Adv)	min makānin ma	من مكان ما

erstens	awwalan	أولَلا
zweitens	θāniyan	ثانياً
drittens	θāliθan	ثالثاً

plötzlich (Adv)	faʒ'a	فجأة
zuerst (Adv)	fil bidāya	في البداية
zum ersten Mal	li 'awwal marra	لأوّل مرّة
lange vor...	qabl ... bi mudda ṭawīla	قبل...بمدّة طويلة
von Anfang an	min ʒadīd	من جديد
für immer	ilal abad	إلى الأبد

nie (Adv)	abadan	أبداً
wieder (Adv)	min ʒadīd	من جديد
jetzt (Adv)	al 'ān	الآن
oft (Adv)	kaθīran	كثيراً
damals (Adv)	fi ðalika al waqt	في ذلك الوقت
dringend (Adv)	'āʒilan	عاجلَلا
gewöhnlich (Adv)	kal 'āda	كالعادة

übrigens, ...	'ala fikra ...	على فكرة...
möglicherweise (Adv)	min al mumkin	من الممكن
wahrscheinlich (Adv)	la'alla	لعلّ
vielleicht (Adv)	min al mumkin	من الممكن
außerdem ...	bil iḍāfa ila ðalik ...	بالإضافة إلى...
deshalb ...	li ðalik	لذلك
trotz ...	bir raүm min ...	بالرغم من...
dank ...	bi faḍl ...	بفضل...

was (~ ist denn?)	allaði	الذي
das (~ ist alles)	anna	أن
etwas	ʃay' (m)	شيء
irgendwas	ʃay' (m)	شيء
nichts	la ʃay'	لا شيء

wer (~ ist ~?)	allaði	الذي
jemand	aḥad	أحد

23

irgendwer	ahad	أحد
niemand	la ahad	لا أحد
nirgends	la ila ay makān	لا إلى أي مكان
niemandes (~ Eigentum)	la yaxuşş ahad	لا يخص أحدًا
jemandes	li ahad	لأحد

so (derart)	hakaða	هكذا
auch	kaðalika	كذلك
ebenfalls	ayḍan	أيضًا

18. Funktionswörter. Adverbien. Teil 2

Warum?	li māða?	لماذا؟
aus irgendeinem Grund	li sababin ma	لسبب ما
weil ...	li'anna ...	لأنّ...
zu irgendeinem Zweck	li amr mā	لأمر ما

und	wa	و
oder	aw	أو
aber	lakin	لكن
für (präp)	li	لـ

zu (~ viele)	kaθīran ʒiddan	كثير جدًا
nur (~ einmal)	faqaṭ	فقط
genau (Adv)	biḍ ḍabṭ	بالضبط
etwa	naḥw	نحو

ungefähr (Adv)	taqrīban	تقريبًا
ungefähr (Adj)	taqrībiy	تقريبيّ
fast	taqrīban	تقريبًا
Übrige (n)	al bāqi (m)	الباقي

jeder (~ Mann)	kull	كلّ
beliebig (Adj)	ayy	أيّ
viel	kaθīr	كثير
viele Menschen	kaθīr min an nās	كثير من الناس
alle (wir ~)	kull an nās	كل الناس

im Austausch gegen ...	muqābil ...	مقابل...
dafür (Adv)	muqābil	مقابل

mit der Hand (Hand-)	bil yad	باليد
schwerlich (Adv)	hayhāt	هيهات

wahrscheinlich (Adv)	la'alla	لعلّ
absichtlich (Adv)	qaṣdan	قصدا
zufällig (Adv)	şudfa	صدفة

sehr (Adv)	ʒiddan	جدًا
zum Beispiel	maθalan	مثلًا
zwischen	bayn	بين
unter (Wir sind ~ Mördern)	bayn	بين
so viele (~ Ideen)	haðihi al kammiyya	هذه الكمية
besonders (Adv)	xāṣṣa	خاصّة

Grundbegriffe. Teil 2

19. Wochentage

Montag (m)	yawm al iθnayn (m)	يوم الإثنين
Dienstag (m)	yawm aθ θulāθāʾ (m)	يوم الثلاثاء
Mittwoch (m)	yawm al arbiʿāʾ (m)	يوم الأربعاء
Donnerstag (m)	yawm al χamīs (m)	يوم الخميس
Freitag (m)	yawm al ʒumʿa (m)	يوم الجمعة
Samstag (m)	yawm as sabt (m)	يوم السبت
Sonntag (m)	yawm al aḥad (m)	يوم الأحد
heute	al yawm	اليوم
morgen	γadan	غدًا
übermorgen	baʿd γad	بعد غد
gestern	ams	أمس
vorgestern	awwal ams	أوّل أمس
Tag (m)	yawm (m)	يوم
Arbeitstag (m)	yawm ʿamal (m)	يوم عمل
Feiertag (m)	yawm al ʿuṭla ar rasmiyya (m)	يوم العطلة الرسمية
freier Tag (m)	yawm ʿuṭla (m)	يوم عطلة
Wochenende (n)	ayyām al ʿuṭla (pl)	أيام العطلة
den ganzen Tag	ṭūl al yawm	طول اليوم
am nächsten Tag	fil yawm at tāli	في اليوم التالي
zwei Tage vorher	min yawmayn	قبل يومين
am Vortag	fil yawm as sābiq	في اليوم السابق
täglich (Adj)	yawmiy	يومي
täglich (Adv)	yawmiyyan	يوميًا
Woche (f)	usbūʿ (m)	أسبوع
letzte Woche	fil isbūʿ al māḍi	في الأسبوع الماضي
nächste Woche	fil isbūʿ al qādim	في الأسبوع القادم
wöchentlich (Adj)	usbūʿiy	أسبوعي
wöchentlich (Adv)	usbūʿiyyan	أسبوعيًا
zweimal pro Woche	marratayn fil usbūʿ	مرّتين في الأسبوع
jeden Dienstag	kull yawm aθ θulaθāʾ	كل يوم الثلاثاء

20. Stunden. Tag und Nacht

Morgen (m)	ṣabāḥ (m)	صباح
morgens	fiṣ ṣabāḥ	في الصباح
Mittag (m)	ẓuhr (m)	ظهر
nachmittags	baʿd aẓ ẓuhr	بعد الظهر
Abend (m)	masāʾ (m)	مساء
abends	fil masāʾ	في المساء

Nacht (f)	layl (m)	ليل
nachts	bil layl	بالليل
Mitternacht (f)	muntaṣif al layl (m)	منتصف الليل

Sekunde (f)	θāniya (f)	ثانية
Minute (f)	daqīqa (f)	دقيقة
Stunde (f)	sā'a (f)	ساعة
eine halbe Stunde	niṣf sā'a (m)	نصف ساعة
Viertelstunde (f)	rub' sā'a (f)	ربع ساعة
fünfzehn Minuten	xamsat 'aʃar daqīqa	خمس عشرة دقيقة
Tag und Nacht	yawm kāmil (m)	يوم كامل

Sonnenaufgang (m)	ʃurūq aʃ ʃams (m)	شروق الشمس
Morgendämmerung (f)	faʒr (m)	فجر
früher Morgen (m)	ṣabāḥ bākir (m)	صباح باكر
Sonnenuntergang (m)	ɣurūb aʃ ʃams (m)	غروب الشمس

früh am Morgen	fis ṣabāḥ al bākir	في الصباح الباكر
heute Morgen	al yawm fiṣ ṣabāḥ	اليوم في الصباح
morgen früh	ɣadan fiṣ ṣabāḥ	غدًا في الصباح

heute Mittag	al yawm ba'd aẓ ẓuhr	اليوم بعد الظهر
nachmittags	ba'd aẓ ẓuhr	بعد الظهر
morgen Nachmittag	ɣadan ba'd aẓ ẓuhr	غدًا بعد الظهر

| heute Abend | al yawm fil masā' | اليوم في المساء |
| morgen Abend | ɣadan fil masā' | غدًا في المساء |

Punkt drei Uhr	fis sā'a aθ θāliθa tamāman	في الساعة الثالثة تماما
gegen vier Uhr	fis sā'a ar rābi'a taqrīban	في الساعة الرابعة تقريبا
um zwölf Uhr	ḥattas sā'a aθ θāniya 'aʃara	حتى الساعة الثانية عشرة
in zwanzig Minuten	ba'd 'iʃrīn daqīqa	بعد عشرين دقيقة
in einer Stunde	ba'd sā'a	بعد ساعة
rechtzeitig (Adv)	fi maw'idih	في موعده

Viertel vor ...	illa rub'	إلا ربع
innerhalb einer Stunde	ṭiwāl sā'a	طوال الساعة
alle fünfzehn Minuten	kull rub' sā'a	كل ربع ساعة
Tag und Nacht	layl nahār	ليل نهار

21. Monate. Jahreszeiten

Januar (m)	yanāyir (m)	يناير
Februar (m)	fibrāyir (m)	فبراير
März (m)	māris (m)	مارس
April (m)	abrīl (m)	أبريل
Mai (m)	māyu (m)	مايو
Juni (m)	yūnyu (m)	يونيو

Juli (m)	yūlyu (m)	يوليو
August (m)	aɣusṭus (m)	أغسطس
September (m)	sibtambar (m)	سبتمبر
Oktober (m)	uktūbir (m)	أكتوبر
November (m)	nuvimbar (m)	نوفمبر

Dezember (m)	disimbar (m)	ديسمبر
Frühling (m)	rabī' (m)	ربيع
im Frühling	fir rabī'	في الربيع
Frühlings-	rabī'iy	ربيعي

Sommer (m)	ṣayf (m)	صيف
im Sommer	fiṣ ṣayf	في الصيف
Sommer-	ṣayfiy	صيفي

Herbst (m)	χarīf (m)	خريف
im Herbst	fil χarīf	في الخريف
Herbst-	χarīfiy	خريفي

Winter (m)	ʃitā' (m)	شتاء
im Winter	fiʃ ʃitā'	في الشتاء
Winter-	ʃitawiy	شتوي

Monat (m)	ʃahr (m)	شهر
in diesem Monat	fi haða aʃ ʃahr	في هذا الشهر
nächsten Monat	fiʃ ʃahr al qādim	في الشهر القادم
letzten Monat	fiʃ ʃahr al māḍi	في الشهر الماضي

vor einem Monat	qabl ʃahr	قبل شهر
über eine Monat	ba'd ʃahr	بعد شهر
in zwei Monaten	ba'd ʃahrayn	بعد شهرين
den ganzen Monat	ʃahr kāmil	شهر كامل

monatlich (Adj)	ʃahriy	شهري
monatlich (Adv)	kull ʃahr	كل شهر
jeden Monat	kull ʃahr	كل شهر
zweimal pro Monat	marratayn fiʃ ʃahr	مرّتين في الشهر

Jahr (n)	sana (f)	سنة
dieses Jahr	fi haðihi as sana	في هذه السنة
nächstes Jahr	fis sana al qādima	في السنة القادمة
voriges Jahr	fis sana al māḍiya	في السنة الماضية

vor einem Jahr	qabla sana	قبل سنة
in einem Jahr	ba'd sana	بعد سنة
in zwei Jahren	ba'd sanatayn	بعد سنتين
das ganze Jahr	sana kāmila	سنة كاملة

| jedes Jahr | kull sana | كل سنة |
| jährlich (Adj) | sanawiy | سنوي |

| jährlich (Adv) | kull sana | كل سنة |
| viermal pro Jahr | arba' marrāt fis sana | أربع مرّات في السنة |

Datum (heutige ~)	tarīχ (m)	تاريخ
Datum (Geburts-)	tarīχ (m)	تاريخ
Kalender (m)	taqwīm (m)	تقويم

ein halbes Jahr	niṣf sana (m)	نصف سنة
Halbjahr (n)	niṣf sana (m)	نصف سنة
Saison (f)	faṣl (m)	فصل
Jahrhundert (n)	qarn (m)	قرن

22. Zeit. Verschiedenes

Zeit (f)	waqt (m)	وقت
Augenblick (m)	lahẓa (f)	لحظة
Moment (m)	lahẓa (f)	لحظة
augenblicklich (Adj)	xāṭif	خاطف
Zeitspanne (f)	fatra (f)	فترة
Leben (n)	ḥayāt (f)	حياة
Ewigkeit (f)	abadiyya (f)	أبديّة
Epoche (f)	'ahd (m)	عهد
Ära (f)	'aṣr (m)	عصر
Zyklus (m)	dawra (f)	دورة
Periode (f)	fatra (f)	فترة
Frist (äußerste ~)	fatra (f)	فترة
Zukunft (f)	al mustaqbal (m)	المستقبل
zukünftig (Adj)	qādim	قادم
nächstes Mal	fil marra al qādima	في المرّة القادمة
Vergangenheit (f)	al māḍi (m)	الماضي
vorig (Adj)	māḍi	ماض
letztes Mal	fil marra al māḍiya	في المرّة الماضية
später (Adv)	fima ba'd	فيما بعد
danach	ba'd	بعد
zur Zeit	fi haðihi al ayyām	في هذه الأيام
jetzt	al 'ān	الآن
sofort	ḥālan	حالًا
bald	qarīban	قريبًا
im Voraus	muqaddaman	مقدّمًا
lange her	min zamān	من زمان
vor kurzem	min zaman qarīb	من زمان قريب
Schicksal (n)	maṣīr (m)	مصير
Erinnerungen (pl)	ðikra (f)	ذكرى
Archiv (n)	arʃīf (m)	أرشيف
während ...	aθnā'...	أثناء...
lange (Adv)	li mudda ṭawīla	لمدّة طويلة
nicht lange (Adv)	li mudda qaṣīra	لمدّة قصيرة
früh (~ am Morgen)	bākiran	باكرًا
spät (Adv)	muta'axxiran	متأخّرًا
für immer	lil abad	للأبد
beginnen (vt)	bada'	بدأ
verschieben (vt)	aʒʒal	أجّل
gleichzeitig	fi nafs al waqt	في نفس الوقت
ständig (Adv)	dā'iman	دائمًا
konstant (Adj)	mustamirr	مستمرّ
zeitweilig (Adj)	mu'aqqat	مؤقّت
manchmal	min ḥīn li 'āxar	من حين لآخر
selten (Adv)	nādiran	نادرًا
oft	kaθīran	كثيرًا

23. Gegenteile

reich (Adj)	ɣaniy	غَنِيّ
arm (Adj)	faqīr	فقير
krank (Adj)	marīḍ	مريض
gesund (Adj)	salīm	سليم
groß (Adj)	kabīr	كبير
klein (Adj)	ṣaɣīr	صغير
schnell (Adv)	bi sur'a	بسرعة
langsam (Adv)	bi buṭ'	ببطء
schnell (Adj)	sarīʿ	سريع
langsam (Adj)	baṭīʾ	بطيء
froh (Adj)	farḥān	فرحان
traurig (Adj)	ḥazīn	حزين
zusammen	ma'an	معًا
getrennt (Adv)	bi mufradih	بمفرده
laut (~ lesen)	bi ṣawt 'āli	بصوت عال
still (~ lesen)	sirran	سرًّا
hoch (Adj)	'āli	عال
niedrig (Adj)	munχafiḍ	منخفض
tief (Adj)	'amīq	عميق
flach (Adj)	ḍaḥl	ضحل
ja	na'am	نعم
nein	la	لا
fern (Adj)	ba'īd	بعيد
nah (Adj)	qarīb	قريب
weit (Adv)	ba'īdan	بعيدًا
nebenan (Adv)	qarīban	قريبًا
lang (Adj)	ṭawīl	طويل
kurz (Adj)	qaṣīr	قصير
gut (gütig)	ṭayyib	طيِّب
böse (der ~ Geist)	ʃarīr	شرير
verheiratet (Ehemann)	mutazawwiʒ	متزوّج
ledig (Adj)	a'zab	أعزب
verbieten (vt)	mana'	منع
erlauben (vt)	samaḥ	سمح
Ende (n)	nihāya (f)	نهاية
Anfang (m)	bidāya (f)	بداية

| link (Adj) | al yasār | اليسار |
| recht (Adj) | al yamīn | اليمين |

| der erste | awwal | أوّل |
| der letzte | 'āxir | آخر |

| Verbrechen (n) | ȝarīma (f) | جريمة |
| Bestrafung (f) | 'uqūba (f), 'iqāb (m) | عقوبة, عقاب |

| befehlen (vt) | amar | أمر |
| gehorchen (vi) | ṭā' | طاع |

| gerade (Adj) | mustaqīm | مستقيم |
| krumm (Adj) | munḥani | منحن |

| Paradies (n) | al ȝanna (f) | الجنّة |
| Hölle (f) | al ȝaḥīm (f) | الجحيم |

| geboren sein | wulid | وُلد |
| sterben (vi) | māt | مات |

| stark (Adj) | qawiy | قويّ |
| schwach (Adj) | ḍaʿīf | ضعيف |

| alt | 'aȝūz | عجوز |
| jung (Adj) | ʃābb | شابّ |

| alt (Adj) | qadīm | قديم |
| neu (Adj) | ȝadīd | جديد |

| hart (Adj) | ṣalb | صلب |
| weich (Adj) | ṭariy | طريّ |

| warm (Adj) | dāfi' | دافئ |
| kalt (Adj) | bārid | بارد |

| dick (Adj) | θaxīn | ثخين |
| mager (Adj) | naḥīf | نحيف |

| eng (Adj) | ḍayyiq | ضيّق |
| breit (Adj) | wāsiʿ | واسع |

| gut (Adj) | ȝayyid | جيّد |
| schlecht (Adj) | sayyi' | سيّئ |

| tapfer (Adj) | ʃuȝāʿ | شجاع |
| feige (Adj) | ȝabān | جبان |

24. Linien und Formen

Quadrat (n)	murabbaʿ (m)	مربّع
quadratisch	murabbaʿ	مربّع
Kreis (m)	dā'ira (f)	دائرة
rund	mudawwar	مدوّر

Dreieck (n)	muθallaθ (m)	مثلث
dreieckig	muθallaθ	مثلث

Oval (n)	baydawiy (m)	بيضوي
oval	baydawiy	بيضوي
Rechteck (n)	mustaṭīl (m)	مستطيل
rechteckig	mustaṭīliy	مستطيلي

Pyramide (f)	haram (m)	هرم
Rhombus (m)	mu'ayyan (m)	معين
Trapez (n)	murabba' munḥarif (m)	مربع منحرف
Würfel (m)	muka''ab (m)	مكعب
Prisma (n)	manʃūr (m)	منشور

Kreis (m)	muḥīṭ munḥanan muɣlaq (m)	محيط منحنى مغلق
Sphäre (f)	kura (f)	كرة
Kugel (f)	kura (f)	كرة
Durchmesser (m)	quṭr (m)	قطر
Radius (m)	niṣf qaṭr (m)	نصف قطر
Umfang (m)	muḥīṭ (m)	محيط
Zentrum (n)	wasaṭ (m)	وسط

waagerecht (Adj)	ufuqiy	أفقي
senkrecht (Adj)	'amūdiy	عمودي
Parallele (f)	xaṭṭ mutawāzi (m)	خط متواز
parallel (Adj)	mutawāzi	متواز

Linie (f)	xaṭṭ (m)	خط
Strich (m)	ḥaraka (m)	حركة
Gerade (f)	xaṭṭ mustaqīm (m)	خط مستقيم
Kurve (f)	xaṭṭ munḥani (m)	خط منحن
dünn (schmal)	rafī'	رفيع
Kontur (f)	kuntūr (m)	كنتور

Schnittpunkt (m)	taqāṭu' (m)	تقاطع
rechter Winkel (m)	zāwya mustaqīma (f)	زاوية مستقيمة
Segment (n)	qiṭ'a (f)	قطعة
Sektor (m)	qiṭā' (m)	قطاع
Seite (f)	ḍil' (m)	ضلع
Winkel (m)	zāwiya (f)	زاوية

25. Maßeinheiten

Gewicht (n)	wazn (m)	وزن
Länge (f)	ṭūl (m)	طول
Breite (f)	'arḍ (m)	عرض
Höhe (f)	irtifā' (m)	إرتفاع
Tiefe (f)	'umq (m)	عمق
Volumen (n)	ḥaʒm (m)	حجم
Fläche (f)	misāḥa (f)	مساحة

Gramm (n)	grām (m)	جرام
Milligramm (n)	milliɣrām (m)	مليغرام
Kilo (n)	kiluɣrām (m)	كيلوغرام

Tonne (f)	ṭunn (m)	طنّ
Pfund (n)	raṭl (m)	رطل
Unze (f)	ūnṣa (f)	أونصة

Meter (m)	mitr (m)	متر
Millimeter (m)	millimitr (m)	مليمتر
Zentimeter (m)	santimitr (m)	سنتيمتر
Kilometer (m)	kilumitr (m)	كيلومتر
Meile (f)	mīl (m)	ميل

Zoll (m)	būṣa (f)	بوصة
Fuß (m)	qadam (f)	قدم
Yard (n)	yārda (f)	ياردة

Quadratmeter (m)	mitr murabbaʿ (m)	متر مربّع
Hektar (n)	hiktār (m)	هكتار

Liter (m)	litr (m)	لتر
Grad (m)	daraʒa (f)	درجة
Volt (n)	vūlt (m)	فولت
Ampere (n)	ambīr (m)	أمبير
Pferdestärke (f)	ḥiṣān (m)	حصان

Anzahl (f)	kammiyya (f)	كمّية
etwas ...	qalīl ...	قليل...
Hälfte (f)	niṣf (m)	نصف
Dutzend (n)	iθnā ʿaʃar (f)	إثنا عشر
Stück (n)	waḥda (f)	وحدة

Größe (f)	ḥaʒm (m)	حجم
Maßstab (m)	miqyās (m)	مقياس

minimal (Adj)	al adna	الأدنى
der kleinste	al aṣɣar	الأصغر
mittler, mittel-	mutawassiṭ	متوسط
maximal (Adj)	al aqṣa	الأقصى
der größte	al akbar	الأكبر

26. Behälter

Glas (Einmachglas)	barṭamān (m)	برطمان
Dose (z.B. Bierdose)	tanaka (f)	تنكة
Eimer (m)	ʒardal (m)	جردل
Fass (n), Tonne (f)	barmīl (m)	برميل

Waschschüssel (n)	ḥawḍ lil ɣasīl (m)	حوض للغسيل
Tank (m)	xazzān (m)	خزّان
Flachmann (m)	zamzamiyya (f)	زمزمية
Kanister (m)	ʒirikan (m)	جركن
Zisterne (f)	xazzān (m)	خزّان

Kaffeebecher (m)	mägg (m)	ماجّ
Tasse (f)	finʒān (m)	فنجان
Untertasse (f)	ṭabaq finʒān (m)	طبق فنجان

Wasserglas (n)	kubbāya (f)	كبّاية
Weinglas (n)	ka's (f)	كأس
Kochtopf (m)	kassirūlla (f)	كاسرولة

| Flasche (f) | zuʒāʒa (f) | زجاجة |
| Flaschenhals (m) | 'unq (m) | عنق |

Karaffe (f)	dawraq zuʒāʒiy (m)	دورق زجاجيّ
Tonkrug (m)	ibrīq (m)	إبريق
Gefäß (n)	inā' (m)	إناء
Tontopf (m)	aṣīṣ (m)	أصيص
Vase (f)	vāza (f)	فازة

Flakon (n)	zuʒāʒa (f)	زجاجة
Fläschchen (n)	zuʒāʒa (f)	زجاجة
Tube (z.B. Zahnpasta)	umbūba (f)	أنبوبة

Sack (~ Kartoffeln)	kīs (m)	كيس
Tüte (z.B. Plastiktüte)	kīs (m)	كيس
Schachtel (f)	'ulba (f)	علبة
(z.B. Zigaretten~)		

Karton (z.B. Schuhkarton)	'ulba (f)	علبة
Kiste (z.B. Bananenkiste)	ṣundū' (m)	صندوق
Korb (m)	salla (f)	سلة

27. Werkstoffe

Stoff (z.B. Baustoffe)	mādda (f)	مادّة
Holz (n)	xaʃab (m)	خشب
hölzern	xaʃabiy	خشبيّ

| Glas (n) | zuʒāʒ (m) | زجاج |
| gläsern, Glas- | zuʒāʒiy | زجاجيّ |

| Stein (m) | haʒar (m) | حجر |
| steinern | haʒariy | حجريّ |

| Kunststoff (m) | blastīk (m) | بلاستيك |
| Kunststoff- | min al blastīk | من البلاستيك |

| Gummi (n) | maṭṭāṭ (m) | مطّاط |
| Gummi- | maṭṭāṭiy | مطّاطيّ |

| Stoff (m) | qumāʃ (m) | قماش |
| aus Stoff | min al qumāʃ | من القماش |

| Papier (n) | waraq (m) | ورق |
| Papier- | waraqiy | ورقيّ |

Pappe (f)	kartūn (m)	كرتون
Pappen-	kartūniy	كرتونيّ
Polyäthylen (n)	buli iθilīn (m)	بولي إثيلين
Zellophan (n)	silufān (m)	سيلوفان

Furnier (n)	ablakāʃ (m)	أبلكاش
Porzellan (n)	bursilān (m)	بورسلان
aus Porzellan	min il bursilān	من البورسلان
Ton (m)	ṭīn (m)	طين
Ton-	faxxāry	فخّاري
Keramik (f)	siramīk (m)	سيراميك
keramisch	siramīkiy	سيراميكيّ

28. Metalle

Metall (n)	ma'dan (m)	معدن
metallisch, Metall-	ma'daniy	معدنيّ
Legierung (f)	sabīka (f)	سبيكة

Gold (n)	ðahab (m)	ذهب
golden	ðahabiy	ذهبيّ
Silber (n)	fiḍḍa (f)	فضّة
silbern, Silber-	fiḍḍiy	فضّيّ

Eisen (n)	ḥadīd (m)	حديد
eisern, Eisen-	ḥadīdiy	حديديّ
Stahl (m)	fūlāð (m)	فولاذ
stählern	fulāðiy	فولاذيّ
Kupfer (n)	nuḥās (m)	نحاس
kupfern, Kupfer-	nuḥāsiy	نحاسيّ

Aluminium (n)	alumīniyum (m)	الومينيوم
Aluminium-	alumīniyum	الومينيوم
Bronze (f)	brūnz (m)	برونز
bronzen	brūnziy	برونزيّ

Messing (n)	nuḥās aṣfar (m)	نحاس أصفر
Nickel (n)	nikil (m)	نيكل
Platin (n)	blatīn (m)	بلاتين
Quecksilber (n)	ziʼbaq (m)	زئبق
Zinn (n)	qaṣdīr (m)	قصدير
Blei (n)	ruṣāṣ (m)	رصاص
Zink (n)	zink (m)	زنك

DER MENSCH

Der Mensch. Körper

29. Menschen. Grundbegriffe

Mensch (m)	insān (m)	إنسان
Mann (m)	raʒul (m)	رجل
Frau (f)	imra'a (f)	إمرأة
Kind (n)	ṭifl (m)	طفل
Mädchen (n)	bint (f)	بنت
Junge (m)	walad (m)	ولد
Teenager (m)	murāhiq (m)	مراهق
Greis (m)	'aʒūz (m)	عجوز
alte Frau (f)	'aʒūza (f)	عجوزة

30. Anatomie des Menschen

Organismus (m)	ʒism (m)	جسم
Herz (n)	qalb (m)	قلب
Blut (n)	dam (m)	دم
Arterie (f)	ʃaryān (m)	شريان
Vene (f)	'irq (m)	عرق
Gehirn (n)	muxx (m)	مخّ
Nerv (m)	'aṣab (m)	عصب
Nerven (pl)	a'ṣāb (pl)	أعصاب
Wirbel (m)	faqra (f)	فقرة
Wirbelsäule (f)	'amūd faqriy (m)	عمود فقريّ
Magen (m)	ma'ida (f)	معدة
Gedärm (n)	am'ā' (pl)	أمعاء
Darm (z.B. Dickdarm)	mi'an (m)	معى
Leber (f)	kibd (f)	كبد
Niere (f)	kilya (f)	كلية
Knochen (m)	'aẓm (m)	عظم
Skelett (n)	haykal 'aẓmiy (m)	هيكل عظميّ
Rippe (f)	ḍil' (m)	ضلع
Schädel (m)	ʒumʒuma (f)	جمجمة
Muskel (m)	'aḍala (f)	عضلة
Bizeps (m)	'aḍala ðāt ra'sayn (f)	عضلة ذات رأسين
Trizeps (m)	'aḍla θulāθiyyat ar ru'ūs (f)	عضلة ثلاثيّة الرءوس
Sehne (f)	watar (m)	وتر
Gelenk (n)	mafṣil (m)	مفصل

Lungen (pl)	ri'atān (du)	رئتان
Geschlechtsorgane (pl)	a'ḍā' ʒinsiyya (pl)	أعضاء جنسيّة
Haut (f)	buʃra (m)	بشرة

31. Kopf

Kopf (m)	ra's (m)	رأس
Gesicht (n)	waʒh (m)	وجه
Nase (f)	anf (m)	أنف
Mund (m)	fam (m)	فم

Auge (n)	'ayn (f)	عين
Augen (pl)	'uyūn (pl)	عيون
Pupille (f)	ḥadaqa (f)	حدقة
Augenbraue (f)	ḥāʒib (m)	حاجب
Wimper (f)	rimʃ (m)	رمش
Augenlid (n)	ʒafn (m)	جفن

Zunge (f)	lisān (m)	لسان
Zahn (m)	sinn (f)	سنّ
Lippen (pl)	ʃifāh (pl)	شفاه
Backenknochen (pl)	'iẓām waʒhiyya (pl)	عظام وجهيّة
Zahnfleisch (n)	liθθa (f)	لثّة
Gaumen (m)	ḥanak (m)	حنك

Nasenlöcher (pl)	minχarān (du)	منخران
Kinn (n)	ðaqan (m)	ذقن
Kiefer (m)	fakk (m)	فكّ
Wange (f)	χadd (m)	خدّ

Stirn (f)	ʒabha (f)	جبهة
Schläfe (f)	ṣudɣ (m)	صدغ
Ohr (n)	uðun (f)	أذن
Nacken (m)	qafa (m)	قفا
Hals (m)	raqaba (f)	رقبة
Kehle (f)	ḥalq (m)	حلق

Haare (pl)	ʃa'r (m)	شعر
Frisur (f)	tasrīḥa (f)	تسريحة
Haarschnitt (m)	tasrīḥa (f)	تسريحة
Perücke (f)	barūka (f)	باروكة

Schnurrbart (m)	ʃawārib (pl)	شوارب
Bart (m)	liḥya (f)	لحية
haben (einen Bart ~)	'indahu	عنده
Zopf (m)	ḍifīra (f)	ضفيرة
Backenbart (m)	sawālif (pl)	سوالف

rothaarig	aḥmar aʃʃa'r	أحمر الشعر
grau	abyaḍ	أبيض
kahl	aṣla'	أصلع
Glatze (f)	ṣala' (m)	صلع
Pferdeschwanz (m)	ðayl ḥiṣān (m)	ذيل حصان
Pony (Ponyfrisur)	quṣṣa (f)	قصّة

32. Menschlicher Körper

| Hand (f) | yad (m) | يد |
| Arm (m) | ðirāʿ (f) | ذراع |

Finger (m)	iṣbaʿ (m)	إصبع
Zehe (f)	iṣbaʿ al qadam (m)	إصبع القدم
Daumen (m)	ibhām (m)	إبهام
kleiner Finger (m)	χunṣur (m)	خنصر
Nagel (m)	ẓufr (m)	ظفر

Faust (f)	qabḍa (f)	قبضة
Handfläche (f)	kaff (f)	كفّ
Handgelenk (n)	miʿṣam (m)	معصم
Unterarm (m)	sāʿid (m)	ساعد
Ellbogen (m)	mirfaq (m)	مرفق
Schulter (f)	katf (f)	كتف

Bein (n)	riʒl (f)	رجل
Fuß (m)	qadam (f)	قدم
Knie (n)	rukba (f)	ركبة
Wade (f)	sammāna (f)	سمّانة
Hüfte (f)	faχð (f)	فخذ
Ferse (f)	ʿaqb (m)	عقب

Körper (m)	ʒism (m)	جسم
Bauch (m)	baṭn (m)	بطن
Brust (f)	ṣadr (m)	صدر
Busen (m)	θady (m)	ثدي
Seite (f), Flanke (f)	ʒamb (m)	جنب
Rücken (m)	ẓahr (m)	ظهر
Kreuz (n)	asfal aẓ ẓahr (m)	أسفل الظهر
Taille (f)	χaṣr (m)	خصر

Nabel (m)	surra (f)	سرّة
Gesäßbacken (pl)	ardāf (pl)	أرداف
Hinterteil (n)	dubr (m)	دبر

Leberfleck (m)	ʃāma (f)	شامة
Muttermal (n)	waḥma	وحمة
Tätowierung (f)	waʃm (m)	وشم
Narbe (f)	nadba (f)	ندبة

Kleidung & Accessoires

33. Oberbekleidung. Mäntel

Kleidung (f)	malābis (pl)	ملابس
Oberkleidung (f)	malābis fawqāniyya (pl)	ملابس فوقانيّة
Winterkleidung (f)	malābis ʃitawiyya (pl)	ملابس شتويّة

Mantel (m)	mi'ṭaf (m)	معطف
Pelzmantel (m)	mi'ṭaf farw (m)	معطف فرو
Pelzjacke (f)	ʒakīt farw (m)	جاكيت فرو
Daunenjacke (f)	ḥaʃiyyat rīʃ (m)	حشية ريش

Jacke (z.B. Lederjacke)	ʒākīt (m)	جاكيت
Regenmantel (m)	mi'ṭaf lil maṭar (m)	معطف للمطر
wasserdicht	ṣāmid lil mā'	صامد للماء

34. Herren- & Damenbekleidung

Hemd (n)	qamīṣ (m)	قميص
Hose (f)	banṭalūn (m)	بنطلون
Jeans (pl)	ʒīnz (m)	جينز
Jackett (n)	sutra (f)	سترة
Anzug (m)	badla (f)	بدلة

Damenkleid (n)	fustān (m)	فستان
Rock (m)	tannūra (f)	تنّورة
Bluse (f)	blūza (f)	بلوزة
Strickjacke (f)	kardigān (m)	كارديجان
Jacke (Damen Kostüm)	ʒākīt (m)	جاكيت

T-Shirt (n)	ti ʃirt (m)	تي شيرت
Shorts (pl)	ʃūrt (m)	شورت
Sportanzug (m)	badlat at tadrīb (f)	بدلة التدريب
Bademantel (m)	θawb ḥammām (m)	ثوب حمّام
Schlafanzug (m)	biʒāma (f)	بيجاما

Sweater (m)	bulūvir (m)	بلوفر
Pullover (m)	bulūvir (m)	بلوفر

Weste (f)	ṣudayriy (m)	صديريّ
Frack (m)	badlat sahra (f)	بدلة سهرة
Smoking (m)	smūkin (m)	سموكن

Uniform (f)	zayy muwaḥḥad (m)	زي موحّد
Arbeitskleidung (f)	θiyāb al 'amal (m)	ثياب العمل
Overall (m)	uvirūl (m)	اوفرول
Kittel (z.B. Arztkittel)	θawb (m)	ثوب

35. Kleidung. Unterwäsche

Unterwäsche (f)	malābis dāχiliyya (pl)	ملابس داخليّة
Herrenslip (m)	sirwāl dāχiliy riǧāliy (m)	سروال داخلي رجاليّ
Damenslip (m)	sirwāl dāχiliy nisā'iy (m)	سروال داخلي نسائيّ
Unterhemd (n)	qamīṣ bila aqmām (m)	قميص بلا أكمام
Socken (pl)	ǧawārib (pl)	جوارب

Nachthemd (n)	qamīṣ nawm (m)	قميص نوم
Büstenhalter (m)	ḥammālat ṣadr (f)	حمّالة صدر
Kniestrümpfe (pl)	ǧawārib ṭawīla (pl)	جوارب طويلة
Strumpfhose (f)	ǧawārib kulūn (pl)	جوارب كولون
Strümpfe (pl)	ǧawārib nisā'iyya (pl)	جوارب نسائية
Badeanzug (m)	libās sibāḥa (m)	لباس سباحة

36. Kopfbekleidung

Mütze (f)	qubba'a (f)	قبّعة
Filzhut (m)	burnayṭa (f)	برنيطة
Baseballkappe (f)	kāb baysbūl (m)	كاب بيسبول
Schiebermütze (f)	qubba'a musaṭṭaḥa (f)	قبّعة مسطحة

Baskenmütze (f)	birīh (m)	بيريه
Kapuze (f)	ɣiṭā' (m)	غطاء
Panamahut (m)	qubba'at banāma (f)	قبّعة بناما
Strickmütze (f)	qubbā'a maḥbūka (m)	قبّعة محبوكة

Kopftuch (n)	'iǧārb (m)	إيشارب
Damenhut (m)	burnayṭa (f)	برنيطة

Schutzhelm (m)	χūða (f)	خوذة
Feldmütze (f)	kāb (m)	كاب
Helm (z.B. Motorradhelm)	χūða (f)	خوذة

Melone (f)	qubba'at dirbi (f)	قبّعة ديربي
Zylinder (m)	qubba'a 'āliya (f)	قبّعة عالية

37. Schuhwerk

Schuhe (pl)	aḥðiya (pl)	أحذية
Stiefeletten (pl)	ǧazma (f)	جزمة
Halbschuhe (pl)	ǧazma (f)	جزمة
Stiefel (pl)	būt (m)	بوت
Hausschuhe (pl)	ʃibʃib (m)	شبشب

Tennisschuhe (pl)	ḥiðā' riyāḍiy (m)	حذاء رياضيّ
Leinenschuhe (pl)	kutʃi (m)	كوتشي
Sandalen (pl)	ṣandal (pl)	صندل

Schuster (m)	iskāfiy (m)	إسكافيّ
Absatz (m)	ka'b (m)	كعب

Paar (n)	zawȝ (m)	زوج
Schnürsenkel (m)	ʃarīṭ (m)	شريط
schnüren (vt)	rabaṭ	ربط
Schuhlöffel (m)	labbāsat ḥiðā' (f)	لبّاسة حذاء
Schuhcreme (f)	warnīʃ al ḥiðā' (m)	ورنيش الحذاء

38. Textilien. Stoffe

Baumwolle (f)	quṭn (m)	قطن
Baumwolle-	min al quṭn	من القطن
Leinen (m)	kattān (m)	كتّان
Leinen-	min il kattān	من الكتّان

Seide (f)	ḥarīr (m)	حرير
Seiden-	min al ḥarīr	من الحرير
Wolle (f)	ṣūf (m)	صوف
Woll-	min aṣ ṣūf	من الصوف

Samt (m)	muxmal (m)	مخمل
Wildleder (n)	ȝild ʃāmwāh (m)	جلد شامواه
Cord (m)	quṭn qaṭīfa (f)	قطن قطيفة

Nylon (n)	naylūn (m)	نايلون
Nylon-	min an naylūn	من النيلون
Polyester (m)	bulyistir (m)	بوليستر
Polyester-	min al bulyastar	من البوليستر

Leder (n)	ȝild (m)	جلد
Leder-	min al ȝild	من الجلد
Pelz (m)	farw (m)	فرو
Pelz-	min al farw	من الفرو

39. Persönliche Accessoires

Handschuhe (pl)	quffāz (m)	قفّاز
Fausthandschuhe (pl)	quffāz muylaq (m)	قفّاز مغلق
Schal (Kaschmir-)	ʃārb (m)	إيشارب

Brille (f)	nazzāra (f)	نظّارة
Brillengestell (n)	iṭār (m)	إطار
Regenschirm (m)	ʃamsiyya (f)	شمسيّة
Spazierstock (m)	'aṣa (f)	عصا
Haarbürste (f)	furʃat ʃa'r (f)	فرشة شعر
Fächer (m)	mirwaḥa yadawiyya (f)	مروحة يدوية

Krawatte (f)	karavatta (f)	كرافتة
Fliege (f)	babyūn (m)	بيبون
Hosenträger (pl)	ḥammāla (f)	حمّالة
Taschentuch (n)	mandīl (m)	منديل

| Kamm (m) | miʃṭ (m) | مشط |
| Haarspange (f) | dabbūs (m) | دبّوس |

Haarnadel (f)	bansa (m)	بنسة
Schnalle (f)	bukla (f)	بكلة

Gürtel (m)	ḥizām (m)	حزام
Umhängegurt (m)	ḥammalat al katf (f)	حمّالة الكتف

Tasche (f)	ʃanṭa (f)	شنطة
Handtasche (f)	ʃanṭat yad (f)	شنطة يد
Rucksack (m)	ḥaqības ẓahr (f)	حقيبة ظهر

40. Kleidung. Verschiedenes

Mode (f)	mūḍa (f)	موضة
modisch	fil mūḍa	في الموضة
Modedesigner (m)	muṣammim azyāʾ (m)	مصمّم أزياء

Kragen (m)	yāqa (f)	ياقة
Tasche (f)	ȝayb (m)	جيب
Taschen-	ȝayb	جيب
Ärmel (m)	kumm (m)	كمّ
Aufhänger (m)	ʿallāqa (f)	علّاقة
Hosenschlitz (m)	lisān (m)	لسان

Reißverschluss (m)	zimām munzaliq (m)	زمام منزلق
Verschluss (m)	miʃbak (m)	مشبك
Knopf (m)	zirr (m)	زرّ
Knopfloch (n)	ʿurwa (f)	عروة
abgehen (Knopf usw.)	waqaʿ	وقع

nähen (vi, vt)	χāṭ	خاط
sticken (vt)	ṭarraz	طرّز
Stickerei (f)	taṭrīz (m)	تطريز
Nadel (f)	ibra (f)	إبرة
Faden (m)	χayṭ (m)	خيط
Naht (f)	darz (m)	درز

sich beschmutzen	tawassaχ	توسّخ
Fleck (m)	buqʿa (f)	بقعة
sich knittern	takarmaʃ	تكرمش
zerreißen (vt)	qaṭṭaʿ	قطّع
Motte (f)	ʿuθθa (f)	عثّة

41. Kosmetikartikel. Kosmetik

Zahnpasta (f)	maʿȝūn asnān (m)	معجون أسنان
Zahnbürste (f)	furʃat asnān (f)	فرشة أسنان
Zähne putzen	naẓẓaf al asnān	نظّف الأسنان

Rasierer (m)	mūs ḥilāqa (m)	موس حلاقة
Rasiercreme (f)	krīm ḥilāqa (m)	كريم حلاقة
sich rasieren	ḥalaq	حلق
Seife (f)	ṣābūn (m)	صابون

Shampoo (n)	ʃāmbū (m)	شامبو
Schere (f)	maqaṣṣ (m)	مقص
Nagelfeile (f)	mibrad (m)	مبرد
Nagelzange (f)	milqaṭ (m)	ملقط
Pinzette (f)	milqaṭ (m)	ملقط

Kosmetik (f)	mawādd at taʒmīl (pl)	مواد التجميل
Gesichtsmaske (f)	mask (m)	ماسك
Maniküre (f)	manikūr (m)	مانيكور
Maniküre machen	ʿamal manikūr	عمل مانيكور
Pediküre (f)	badikīr (m)	باديكير

Kosmetiktasche (f)	ḥaqībat adawāt at taʒmīl (f)	حقيبة أدوات التجميل
Puder (m)	budrat waʒh (f)	بودرة وجه
Puderdose (f)	ʿulbat būdra (f)	علبة بودرة
Rouge (n)	aḥmar xudūd (m)	أحمر خدود

Parfüm (n)	ʿiṭr (m)	عطر
Duftwasser (n)	kulūnya (f)	كولونيا
Lotion (f)	lusiyun (m)	لوسيون
Kölnischwasser (n)	kulūniya (f)	كولونيا

Lidschatten (m)	ay ʃaduw (m)	اي شادو
Kajalstift (m)	kuḥl al ʿuyūn (m)	كحل العيون
Wimperntusche (f)	maskara (f)	ماسكارا

Lippenstift (m)	aḥmar ʃifāh (m)	أحمر شفاه
Nagellack (m)	mulammiʿ al aẓāfir (m)	ملمع الاظافر
Haarlack (m)	muθabbit aʃ ʃaʿr (m)	مثبت الشعر
Deodorant (n)	muzīl rawāʾiḥ (m)	مزيل روائح

Creme (f)	krīm (m)	كريم
Gesichtscreme (f)	krīm lil waʒh (m)	كريم للوجه
Handcreme (f)	krīm lil yadayn (m)	كريم لليدين
Anti-Falten-Creme (f)	krīm muḍādd lit taʒāʿīd (m)	كريم مضاد للتجاعيد
Tagescreme (f)	krīm an nahār (m)	كريم النهار
Nachtcreme (f)	krīm al layl (m)	كريم الليل
Tages-	nahāriy	نهاري
Nacht-	layliy	ليلي

Tampon (m)	tambūn (m)	تانبون
Toilettenpapier (n)	waraq ḥammām (m)	ورق حمّام
Föhn (m)	muʒaffif ʃaʿr (m)	مجفف شعر

42. Schmuck

Schmuck (m)	muʒawharāt (pl)	مجوهرات
Edel- (stein)	karīm	كريم
Repunze (f)	damɣa (f)	دمغة

Ring (m)	xātim (m)	خاتم
Ehering (m)	diblat al xuṭūba (m)	دبلة الخطوبة
Armband (n)	siwār (m)	سوار
Ohrringe (pl)	ḥalaq (m)	حلق

Kette (f)	'aqd (m)	عقد
Krone (f)	tāӡ (m)	تاج
Halskette (f)	'aqd xaraz (m)	عقد خرز

Brillant (m)	almās (m)	الماس
Smaragd (m)	zumurrud (m)	زمرد
Rubin (m)	yāqūt aḥmar (m)	ياقوت أحمر
Saphir (m)	yāqūt azraq (m)	ياقوت أزرق
Perle (f)	lu'lu' (m)	لؤلؤ
Bernstein (m)	kahramān (m)	كهرمان

43. Armbanduhren Uhren

Armbanduhr (f)	sā'a (f)	ساعة
Zifferblatt (n)	waӡh as sā'a (m)	وجه الساعة
Zeiger (m)	'aqrab as sā'a (m)	عقرب الساعة
Metallarmband (n)	siwār sā'a ma'daniyya (m)	سوار ساعة معدنية
Uhrenarmband (n)	siwār sā'a (m)	سوار ساعة

Batterie (f)	battāriyya (f)	بطارية
verbraucht sein	tafarray	تفرّغ
die Batterie wechseln	yayyar al battāriyya	غيّر البطارية
vorgehen (vi)	sabaq	سبق
nachgehen (vi)	ta'axxar	تأخّر

Wanduhr (f)	sā'at ḥā'iṭ (f)	ساعة حائط
Sanduhr (f)	sā'a ramliyya (f)	ساعة رملية
Sonnenuhr (f)	sā'a ʃamsiyya (f)	ساعة شمسية
Wecker (m)	munabbih (m)	منبه
Uhrmacher (m)	sa'ātiy (m)	ساعاتيّ
reparieren (vt)	aṣlaḥ	أصلح

Essen. Ernährung

44. Essen

Deutsch	Transkription	العربية
Fleisch (n)	laḥm (m)	لحم
Hühnerfleisch (n)	daʒāʒ (m)	دجاج
Küken (n)	farrūʒ (m)	فروج
Ente (f)	baṭṭa (f)	بطة
Gans (f)	iwazza (f)	إوزة
Wild (n)	ṣayd (m)	صيد
Pute (f)	daʒāʒ rūmiy (m)	دجاج رومي
Schweinefleisch (n)	laḥm al xinzīr (m)	لحم الخنزير
Kalbfleisch (n)	laḥm il 'iʒl (m)	لحم العجل
Hammelfleisch (n)	laḥm aḍ ḍa'n (m)	لحم الضأن
Rindfleisch (n)	laḥm al baqar (m)	لحم البقر
Kaninchenfleisch (n)	arnab (m)	أرنب
Wurst (f)	suʒuq (m)	سجق
Würstchen (n)	suʒuq (m)	سجق
Schinkenspeck (m)	bikūn (m)	بيكون
Schinken (m)	hām (m)	هام
Räucherschinken (m)	faxð xinzīr (m)	فخذ خنزير
Pastete (f)	ma'ʒūn laḥm (m)	معجون لحم
Leber (f)	kibda (f)	كبدة
Hackfleisch (n)	haʃwa (f)	حشوة
Zunge (f)	lisān (m)	لسان
Ei (n)	bayḍa (f)	بيضة
Eier (pl)	bayḍ (m)	بيض
Eiweiß (n)	bayāḍ al bayḍ (m)	بياض البيض
Eigelb (n)	ṣafār al bayḍ (m)	صفار البيض
Fisch (m)	samak (m)	سمك
Meeresfrüchte (pl)	fawākih al baḥr (pl)	فواكه البحر
Kaviar (m)	kaviyār (m)	كافيار
Krabbe (f)	salṭa'ūn (m)	سلطعون
Garnele (f)	ʒambari (m)	جمبري
Auster (f)	maḥār (m)	محار
Languste (f)	karkand ʃāik (m)	كركند شائك
Krake (m)	uxṭubūṭ (m)	أخطبوط
Kalmar (m)	kalmāri (m)	كالماري
Störfleisch (n)	samak al ḥaʃʃ (m)	سمك الحفش
Lachs (m)	salmūn (m)	سلمون
Heilbutt (m)	samak al halbūt (m)	سمك الهلبوت
Dorsch (m)	samak al qudd (m)	سمك القد
Makrele (f)	usqumriy (m)	أسقمري

Tunfisch (m)	tūna (f)	تونة
Aal (m)	ḥankalīs (m)	حنكليس
Forelle (f)	salmūn muraqqaṭ (m)	سلمون مرقّط
Sardine (f)	sardīn (m)	سردين
Hecht (m)	samak al karāki (m)	سمك الكراكي
Hering (m)	rinʒa (f)	رنجة
Brot (n)	χubz (m)	خبز
Käse (m)	ʒubna (f)	جبنة
Zucker (m)	sukkar (m)	سكّر
Salz (n)	milḥ (m)	ملح
Reis (m)	urz (m)	أرز
Teigwaren (pl)	makarūna (f)	مكرونة
Nudeln (pl)	nūdlis (f)	نودلز
Butter (f)	zubda (f)	زبدة
Pflanzenöl (n)	zayt (m)	زيت
Sonnenblumenöl (n)	zayt 'abīd aʃʃams (m)	زيت عبيد الشمس
Margarine (f)	marɣarīn (m)	مرغرين
Oliven (pl)	zaytūn (m)	زيتون
Olivenöl (n)	zayt az zaytūn (m)	زيت الزيتون
Milch (f)	ḥalīb (m)	حليب
Kondensmilch (f)	ḥalīb mukaθθaf (m)	حليب مكثّف
Joghurt (m)	yūɣurt (m)	يوغورت
saure Sahne (f)	krīma ḥāmiḍa (f)	كريمة حامضة
Sahne (f)	krīma (f)	كريمة
Mayonnaise (f)	mayunīz (m)	مايونيز
Buttercreme (f)	krīmat zubda (f)	كريمة زبدة
Grütze (f)	ḥubūb (pl)	حبوب
Mehl (n)	daqīq (m)	دقيق
Konserven (pl)	mu'allabāt (pl)	معلّبات
Maisflocken (pl)	kurn fliks (m)	كورن فليكس
Honig (m)	'asal (m)	عسل
Marmelade (f)	murabba (m)	مربّى
Kaugummi (m, n)	'ilk (m)	علك

45. Getränke

Wasser (n)	mā' (m)	ماء
Trinkwasser (n)	mā' ʃurb (m)	ماء شرب
Mineralwasser (n)	mā' ma'daniy (m)	ماء معدنيّ
still	bi dūn ɣāz	بدون غاز
mit Kohlensäure	mukarban	مكربن
mit Gas	bil ɣāz	بالغاز
Eis (n)	θalʒ (m)	ثلج
mit Eis	biθ θalʒ	بالثلج

alkoholfrei (Adj)	bi dūn kuhūl	بدون كحول
alkoholfreies Getränk (n)	maʃrūb ɣāziy (m)	مشروب غازي
Erfrischungsgetränk (n)	maʃrūb muθallaʒ (m)	مشروب مثلج
Limonade (f)	ʃarāb laymūn (m)	شراب ليمون

Spirituosen (pl)	maʃrūbāt kuhūliyya (pl)	مشروبات كحوليّة
Wein (m)	nabīð (f)	نبيذ
Weißwein (m)	nibīð abyaḍ (m)	نبيذ أبيض
Rotwein (m)	nabīð aḥmar (m)	نبيذ أحمر

Likör (m)	liqiūr (m)	ليكور
Champagner (m)	ʃambāniya (f)	شمبانيا
Wermut (m)	virmut (m)	فيرموث

Whisky (m)	wiski (m)	وسكي
Wodka (m)	vudka (f)	فودكا
Gin (m)	ʒīn (m)	جين
Kognak (m)	kunyāk (m)	كونياك
Rum (m)	rum (m)	رم

Kaffee (m)	qahwa (f)	قهوة
schwarzer Kaffee (m)	qahwa sāda (f)	قهوة سادة
Milchkaffee (m)	qahwa bil ḥalīb (f)	قهوة بالحليب
Cappuccino (m)	kaputʃīnu (m)	كابتشينو
Pulverkaffee (m)	niskafi (m)	نيسكافيه

Milch (f)	ḥalīb (m)	حليب
Cocktail (m)	kuktayl (m)	كوكتيل
Milchcocktail (m)	milk ʃiyk (m)	ميلك شيك

Saft (m)	ʿaṣīr (m)	عصير
Tomatensaft (m)	ʿaṣīr ṭamāṭim (m)	عصير طماطم
Orangensaft (m)	ʿaṣīr burtuqāl (m)	عصير برتقال
frisch gepresster Saft (m)	ʿaṣīr ṭāziʒ (m)	عصير طازج

Bier (n)	bīra (f)	بيرة
Helles (n)	bīra xafīfa (f)	بيرة خفيفة
Dunkelbier (n)	bīra ɣāmiqa (f)	بيرة غامقة

Tee (m)	ʃāy (m)	شاي
schwarzer Tee (m)	ʃāy aswad (m)	شاي أسود
grüner Tee (m)	ʃāy axḍar (m)	شاي أخضر

46. Gemüse

Gemüse (n)	xuḍār (pl)	خضار
grünes Gemüse (pl)	xuḍrawāt waraqiyya (pl)	خضروات ورقيّة

Tomate (f)	ṭamāṭim (f)	طماطم
Gurke (f)	xiyār (m)	خيار
Karotte (f)	ʒazar (m)	جزر
Kartoffel (f)	baṭāṭis (f)	بطاطس
Zwiebel (f)	baṣal (m)	بصل
Knoblauch (m)	θūm (m)	ثوم

Kohl (m)	kurumb (m)	كرنب
Blumenkohl (m)	qarnabīṭ (m)	قرنبيط
Rosenkohl (m)	kurumb brūksil (m)	كرنب بروكسل
Brokkoli (m)	brukuli (m)	بركولي

Rote Bete (f)	banʒar (m)	بنجر
Aubergine (f)	bātinʒān (m)	باذنجان
Zucchini (f)	kūsa (f)	كوسة
Kürbis (m)	qarʿ (m)	قرع
Rübe (f)	lift (m)	لفت

Petersilie (f)	baqdūnis (m)	بقدونس
Dill (m)	ʃabat (m)	شبت
Kopf Salat (m)	χass (m)	خس
Sellerie (m)	karafs (m)	كرفس
Spargel (m)	halyūn (m)	هليون
Spinat (m)	sabāniχ (m)	سبانخ

Erbse (f)	bisilla (f)	بسلة
Bohnen (pl)	fūl (m)	فول
Mais (m)	ðura (f)	ذرة
weiße Bohne (f)	faṣūliya (f)	فاصوليا

Paprika (m)	filfil (m)	فلفل
Radieschen (n)	fiʒl (m)	فجل
Artischocke (f)	χurʃūf (m)	خرشوف

47. Obst. Nüsse

Frucht (f)	fākiha (f)	فاكهة
Apfel (m)	tuffāḥa (f)	تفاحة
Birne (f)	kummaθra (f)	كمثرى
Zitrone (f)	laymūn (m)	ليمون
Apfelsine (f)	burtuqāl (m)	برتقال
Erdbeere (f)	farawla (f)	فراولة

Mandarine (f)	yūsufiy (m)	يوسفي
Pflaume (f)	barqūq (m)	برقوق
Pfirsich (m)	durrāq (m)	دراق
Aprikose (f)	miʃmiʃ (f)	مشمش
Himbeere (f)	tūt al ʿullayq al aḥmar (m)	توت العليق الأحمر
Ananas (f)	ananās (m)	أناناس

Banane (f)	mawz (m)	موز
Wassermelone (f)	baṭṭīχ aḥmar (m)	بطيخ أحمر
Weintrauben (pl)	ʿinab (m)	عنب
Kirsche (f)	karaz (m)	كرز
Melone (f)	baṭṭīχ aṣfar (f)	بطيخ أصفر

Grapefruit (f)	zinbāʿ (m)	زنباع
Avocado (f)	avukādu (f)	افوكاتو
Papaya (f)	babāya (m)	بابايا
Mango (f)	mangu (m)	مانجو
Granatapfel (m)	rummān (m)	رمان

rote Johannisbeere (f)	kiʃmiʃ aḥmar (m)	كشمش أحمر
schwarze Johannisbeere (f)	'inab aθ θa'lab al aswad (m)	عنب الثعلب الأسود
Stachelbeere (f)	'inab aθ θa'lab (m)	عنب الثعلب
Heidelbeere (f)	'inab al aḥrāʒ (m)	عنب الأحراج
Brombeere (f)	θamar al 'ullayk (m)	ثمر العليق

Rosinen (pl)	zabīb (m)	زبيب
Feige (f)	tīn (m)	تين
Dattel (f)	tamr (m)	تمر

Erdnuss (f)	fūl sudāniy (m)	فول سوداني
Mandel (f)	lawz (m)	لوز
Walnuss (f)	'ayn al ʒamal (f)	عين الجمل
Haselnuss (f)	bunduq (m)	بندق
Kokosnuss (f)	ʒawz al hind (m)	جوز هند
Pistazien (pl)	fustuq (m)	فستق

48. Brot. Süßigkeiten

Konditorwaren (pl)	ḥalawiyyāt (pl)	حلويّات
Brot (n)	χubz (m)	خبز
Keks (m, n)	baskawīt (m)	بسكويت

Schokolade (f)	ʃukulāta (f)	شكولاتة
Schokoladen-	biʃ ʃukulāṭa	بالشكولاتة
Bonbon (m, n)	bumbūn (m)	بونبون
Kuchen (m)	ka'k (m)	كعك
Torte (f)	tūrta (f)	تورتة

| Kuchen (Apfel-) | faṭīra (f) | فطيرة |
| Füllung (f) | ḥaʃwa (f) | حشوة |

Konfitüre (f)	murabba (m)	مربّى
Marmelade (f)	marmalād (f)	مرملاد
Waffeln (pl)	wāfil (m)	وافل
Eis (n)	muθallaʒāt (pl)	مثلّجات
Pudding (m)	būding (m)	بودنج

49. Gerichte

Gericht (n)	waʒba (f)	وجبة
Küche (f)	maṭbaχ (m)	مطبخ
Rezept (n)	waṣfa (f)	وصفة
Portion (f)	waʒba (f)	وجبة

| Salat (m) | sulṭa (f) | سلطة |
| Suppe (f) | ʃūrba (f) | شوربة |

Brühe (f), Bouillon (f)	maraq (m)	مرق
belegtes Brot (n)	sandawiʃ (m)	ساندويتش
Spiegelei (n)	bayḍ maqliy (m)	بيض مقلي
Hamburger (m)	hamburger (m)	هامبورجر

Beefsteak (n)	biftīk (m)	بفتيك
Beilage (f)	ţabaq ӡānibiy (m)	طبق جانبيّ
Spaghetti (pl)	spayitti (m)	سباغيتي
Kartoffelpüree (n)	harīs batāţis (m)	هريس بطاطس
Pizza (f)	bītza (f)	بيتزا
Brei (m)	'aşīda (f)	عصيدة
Omelett (n)	bayḍ maxfūq (m)	بيض مخفوق

gekocht	maslūq	مسلوق
geräuchert	mudaxxin	مدخّن
gebraten	maqliy	مقليّ
getrocknet	muӡaffaf	مجفّف
tiefgekühlt	muӡammad	مجمّد
mariniert	muxallil	مخلّل

süß	musakkar	مسكّر
salzig	māliḥ	مالح
kalt	bārid	بارد
heiß	sāxin	ساخن
bitter	murr	مرّ
lecker	laðīð	لذيذ

kochen (vt)	ţabax	طبخ
zubereiten (vt)	ḥaḍḍar	حضّر
braten (vt)	qala	قلي
aufwärmen (vt)	saxxan	سخّن

salzen (vt)	mallaḥ	ملّح
pfeffern (vt)	falfal	فلفل
reiben (vt)	baʃar	بشر
Schale (f)	qiʃra (f)	قشرة
schälen (vt)	qaʃʃar	قشّر

50. Gewürze

Salz (n)	milḥ (m)	ملح
salzig (Adj)	māliḥ	مالح
salzen (vt)	mallaḥ	ملّح

schwarzer Pfeffer (m)	filfil aswad (m)	فلفل أسود
roter Pfeffer (m)	filfil aḥmar (m)	فلفل أحمر
Senf (m)	şalşat al xardal (f)	صلصة الخردل
Meerrettich (m)	fiӡl ḥārr (m)	فجل حارّ

Gewürz (n)	tābil (m)	تابل
Gewürz (n)	bahār (m)	بهار
Soße (f)	şalşa (f)	صلصة
Essig (m)	xall (m)	خلّ

Anis (m)	yānsūn (m)	يانسون
Basilikum (n)	rīḥān (m)	ريحان
Nelke (f)	qurumful (m)	قرنفل
Ingwer (m)	zanӡabīl (m)	زنجبيل
Koriander (m)	kuzbara (f)	كزبرة

Zimt (m)	qirfa (f)	قرفة
Sesam (m)	simsim (m)	سمسم
Lorbeerblatt (n)	awrāq al ɣār (pl)	أوراق الغار
Paprika (m)	babrika (f)	بابريكا
Kümmel (m)	karāwiya (f)	كراوية
Safran (m)	za'farān (m)	زعفران

51. Mahlzeiten

| Essen (n) | akl (m) | أكل |
| essen (vi, vt) | akal | أكل |

Frühstück (n)	futūr (m)	فطور
frühstücken (vi)	aftar	أفطر
Mittagessen (n)	ɣadā' (m)	غداء
zu Mittag essen	taɣadda	تغدى
Abendessen (n)	'aʃā' (m)	عشاء
zu Abend essen	ta'aʃʃa	تعشى

| Appetit (m) | ʃahiyya (f) | شهية |
| Guten Appetit! | hanī'an marī'an! | هنيئًا مريئًا! |

öffnen (vt)	fataḥ	فتح
verschütten (vt)	dalaq	دلق
verschüttet werden	indalaq	إندلق
kochen (vi)	ɣala	غلى
kochen (Wasser ~)	ɣala	غلى
gekocht (Adj)	maɣliy	مغلي
kühlen (vt)	barrad	برّد
abkühlen (vi)	tabarrad	تبرّد

| Geschmack (m) | ṭa'm (m) | طعم |
| Beigeschmack (m) | al maðāq al 'āliq fil fam (m) | المذاق العالق فى الفم |

auf Diät sein	faqad al wazn	فقد الوزن
Diät (f)	ḥimya ɣaðā'iyya (f)	حمية غذائية
Vitamin (n)	vitamīn (m)	فيتامين
Kalorie (f)	su'ra ḥarāriyya (f)	سعرة حرارية
Vegetarier (m)	nabātiy (m)	نباتي
vegetarisch (Adj)	nabātiy	نباتي

Fett (n)	duhūn (pl)	دهون
Protein (n)	brutināt (pl)	بروتينات
Kohlenhydrat (n)	naʃawiyyāt (pl)	نشويّات
Scheibchen (n)	ʃarīḥa (f)	شريحة
Stück (ein ~ Kuchen)	qiṭ'a (f)	قطعة
Krümel (m)	futāta (f)	فتاتة

52. Gedeck

| Löffel (m) | mil'aqa (f) | ملعقة |
| Messer (n) | sikkīn (m) | سكّين |

Gabel (f)	ʃawka (f)	شوكة
Tasse (eine ~ Tee)	finʒān (m)	فنجان
Teller (m)	ṭabaq (m)	طبق
Untertasse (f)	ṭabaq finʒān (m)	طبق فنجان
Serviette (f)	mandīl (m)	منديل
Zahnstocher (m)	χallat asnān (f)	خلة أسنان

53. Restaurant

Restaurant (n)	maṭʿam (m)	مطعم
Kaffeehaus (n)	kafé (m), maqha (m)	كافيه, مقهى
Bar (f)	bār (m)	بار
Teesalon (m)	ṣālun ʃāy (m)	صالون شاي
Kellner (m)	nādil (m)	نادل
Kellnerin (f)	nādila (f)	نادلة
Barmixer (m)	bārman (m)	بارمان
Speisekarte (f)	qāʾimat aṭ ṭaʿām (f)	قائمة طعام
Weinkarte (f)	qāʾimat al χumūr (f)	قائمة خمور
einen Tisch reservieren	haʒaz māʾida	حجز مائدة
Gericht (n)	waʒba (f)	وجبة
bestellen (vt)	ṭalab	طلب
eine Bestellung aufgeben	ṭalab	طلب
Aperitif (m)	ʃarāb (m)	شراب
Vorspeise (f)	muqabbilāt (pl)	مقبّلات
Nachtisch (m)	halawiyyāt (pl)	حلويّات
Rechnung (f)	hisāb (m)	حساب
Rechnung bezahlen	dafaʿ al hisāb	دفع الحساب
das Wechselgeld geben	aʿṭa al bāqi	أعطى الباقي
Trinkgeld (n)	baqʃiʃ (m)	بقشيش

Familie, Verwandte und Freunde

54. Persönliche Informationen. Formulare

Deutsch	Transkription	Arabisch
Vorname (m)	ism (m)	إسم
Name (m)	ism al 'ā'ila (m)	إسم العائلة
Geburtsdatum (n)	tarīχ al mīlād (m)	تاريخ الميلاد
Geburtsort (m)	makān al mīlād (m)	مكان الميلاد
Nationalität (f)	ʒinsiyya (f)	جنسية
Wohnort (m)	maqarr al iqāma (m)	مقر الإقامة
Land (n)	balad (m)	بلد
Beruf (m)	mihna (f)	مهنة
Geschlecht (n)	ʒins (m)	جنس
Größe (f)	ṭūl (m)	طول
Gewicht (n)	wazn (m)	وذن

55. Familienmitglieder. Verwandte

Deutsch	Transkription	Arabisch
Mutter (f)	umm (f)	أم
Vater (m)	ab (m)	أب
Sohn (m)	ibn (m)	إبن
Tochter (f)	ibna (f)	إبنة
jüngste Tochter (f)	al ibna aṣ ṣaɣīra (f)	الإبنة الصغيرة
jüngste Sohn (m)	al ibn aṣ ṣaɣīr (m)	الابن الصغير
ältere Tochter (f)	al ibna al kabīra (f)	الإبنة الكبيرة
älterer Sohn (m)	al ibn al kabīr (m)	الإبن الكبير
Bruder (m)	aχ (m)	أخ
älterer Bruder (m)	al aχ al kabīr (m)	الأخ الكبير
jüngerer Bruder (m)	al aχ aṣ ṣaɣīr (m)	الأخ الصغير
Schwester (f)	uχt (f)	أخت
ältere Schwester (f)	al uχt al kabīra (f)	الأخت الكبيرة
jüngere Schwester (f)	al uχt aṣ ṣaɣīra (f)	الأخت الصغيرة
Cousin (m)	ibn 'amm (m), ibn χāl (m)	إبن عمّ، إبن خال
Cousine (f)	ibnat 'amm (f), ibnat χāl (f)	إبنة عم، إبنة خال
Mama (f)	mama (f)	ماما
Papa (m)	baba (m)	بابا
Eltern (pl)	wālidān (du)	والدان
Kind (n)	ṭifl (m)	طفل
Kinder (pl)	aṭfāl (pl)	أطفال
Großmutter (f)	ʒidda (f)	جدّة
Großvater (m)	ʒadd (m)	جدّ
Enkel (m)	ḥafīd (m)	حفيد

| Enkelin (f) | ḥafīda (f) | حفيدة |
| Enkelkinder (pl) | aḥfād (pl) | أحفاد |

Onkel (m)	'amm (m), χāl (m)	عمّ, خال
Tante (f)	'amma (f), χāla (f)	عمّة, خالة
Neffe (m)	ibn al aχ (m), ibn al uχt (m)	إبن الأخ, إبن الأخت
Nichte (f)	ibnat al aχ (f), ibnat al uχt (f)	إبنة الأخ, إبنة الأخت
Schwiegermutter (f)	ḥamātt (f)	حماة
Schwiegervater (m)	ḥamm (m)	حم
Schwiegersohn (m)	zawʒ al ibna (m)	زوج الأبنة
Stiefmutter (f)	zawʒat al ab (f)	زوجة الأب
Stiefvater (m)	zawʒ al umm (m)	زوج الأم

Säugling (m)	ṭifl raḍī' (m)	طفل رضيع
Kleinkind (n)	mawlūd (m)	مولود
Kleine (m)	walad ṣaɣīr (m)	ولد صغير

Frau (f)	zawʒa (f)	زوجة
Mann (m)	zawʒ (m)	زوج
Ehemann (m)	zawʒ (m)	زوج
Gemahlin (f)	zawʒa (f)	زوجة

verheiratet (Ehemann)	mutazawwiʒ	متزوّج
verheiratet (Ehefrau)	mutazawwiʒa	متزوّجة
ledig	a'zab	أعزب
Junggeselle (m)	a'zab (m)	أعزب
geschieden (Adj)	muṭallaq (m)	مطلق
Witwe (f)	armala (f)	أرملة
Witwer (m)	armal (m)	أرمل

Verwandte (m)	qarīb (m)	قريب
naher Verwandter (m)	nasīb qarīb (m)	نسيب قريب
entfernter Verwandter (m)	nasīb ba'īd (m)	نسيب بعيد
Verwandte (pl)	aqārib (pl)	أقارب

Waise (m, f)	yatīm (m)	يتيم
Vormund (m)	waliyy amr (m)	وليّ أمر
adoptieren (einen Jungen)	tabanna	تبنّى
adoptieren (ein Mädchen)	tabanna	تبنّى

56. Freunde. Arbeitskollegen

Freund (m)	ṣadīq (m)	صديق
Freundin (f)	ṣadīqa (f)	صديقة
Freundschaft (f)	ṣadāqa (f)	صداقة
befreundet sein	ṣādaq	صادق

Freund (m)	ṣāḥib (m)	صاحب
Freundin (f)	ṣaḥiba (f)	صاحبة
Partner (m)	rafīq (m)	رفيق

Chef (m)	ra'īs (m)	رئيس
Vorgesetzte (m)	ra'īs (m)	رئيس
Besitzer (m)	ṣāḥib (m)	صاحب

Untergeordnete (m)	tābi' (m)	تابع
Kollege (m), Kollegin (f)	zamīl (m)	زميل
Bekannte (m)	ma'ruf (m)	معروف
Reisegefährte (m)	rafīq safar (m)	رفيق سفر
Mitschüler (m)	zamīl fiṣ ṣaff (m)	زميل في الصفّ
Nachbar (m)	ʒār (m)	جار
Nachbarin (f)	ʒāra (f)	جارة
Nachbarn (pl)	ʒirān (pl)	جيران

57. Mann. Frau

Frau (f)	imra'a (f)	إمرأة
Mädchen (n)	fatāt (f)	فتاة
Braut (f)	'arūsa (f)	عروسة
schöne	ʒamīla	جميلة
große	ṭawīla	طويلة
schlanke	rafīqa	رشيقة
kleine (~ Frau)	qaṣīra	قصيرة
Blondine (f)	ʃaqrā' (f)	شقراء
Brünette (f)	sawdā' aʃ ʃa'r (f)	سوداء الشعر
Damen-	sayyidāt	سيّدات
Jungfrau (f)	'aðrā' (f)	عذراء
schwangere	ḥāmil	حامل
Mann (m)	raʒul (m)	رجل
Blonde (m)	aʃqar (m)	أشقر
Brünette (m)	aswad aʃ ʃa'r (m)	أسود الشعر
hoch	ṭawīl	طويل
klein	qaṣīr	قصير
grob	waqiḥ	وقح
untersetzt	malyān	مليان
robust	matīn	متين
stark	qawiy	قويّ
Kraft (f)	quwwa (f)	قوّة
dick	θaxīn	ثخين
dunkelhäutig	asmar	أسمر
schlank	rafīq	رشيق
elegant	anīq	أنيق

58. Alter

Alter (n)	'umr (m)	عمر
Jugend (f)	ʃabāb (m)	شباب
jung	ʃābb	شابّ
jünger (~ als Sie)	aṣɣar	أصغر

älter (~ als ich)	akbar	أكبر
Junge (m)	ʃābb (m)	شاب
Teenager (m)	murāhiq (m)	مراهق
Bursche (m)	ʃābb (m)	شاب

| Greis (m) | ʕaʒūz (m) | عجوز |
| alte Frau (f) | ʕaʒūza (f) | عجوزة |

Erwachsene (m)	bāliɣ (m)	بالغ
in mittleren Jahren	fi muntaṣaf al ʕumr	في منتصف العمر
älterer (Adj)	ʕaʒūz	عجوز
alt (Adj)	ʕaʒūz	عجوز

Ruhestand (m)	maʕāʃ (m)	معاش
in Rente gehen	uḥīl ʕalal maʕāʃ	أحيل على المعاش
Rentner (m)	mutaqāʕid (m)	متقاعد

59. Kinder

Kind (n)	ṭifl (m)	طفل
Kinder (pl)	aṭfāl (pl)	أطفال
Zwillinge (pl)	taw'amān (du)	توأمان

Wiege (f)	mahd (m)	مهد
Rassel (f)	xaʃxīʃa (f)	خشخيشة
Windel (f)	ḥifāẓ aṭfāl (m)	حفاظ أطفال

Schnuller (m)	bazzāza (f)	بزّازة
Kinderwagen (m)	ʕarabat aṭfāl (f)	عربة أطفال
Kindergarten (m)	rawdat aṭfāl (f)	روضة أطفال
Kinderfrau (f)	murabbiyat aṭfāl (f)	مربية الأطفال

| Kindheit (f) | ṭufūla (f) | طفولة |
| Puppe (f) | dumya (f) | دمية |

| Spielzeug (n) | luʕba (f) | لعبة |
| Baukasten (m) | mukaʕʕabāt (pl) | مكعبات |

wohlerzogen	mu'addab	مؤدّب
ungezogen	qalīl al adab	قليل الأدب
verwöhnt	mutdalliʕ	متدلع

| unartig sein | laʕib | لعب |
| unartig | laʕūb | لعوب |

| Unart (f) | izʕāʒ (m) | إزعاج |
| Schelm (m) | ṭifl laʕūb (m) | طفل لعوب |

| gehorsam | muṭīʕ | مطيع |
| ungehorsam | ʕāq | عاقّ |

fügsam	ʕāqil	عاقل
klug	ðakiy	ذكيّ
Wunderkind (n)	ṭifl muʕʒiza (m)	طفل معجزة

60. Ehepaare. Familienleben

küssen (vt)	bās	باس
sich küssen	bās	باس
Familie (f)	'ā'ila (f)	عائلة
Familien-	'ā'iliy	عائلي
Paar (n)	zawʒān (du)	زوجان
Ehe (f)	zawāʒ (m)	زواج
Heim (n)	bayt (m)	بيت
Dynastie (f)	sulāla (f)	سلالة

Rendezvous (n)	maw'id (m)	موعد
Kuss (m)	būsa (f)	بوسة

Liebe (f)	ḥubb (m)	حبّ
lieben (vt)	aḥabb	أحبّ
geliebt	ḥabīb	حبيب

Zärtlichkeit (f)	ḥanān (m)	حنان
zärtlich	ḥanūn	حنون
Treue (f)	iҳlāṣ (m)	إخلاص
treu (Adj)	muҳliṣ	مخلص
Fürsorge (f)	'ināya (f)	عناية
sorgsam	muhtamm	مهتمّ

Frischvermählte (pl)	'arūsān (du)	عروسان
Flitterwochen (pl)	ʃahr al 'asal (m)	شهر العسل
heiraten (einen Mann ~)	tazawwaʒ	تزوج
heiraten (ein Frau ~)	tazawwaʒ	تزوج

Hochzeit (f)	zifāf (m)	زفاف
goldene Hochzeit (f)	al yubīl að ðahabiy liz zawāʒ (m)	اليوبيل الذهبي للزواج
Jahrestag (m)	ðikra sanawiyya (f)	ذكرى سنويّة

Geliebte (m)	ḥabīb (m)	حبيب
Geliebte (f)	ḥabība (f)	حبيبة

Ehebruch (m)	ҳiyāna zawʒiyya (f)	خيانة زوجية
Ehebruch begehen	ҳān	خان
eifersüchtig	ɣayūr	غيور
eifersüchtig sein	ɣār	غار
Scheidung (f)	ṭalāq (m)	طلاق
sich scheiden lassen	ṭallaq	طلق

streiten (vi)	taʃāʒar	تشاجر
sich versöhnen	taṣālaḥ	تصالح

zusammen (Adv)	ma'an	معًا
Sex (m)	ʒins (m)	جنس

Glück (n)	sa'āda (f)	سعادة
glücklich	sa'īd	سعيد
Unglück (n)	muṣība (m)	مصيبة
unglücklich	ta'is	تعس

Charakter. Empfindungen. Gefühle

61. Empfindungen. Gefühle

Gefühl (n)	ʃuʿūr (m)	شعور
Gefühle (pl)	maʃāʿir (pl)	مشاعر
fühlen (vt)	ʃaʿar	شعر
Hunger (m)	ʒawʿ (m)	جوع
hungrig sein	arād an yaʾkul	أراد أن يأكل
Durst (m)	ʿataʃ (m)	عطش
Durst haben	arād an yaʃrab	أراد أن يشرب
Schläfrigkeit (f)	nuʿās (m)	نعاس
schlafen wollen	arād an yanām	أراد أن ينام
Müdigkeit (f)	taʿab (m)	تعب
müde	taʿbān	تعبان
müde werden	taʿib	تعب
Laune (f)	ḥāla nafsiyya, mazāʒ (m)	حالة نفسية، مزاج
Langeweile (f)	malal (m)	ملل
sich langweilen	ʃaʿar bil malal	شعر بالملل
Zurückgezogenheit (n)	ʿuzla (f)	عزلة
sich zurückziehen	inzawa	إنزوى
beunruhigen (vt)	aqlaq	أقلق
sorgen (vi)	qalaq	قلق
Besorgnis (f)	qalaq (m)	قلق
Angst (~ um …)	qalaq (m)	قلق
besorgt (Adj)	maʃɣūl al bāl	مشغول البال
nervös sein	qalaq	قلق
in Panik verfallen (vi)	uṣīb biθ ðaʿr	أصيب بالذعر
Hoffnung (f)	amal (m)	أمل
hoffen (vi)	tamanna	تمنى
Sicherheit (f)	yaqīn (m)	يقين
sicher	mutaʾakkid	متأكد
Unsicherheit (f)	ʿadam at taʾakkud (m)	عدم التأكد
unsicher	ɣayr mutaʾakkid	غير متأكد
betrunken	sakrān	سكران
nüchtern	ṣāḥi	صاح
schwach	daʿīf	ضعيف
glücklich	saʿīd	سعيد
erschrecken (vt)	arhab	أرهب
Wut (f)	ɣaḍab ʃadīd (m)	غضب شديد
Rage (f)	ɣaḍab (m)	غضب
Depression (f)	iktiʾāb (m)	إكتئاب
Unbehagen (n)	ʿadam irtiyāḥ (m)	عدم إرتياح

Komfort (m)	rāḥa (f)	راحة
bedauern (vt)	nadim	ندم
Bedauern (n)	nadam (m)	ندم
Missgeschick (n)	sū' al ḥazz (m)	سوء الحظ
Kummer (m)	ḥuzn (f)	حزن

Scham (f)	χaӡal (m)	خجل
Freude (f)	faraḥ (m)	فرح
Begeisterung (f)	ḥamās (m)	حماس
Enthusiast (m)	mutaḥammis (m)	متحمس
Begeisterung zeigen	taḥammas	تحمس

62. Charakter. Persönlichkeit

Charakter (m)	ṭab' (m)	طبع
Charakterfehler (m)	'ayb (m)	عيب
Verstand (m), Vernunft (f)	'aql (m)	عقل

Gewissen (n)	ḍamīr (m)	ضمير
Gewohnheit (f)	'āda (f)	عادة
Fähigkeit (f)	qudra (f)	قدرة
können (v mod)	'araf	عرف

geduldig	ṣābir	صابر
ungeduldig	qalīl aṣ ṣabr	قليل الصبر
neugierig	fuḍūliy	فضولي
Neugier (f)	fuḍūl (m)	فضول

Bescheidenheit (f)	tawāḍu' (m)	تواضع
bescheiden	mutawāḍi'	متواضع
unbescheiden	γayr mutawāḍi'	غير متواضع

Faulheit (f)	kasal (m)	كسل
faul	kaslān	كسلان
Faulenzer (m)	kaslān (m)	كسلان

Listigkeit (f)	makr (m)	مكر
listig	mākir	ماكر
Misstrauen (n)	'adam aθ θiqa (m)	عدم الثقة
misstrauisch	ʃakūk	شكوك

Freigebigkeit (f)	karam (m)	كرم
freigebig	karīm	كريم
talentiert	mawhūb	موهوب
Talent (n)	mawhiba (f)	موهبة

tapfer	ʃuӡā'	شجاع
Tapferkeit (f)	ʃaӡā'a (f)	شجاعة
ehrlich	amīn	أمين
Ehrlichkeit (f)	amāna (f)	أمانة

vorsichtig	ḥāðir	حاذر
tapfer	ʃuӡā'	شجاع
ernst	ӡādd	جاد

streng	ṣārim	صارم
entschlossen	ḥazīm	حزيم
unentschlossen	mutaraddid	متردد
schüchtern	ҳaɡūl	خجول
Schüchternheit (f)	ҳaɡal (m)	خجل

Vertrauen (n)	θiqa (f)	ثقة
vertrauen (vi)	waθiq	وثق
vertrauensvoll	sarīʿ at taṣdīq	سريع التصديق

aufrichtig (Adv)	bi ṣarāḥa	بصراحة
aufrichtig (Adj)	muҳliṣ	مخلص
Aufrichtigkeit (f)	iҳlāṣ (m)	إخلاص
offen	ṣarīḥ	صريح

still (Adj)	hādi'	هادئ
freimütig	ṣarīḥ	صريح
naiv	sāðiɡ	ساذج
zerstreut	ʃārid al fikr	شارد الفكر
drollig, komisch	muḍhik	مضحك

Gier (f)	buҳl (m)	بخل
habgierig	baҳīl	بخيل
geizig	baҳīl	بخيل
böse	ʃarīr	شرير
hartnäckig	'anīd	عنيد
unangenehm	karīh	كريه

Egoist (m)	anāniy (m)	أنانيّ
egoistisch	anāniy	أنانيّ
Feigling (m)	ɡabān (m)	جبان
feige	ɡabān	جبان

63. Schlaf. Träume

schlafen (vi)	nām	نام
Schlaf (m)	nawm (m)	نوم
Traum (m)	ḥulm (m)	حلم
träumen (im Schlaf)	ḥalam	حلم
verschlafen	na'sān	نعسان

Bett (n)	sarīr (m)	سرير
Matratze (f)	martaba (f)	مرتبة
Decke (f)	baṭṭāniyya (f)	بطّانيّة
Kissen (n)	wisāda (f)	وسادة
Laken (n)	milāya (f)	ملاية

Schlaflosigkeit (f)	araq (m)	أرق
schlaflos	ariq	أرق
Schlafmittel (n)	munawwim (m)	منوّم
Schlafmittel nehmen	tanāwal munawwim	تناول منوّمًا

| schlafen wollen | arād an yanām | أراد أن ينام |
| gähnen (vi) | taθā'ab | تثاءب |

59

schlafen gehen	ðahab ila n nawm	ذهب إلى النوم
das Bett machen	a'add as sarīr	أعد السرير
einschlafen (vi)	nām	نام

Alptraum (m)	kābūs (m)	كابوس
Schnarchen (n)	ʃaxīr (m)	شخير
schnarchen (vi)	ʃaxxar	شخّر

Wecker (m)	munabbih (m)	منبّه
aufwecken (vt)	ayqaẓ	أيقظ
erwachen (vi)	istayqaẓ	إستيقظ
aufstehen (vi)	qām	قام
sich waschen	ɣasal waʒhah	غسل وجهه

64. Humor. Lachen. Freude

Humor (m)	fukāha (f)	فكاهة
Sinn (m) für Humor	ḥiss (m)	حس
sich amüsieren	istamta'	إستمتع
froh (Adj)	farḥān	فرحان
Fröhlichkeit (f)	faraḥ (m)	فرح

Lächeln (n)	ibtisāma (f)	إبتسامة
lächeln (vi)	ibtasam	إبتسم
auflachen (vi)	ḍahik	ضحك
lachen (vi)	ḍahik	ضحك
Lachen (n)	ḍahka (f)	ضحكة

Anekdote, Witz (m)	ḥikāya muḍhika (f)	حكاية مضحكة
lächerlich	muḍhik	مضحك
komisch	muḍhik	مضحك

Witz machen	mazaḥ	مزح
Spaß (m)	nukta (f)	نكتة
Freude (f)	sa'āda (f)	سعادة
sich freuen	mariḥ	مرح
froh (Adj)	sa'īd	سعيد

65. Diskussion, Unterhaltung. Teil 1

| Kommunikation (f) | tawāṣul (m) | تواصل |
| kommunizieren (vi) | tawāṣal | تواصل |

Konversation (f)	muḥādaθa (f)	محادثة
Dialog (m)	ḥiwār (m)	حوار
Diskussion (f)	munāqaʃa (f)	مناقشة
Streitgespräch (n)	munāẓara (f)	مناظرة
streiten (vi)	xālaf	خالف

Gesprächspartner (m)	muḥāwir (m)	محاور
Thema (n)	mawḍū' (m)	موضوع
Gesichtspunkt (m)	wiʒhat naẓar (f)	وجهة نظر

Meinung (f)	ra'y (m)	رأي
Rede (f)	xiṭāb (m)	خطاب
Besprechung (f)	munāqaʃa (f)	مناقشة
besprechen (vt)	nāqaʃ	ناقش
Gespräch (n)	ḥadīs (m)	حديث
Gespräche führen	tahādaθ	تحادث
Treffen (n)	liqā' (m)	لقاء
sich treffen	qābal	قابل
Sprichwort (n)	maθal (m)	مثل
Redensart (f)	qawl ma'θūr (m)	قول مأثور
Rätsel (n)	luɣz (m)	لغز
ein Rätsel aufgeben	alqa luɣz	ألقى لغزًا
Parole (f)	kalimat al murūr (f)	كلمة مرور
Geheimnis (n)	sirr (m)	سرّ
Eid (m), Schwur (m)	qasam (m)	قسم
schwören (vi, vt)	aqsam	أقسم
Versprechen (n)	wa'd (m)	وعد
versprechen (vt)	wa'ad	وعد
Rat (m)	naṣīḥa (f)	نصيحة
raten (vt)	naṣaḥ	نصح
einen Rat befolgen	intaṣaḥ	إنتصح
gehorchen (jemandem ~)	aṭā'	أطاع
Neuigkeit (f)	xabar (m)	خبر
Sensation (f)	ḍaʒʒa (f)	ضجّة
Informationen (pl)	ma'lūmāt (pl)	معلومات
Schlussfolgerung (f)	istintāʒ (f)	إستنتاج
Stimme (f)	ṣawt (m)	صوت
Kompliment (n)	madḥ (m)	مدح
freundlich	laṭīf	لطيف
Wort (n)	kalima (f)	كلمة
Phrase (f)	'ibāra (f)	عبارة
Antwort (f)	ʒawāb (m)	جواب
Wahrheit (f)	ḥaqīqa (f)	حقيقة
Lüge (f)	kiðb (m)	كذب
Gedanke (m)	fikra (f)	فكرة
Idee (f)	fikra (f)	فكرة
Phantasie (f)	xayāl (m)	خيال

66. Diskussion, Unterhaltung. Teil 2

angesehen (Adj)	muḥtaram	محترم
respektieren (vt)	iḥtaram	إحترم
Respekt (m)	iḥtIrām (m)	إحترام
Sehr geehrter ...	'azīzi ...	...عزيزي
bekannt machen	'arraf	عرّف
kennenlernen (vt)	ta'arraf	تعرّف

Absicht (f)	niyya (f)	نيّة
beabsichtigen (vt)	nawa	نوى
Wunsch (m)	tamanni (m)	تمنّ
wünschen (vt)	tamanna	تمنّى

Staunen (n)	'aʒab (m)	عجب
erstaunen (vt)	adhaʃ	أدهش
staunen (vi)	indahaʃ	إندهش

geben (vt)	a'ṭa	أعطى
nehmen (vt)	aχað	أخذ
herausgeben (vt)	radd	ردّ
zurückgeben (vt)	arʒa'	أرجع

sich entschuldigen	i'taðar	إعتذر
Entschuldigung (f)	i'tiðār (m)	إعتذار
verzeihen (vt)	'afa	عفا

sprechen (vi)	taḥaddaθ	تحدّث
hören (vt), zuhören (vi)	istama'	إستمع
sich anhören	sami'	سمع
verstehen (vt)	fahim	فهم

zeigen (vt)	'araḍ	عرض
ansehen (vt)	naẓar	نظر
rufen (vt)	nāda	نادى
belästigen (vt)	ʃaɣal	شغل
stören (vt)	az'aʒ	أزعج
übergeben (vt)	sallam	سلّم
Bitte (f)	ṭalab (m)	طلب
bitten (vt)	ṭalab	طلب
Verlangen (n)	maṭlab (m)	مطلب
verlangen (vt)	ṭālib	طالب

necken (vt)	ɣāẓ	غاظ
spotten (vi)	saχar	سخر
Spott (m)	suχriyya (f)	سخريّة
Spitzname (m)	laqab (m)	لقب

Andeutung (f)	talmīḥ (m)	تلميح
andeuten (vt)	lamaḥ	لمح
meinen (vt)	qaṣad	قصد

Beschreibung (f)	waṣf (m)	وصف
beschreiben (vt)	waṣaf	وصف
Lob (n)	madḥ (m)	مدح
loben (vt)	madaḥ	مدح

Enttäuschung (f)	χaybat amal (f)	خيبة أمل
enttäuschen (vt)	χayyab	خيّب
enttäuscht sein	χābat 'āmāluh	خابت آماله

Vermutung (f)	iftirāḍ (m)	إفتراض
vermuten (vt)	iftaraḍ	إفترض
Warnung (f)	taḥðīr (m)	تحذير
warnen (vt)	ḥaððar	حذّر

67. Diskussion, Unterhaltung. Teil 3

überreden (vt)	aqnaʻ	أقنع
beruhigen (vt)	ṭamʼan	طمأن
Schweigen (n)	sukūt (m)	سكوت
schweigen (vi)	sakat	سكت
flüstern (vt)	hamas	همس
Flüstern (n)	hamsa (f)	همسة
offen (Adv)	bi ṣarāḥa	بصراحة
meiner Meinung nach ...	fi raʼyi ...	في رأيي...
Detail (n)	tafṣīl (m)	تفصيل
ausführlich (Adj)	mufaṣṣal	مفصّل
ausführlich (Adv)	bit tafāṣīl	بالتفاصيل
Tipp (m)	iʃāra (f), talmīḥ (m)	إشارة, تلميح
einen Tipp geben	aʻṭa talmīḥ	أعطى تلميماً
Blick (m)	naẓra (f)	نظرة
anblicken (vt)	alqa naẓra	ألقى نظرة
starr (z.B. -en Blick)	θābit	ثابت
blinzeln (mit den Augen)	ramaʃ	رمش
zwinkern (mit den Augen)	ɣamaz	غمز
nicken (vi)	hazz raʼsah	هزّ رأسه
Seufzer (m)	tanahhuda (f)	تنهّدة
aufseufzen (vi)	tanahhad	تنهّد
zusammenzucken (vi)	irtaʻaʃ	إرتعش
Geste (f)	iʃārat yad (f)	إشارة يد
berühren (vt)	lamas	لمس
ergreifen (vt)	amsak	أمسك
klopfen (vt)	ṣafaq	صفق
Vorsicht!	χuð bālak!	خذ بالك!
Wirklich?	wallahi?	والله؟
Sind Sie sicher?	hal anta mutaʼakkid?	هل أنت متأكّد؟
Viel Glück!	bit tawfīq!	بالتوفيق!
Klar!	wāḍiḥ!	واضح!
Schade!	ya lil asaf!	يا للأسف!

68. Zustimmung. Ablehnung

Einverständnis (n)	muwāfaqa (f)	موافقة
zustimmen (vi)	wāfaʼ	وافق
Billigung (f)	istiḥsān (m)	إستحسان
billigen (vt)	istiḥsan	إستحسن
Absage (f)	rafḍ (m)	رفض
sich weigern	rafaḍ	رفض
Ausgezeichnet!	ʻaẓīm!	عظيم!
Ganz recht!	ittafaqna!	إتّفقنا!

Gut! Okay!	ittafaqna!	إتّفقنا!
verboten (Adj)	mamnū'	ممنوع
Es ist verboten	mamnū'	ممنوع
Es ist unmöglich	mustaḥīl	مستحيل
falsch	ɣalaṭ	غلط

ablehnen (vt)	rafaḍ	رفض
unterstützen (vt)	ayyad	أيّد
akzeptieren (vt)	qabil	قبل

bestätigen (vt)	aθbat	أثبت
Bestätigung (f)	iθbāt (m)	إثبات
Erlaubnis (f)	samāḥ (m)	سماح
erlauben (vt)	samaḥ	سمح
Entscheidung (f)	qarār (m)	قرار
schweigen (nicht antworten)	ṣamat	صمت

Bedingung (f)	ʃarṭ (m)	شرط
Ausrede (f)	'uðr (m)	عذر
Lob (n)	madḥ (m)	مدح
loben (vt)	madaḥ	مدح

69. Erfolg. Alles Gute. Misserfolg

Erfolg (m)	naʒāḥ (m)	نجاح
erfolgreich (Adv)	bi naʒāḥ	بنجاح
erfolgreich (Adj)	nāʒiḥ	ناجح
Glück (Glücksfall)	ḥazz (m)	حظّ
Viel Glück!	bit tawfīq!	بالتوفيق!
Glücks- (z.B. -tag)	murawaffiq	متوفّق
glücklich (Adj)	maḥzūz	محظوظ

Misserfolg (m)	faʃl (m)	فشل
Missgeschick (n)	sū' al ḥazz (m)	سوء الحظ
Unglück (n)	sū' al ḥazz (m)	سوء الحظ
missglückt (Adj)	fāʃil	فاشل
Katastrophe (f)	kāriθa (f)	كارثة

Stolz (m)	faxr (m)	فخر
stolz	faxūr	فخور
stolz sein	iftaxar	إفتخر
Sieger (m)	fā'iz (m)	فائز
siegen (vi)	fāz	فاز
verlieren (Spiel usw.)	xasir	خسر
Versuch (m)	muḥāwala (f)	محاولة
versuchen (vt)	ḥāwal	حاول
Chance (f)	furṣa (f)	فرصة

70. Streit. Negative Gefühle

| Schrei (m) | ṣarxa (f) | صرخة |
| schreien (vi) | ṣarax | صرخ |

beginnen zu schreien	ṣaraχ	صرخ
Zank (m)	muʃāʒara (f)	مشاجرة
sich zanken	taʃāʒar	تشاجر
Riesenkrach (m)	muʃāʒara (f)	مشاجرة
Krach haben	taʃāʒar	تشاجر
Konflikt (m)	χilāf (m)	خلاف
Missverständnis (n)	sū'at tafāhum (m)	سوء التفاهم

Kränkung (f)	ihāna (f)	إهانة
kränken (vt)	ahān	أهان
gekränkt (Adj)	muhān	مهان
Beleidigung (f)	ḍaym (m)	ضيم
beleidigen (vt)	asā'	أساء
sich beleidigt fühlen	istā'	إستاء

Empörung (f)	istiyā' (m)	إستياء
sich empören	istā'	إستاء
Klage (f)	ʃakwa (f)	شكوى
klagen (vi)	ʃaka	شكا

Entschuldigung (f)	i'tiðār (m)	إعتذار
sich entschuldigen	i'taðar	إعتذر
um Entschuldigung bitten	i'taðar	إعتذر

Kritik (f)	naqd (m)	نقد
kritisieren (vt)	naqad	نقد
Anklage (f)	ittihām (m)	إتهام
anklagen (vt)	ittaham	إتهم

Rache (f)	intiqām (m)	إنتقام
rächen (vt)	intaqam	إنتقم
sich rächen	radd	رد

Verachtung (f)	iḥtiqār (m)	إحتقار
verachten (vt)	iḥtaqar	إحتقر
Hass (m)	karāha (f)	كراهة
hassen (vt)	karah	كره

nervös	'aṣabiy	عصبي
nervös sein	qalaq	قلق
verärgert	za'lān	زعلان
ärgern (vt)	az'al	أزعل

Erniedrigung (f)	iðlāl (m)	إذلال
erniedrigen (vt)	ðallal	ذلل
sich erniedrigen	taðallal	تذلل

Schock (m)	ṣadma (f)	صدمة
schockieren (vt)	ṣadam	صدم

Ärger (m)	muʃkila (f)	مشكلة
unangenehm	karīh	كريه

Angst (f)	χawf (m)	خوف
furchtbar (z.B. -e Sturm)	ʃadīd	شديد
schrecklich	muχīf	مخيف

| Entsetzen (n) | ru'b (m) | رعب |
| entsetzlich | mur'ib | مرعب |

zittern (vi)	irta'aʃ	إرتعش
weinen (vi)	baka	بكى
anfangen zu weinen	baka	بكى
Träne (f)	dama'a (f)	دمعة

Schuld (f)	ɣalṭa (f)	غلطة
Schuldgefühl (n)	ðamb (m)	ذنب
Schmach (f)	'ār (m)	عار
Protest (m)	iḥtiʒāʒ (m)	إحتجاج
Stress (m)	tawattur (m)	توتّر

stören (vt)	az'aʒ	أزعج
sich ärgern	ɣaḍib	غضب
ärgerlich	ɣaḍbān	غضبان
abbrechen (vi)	anha	أنهى
schelten (vi)	ʃātam	شاتم

erschrecken (vi)	χāf	خاف
schlagen (vt)	ḍarab	ضرب
sich prügeln	ta'ārak	تعارك

beilegen (Konflikt usw.)	sawwa	سوّى
unzufrieden	ɣayr rāḍi	غير راض
wütend	'anīf	عنيف

| Das ist nicht gut! | laysa haða amr ʒayyid! | ليس هذا أمرًا جيّدًا! |
| Das ist schlecht! | haða amr sayyi'! | هذا أمر سيّء! |

Medizin

71. Krankheiten

Krankheit (f)	maraḍ (m)	مرض
krank sein	maraḍ	مرض
Gesundheit (f)	ṣiḥḥa (f)	صحّة
Schnupfen (m)	zukām (m)	زكام
Angina (f)	iltihāb al lawzatayn (m)	التهاب اللوزتين
Erkältung (f)	bard (m)	برد
sich erkälten	aṣābahu al bard	أصابه البرد
Bronchitis (f)	iltihāb al qaṣabāt (m)	إلتهاب القصبات
Lungenentzündung (f)	iltihāb ar ri'atayn (m)	إلتهاب الرئتين
Grippe (f)	influnza (f)	إنفلونزا
kurzsichtig	qaṣīr an naẓar	قصير النظر
weitsichtig	ba'īd an naẓar	بعيد النظر
Schielen (n)	ḥawal (m)	حول
schielend (Adj)	aḥwal	أحول
grauer Star (m)	katarakt (f)	كاتاراكت
Glaukom (n)	glawkuma (f)	جلوكوما
Schlaganfall (m)	sakta (f)	سكتة
Infarkt (m)	iḥtijā' (m)	إحتشاء
Herzinfarkt (m)	nawba qalbiya (f)	نوبة قلبية
Lähmung (f)	ſalal (m)	شلل
lähmen (vt)	ſall	شلّ
Allergie (f)	ḥassāsiyya (f)	حسّاسيّة
Asthma (n)	rabw (m)	ربو
Diabetes (m)	ad dā' as sukkariy (m)	الداء السكريّ
Zahnschmerz (m)	alam al asnān (m)	ألم الأسنان
Karies (f)	naxar al asnān (m)	نخر الأسنان
Durchfall (m)	ishāl (m)	إسهال
Verstopfung (f)	imsāk (m)	إمساك
Magenverstimmung (f)	'usr al haḍm (m)	عسر الهضم
Vergiftung (f)	tasammum (m)	تسمّم
Vergiftung bekommen	tasammam	تسمّم
Arthritis (f)	iltihāb al mafāṣil (m)	إلتهاب المفاصل
Rachitis (f)	kusāḥ al aṭfāl (m)	كساح الأطفال
Rheumatismus (m)	riumatizm (m)	روماتزم
Atherosklerose (f)	taṣṣallub aſ ſarayīn (m)	تصلّب الشرايين
Gastritis (f)	iltihāb al ma'ida (m)	إلتهاب المعدة
Blinddarmentzündung (f)	iltihāb az zā'ida ad dūdiyya (m)	إلتهاب الزائدة الدوديّة

| Cholezystitis (f) | iltihāb al marāra (m) | إلتهاب المرارة |
| Geschwür (n) | qurḥa (f) | قرحة |

Masern (pl)	maraḍ al ḥaṣba (m)	مرض الحصبة
Röteln (pl)	ḥaṣba almāniyya (f)	حصبة ألمانية
Gelbsucht (f)	yaraqān (m)	يرقان
Hepatitis (f)	iltihāb al kabd al vayrūsiy (m)	إلتهاب الكبد الفيروسيّ

Schizophrenie (f)	ʃizufrīniya (f)	شيزوفرينيا
Tollwut (f)	dāʾ al kalb (m)	داء الكلب
Neurose (f)	ʿiṣāb (m)	عصاب
Gehirnerschütterung (f)	irtiʒāʒ al muxx (m)	إرتجاج المخ

Krebs (m)	saraṭān (m)	سرطان
Sklerose (f)	taṣṣallub (m)	تصلّب
multiple Sklerose (f)	taṣṣallub mutaʿaddid (m)	تصلّب متعدد

Alkoholismus (m)	idmān al xamr (m)	إدمان الخمر
Alkoholiker (m)	mudmin al xamr (m)	مدمن الخمر
Syphilis (f)	sifilis az zuhariy (m)	سفلس الزهري
AIDS	al aydz (m)	الايدز

Tumor (m)	waram (m)	ورم
bösartig	xabīθ	خبيث
gutartig	ḥamīd (m)	حميد

Fieber (n)	ḥumma (f)	حمَى
Malaria (f)	malāriya (f)	ملاريا
Gangrän (f, n)	ɣanɣrīna (f)	غنغرينا
Seekrankheit (f)	duwār al baḥr (m)	دوار البحر
Epilepsie (f)	maraḍ aṣ ṣarʿ (m)	مرض الصرع

Epidemie (f)	wabāʾ (m)	وباء
Typhus (m)	tīfus (m)	تيفوس
Tuberkulose (f)	maraḍ as sull (m)	مرض السلّ
Cholera (f)	kulīra (f)	كوليرا
Pest (f)	ṭāʿūn (m)	طاعون

72. Symptome. Behandlungen. Teil 1

Symptom (n)	ʿaraḍ (m)	عرض
Temperatur (f)	ḥarāra (f)	حرارة
Fieber (n)	ḥumma (f)	حمَى
Puls (m)	nabḍ (m)	نبض

Schwindel (m)	dawxa (f)	دوخة
heiß (Stirne usw.)	ḥārr	حارّ
Schüttelfrost (m)	nafaḍān (m)	نفضان
blass (z.B. -es Gesicht)	aṣfar	أصفر

Husten (m)	suʿāl (m)	سعال
husten (vi)	saʿal	سعل
niesen (vi)	ʿaṭas	عطس
Ohnmacht (f)	iɣmāʾ (m)	إغماء

ohnmächtig werden	ɣumiya 'alayh	غمي عليه
blauer Fleck (m)	kadma (f)	كَدمة
Beule (f)	tawarrum (m)	تورُم
sich stoßen	iṣṭadam	إصطدم
Prellung (f)	raḍḍ (m)	رضّ
sich stoßen	taraḍḍaḍ	ترضّض

hinken (vi)	'araʒ	عرج
Verrenkung (f)	xal' (m)	خلع
ausrenken (vt)	xala'	خلع
Fraktur (f)	kasr (m)	كسر
brechen (Arm usw.)	inkasar	إنكسر

Schnittwunde (f)	ʒurh (m)	جرح
sich schneiden	ʒarah nafsah	جرح نفسه
Blutung (f)	nazf (m)	نزف

| Verbrennung (f) | harq (m) | حرق |
| sich verbrennen | taʃayyat | تشيّط |

stechen (vt)	waxaz	وخز
sich stechen	waxaz nafsah	وخز نفسه
verletzen (vt)	aṣāb	أصاب
Verletzung (f)	iṣāba (f)	إصابة
Wunde (f)	ʒurh (m)	جرح
Trauma (n)	ṣadma (f)	صدمة

irrereden (vi)	haða	هذى
stottern (vi)	tala'sam	تلعثم
Sonnenstich (m)	ḍarbat ʃams (f)	ضربة شمس

73. Symptome. Behandlungen. Teil 2

| Schmerz (m) | alam (m) | ألم |
| Splitter (m) | ʃaẓiyya (f) | شظيّة |

Schweiß (m)	'irq (m)	عرق
schwitzen (vi)	'ariq	عرق
Erbrechen (n)	taqayyu' (m)	تقيؤ
Krämpfe (pl)	taʃannuʒāt (pl)	تشنّجات

schwanger	hāmil	حامل
geboren sein	wulid	وُلد
Geburt (f)	wilāda (f)	ولادة
gebären (vt)	walad	ولد
Abtreibung (f)	iʒhāḍ (m)	إجهاض

Atem (m)	tanaffus (m)	تنفّس
Atemzug (m)	istinʃāq (m)	إستنشاق
Ausatmung (f)	zafīr (m)	زفير
ausatmen (vt)	zafar	زفر
einatmen (vt)	istanʃaq	إستنشق
Invalide (m)	mu'āq (m)	معاق
Krüppel (m)	muq'ad (m)	مقعد

Drogenabhängiger (m)	mudmin muχaddirāt (m)	مدمن مخدرات
taub	aṭraʃ	أطرش
stumm	aχras	أخرس
taubstumm	aṭraʃ aχras	أطرش أخرس

verrückt (Adj)	maʒnūn (m)	مجنون
Irre (m)	maʒnūn (m)	مجنون
Irre (f)	maʒnūna (f)	مجنونة
den Verstand verlieren	ʒunn	جُنّ

Gen (n)	ʒīn (m)	جين
Immunität (f)	manā'a (f)	مناعة
erblich	wirāθiy	وراثيّ
angeboren	χilqiy munð al wilāda	خلقيّ منذ الولادة

Virus (m, n)	virūs (m)	فيروس
Mikrobe (f)	mikrūb (m)	ميكروب
Bakterie (f)	ʒurθūma (f)	جرثومة
Infektion (f)	'adwa (f)	عدوى

74. Symptome. Behandlungen. Teil 3

| Krankenhaus (n) | mustaʃfa (m) | مستشفى |
| Patient (m) | marīḍ (m) | مريض |

Diagnose (f)	taʃχīṣ (m)	تشخيص
Heilung (f)	'ilāʒ (m)	علاج
Behandlung (f)	'ilāʒ (m)	علاج
Behandlung bekommen	ta'ālaʒ	تعالج
behandeln (vt)	ālaʒ	عالج
pflegen (Kranke)	marraḍ	مرّض
Pflege (f)	'ināya (f)	عناية

Operation (f)	'amaliyya ʒarahiyya (f)	عمليّة جرحيّة
verbinden (vt)	ḍammad	ضمّد
Verband (m)	taḍmīd (m)	تضميد

Impfung (f)	talqīḥ (m)	تلقيح
impfen (vt)	laqqaḥ	لقّح
Spritze (f)	ḥuqna (f)	حقنة
eine Spritze geben	ḥaqan ibra	حقن إبرة

Anfall (m)	nawba (f)	نوبة
Amputation (f)	batr (m)	بتر
amputieren (vt)	batar	بتر
Koma (n)	yaybūba (f)	غيبوبة
im Koma liegen	kān fi ḥālat yaybūba	كان في حالة غيبوبة
Reanimation (f)	al 'ināya al murakkaza (f)	العناية المركّزة

genesen von ... (vi)	ʃufiy	شفي
Zustand (m)	ḥāla (f)	حالة
Bewusstsein (n)	wa'y (m)	وعي
Gedächtnis (n)	ðākira (f)	ذاكرة
ziehen (einen Zahn ~)	χala'	خلع

| Plombe (f) | ḥaʃw (m) | حشو |
| plombieren (vt) | ḥaʃa | حشا |

| Hypnose (f) | at tanwīm al maɣnaṭīsiy (m) | التنويم المغناطيسي |
| hypnotisieren (vt) | nawwam | نوم |

75. Ärzte

Arzt (m)	ṭabīb (m)	طبيب
Krankenschwester (f)	mumarriḍa (f)	ممرضة
Privatarzt (m)	duktūr ʃaxṣiy (m)	دكتور شخصي

Zahnarzt (m)	ṭabīb al asnān (m)	طبيب الأسنان
Augenarzt (m)	ṭabīb al ʿuyūn (m)	طبيب العيون
Internist (m)	ṭabīb bāṭiniy (m)	طبيب باطني
Chirurg (m)	ʒarrāḥ (m)	جراح

Psychiater (m)	ṭabīb nafsiy (m)	طبيب نفسي
Kinderarzt (m)	ṭabīb al aṭfāl (m)	طبيب الأطفال
Psychologe (m)	sikulūʒiy (m)	سيكولوجي
Frauenarzt (m)	ṭabīb an nisā' (m)	طبيب النساء
Kardiologe (m)	ṭabīb al qalb (m)	طبيب القلب

76. Medizin. Medikamente. Accessoires

Arznei (f)	dawā' (m)	دواء
Heilmittel (n)	'ilāʒ (m)	علاج
verschreiben (vt)	waṣaf	وصف
Rezept (n)	waṣfa (f)	وصفة

Tablette (f)	qurṣ (m)	قرص
Salbe (f)	marham (m)	مرهم
Ampulle (f)	ambūla (f)	أمبولة
Mixtur (f)	dawā' ʃarāb (m)	دواء شراب
Sirup (m)	ʃarāb (m)	شراب
Pille (f)	ḥabba (f)	حبة
Pulver (n)	ðarūr (m)	ذرور

Verband (m)	ḍammāda (f)	ضمادة
Watte (f)	quṭn (m)	قطن
Jod (n)	yūd (m)	يود

Pflaster (n)	blāstir (m)	بلاستر
Pipette (f)	māṣṣat al bastara (f)	ماصة البسترة
Thermometer (n)	tirmūmitr (m)	ترمومتر
Spritze (f)	miḥqana (f)	محقنة

| Rollstuhl (m) | kursiy mutaḥarrik (m) | كرسي متحرك |
| Krücken (pl) | 'ukkāzān (du) | عكازان |

| Betäubungsmittel (n) | musakkin (m) | مسكن |
| Abführmittel (n) | mulayyin (m) | ملين |

Spiritus (m)	iθanūl (m)	إيثانول
Heilkraut (n)	a'ʃāb ṭibbiyya (pl)	أعشاب طبية
Kräuter- (z.B. Kräutertee)	'uʃbiy	عشبي

77. Rauchen. Tabakwaren

Tabak (m)	tabɣ (m)	تبغ
Zigarette (f)	sīɜāra (f)	سيجارة
Zigarre (f)	sīɜār (m)	سيجار
Pfeife (f)	ɣalyūn (m)	غليون
Packung (f)	'ulba (f)	علبة

Streichhölzer (pl)	kibrīt (m)	كبريت
Streichholzschachtel (f)	'ulbat kibrīt (f)	علبة كبريت
Feuerzeug (n)	wallā'a (f)	ولاعة
Aschenbecher (m)	ṭaqṭūqa (f)	طقطوقة
Zigarettenetui (n)	'ulbat saɜā'ir (f)	علبة سجائر

| Mundstück (n) | ḥamilat siɜāra (f) | حاملة سيجارة |
| Filter (n) | filtir (m) | فلتر |

rauchen (vi, vt)	daxxan	دخّن
anrauchen (vt)	aʃʕal siɜāra	أشعل سيجارة
Rauchen (n)	tadxīn (m)	تدخين
Raucher (m)	mudaxxin (m)	مدخّن

Stummel (m)	'uqb siɜāra (m)	عقب سيجارة
Rauch (m)	duxān (m)	دخان
Asche (f)	ramād (m)	رماد

LEBENSRAUM DES MENSCHEN

Stadt

78. Stadt. Leben in der Stadt

Stadt (f)	madīna (f)	مدينة
Hauptstadt (f)	ʿāṣima (f)	عاصمة
Dorf (n)	qarya (f)	قرية
Stadtplan (m)	xarīṭat al madīna (f)	خريطة المدينة
Stadtzentrum (n)	markaz al madīna (m)	مركز المدينة
Vorort (m)	ḍāḥiya (f)	ضاحية
Vorort-	aḍ ḍawāḥi	الضواحي
Stadtrand (m)	aṭrāf al madīna (pl)	أطراف المدينة
Umgebung (f)	ḍawāḥi al madīna (pl)	ضواحي المدينة
Stadtviertel (n)	ḥayy (m)	حي
Wohnblock (m)	ḥayy sakaniy (m)	حي سكني
Straßenverkehr (m)	ḥarakat al murūr (f)	حركة المرور
Ampel (f)	iʃārāt al murūr (pl)	إشارات المرور
Stadtverkehr (m)	wasāʾil an naql (pl)	وسائل النقل
Straßenkreuzung (f)	taqāṭuʿ (m)	تقاطع
Übergang (m)	maʿbar al muʃāt (m)	معبر المشاة
Fußgängerunterführung (f)	nafaq muʃāt (m)	نفق مشاة
überqueren (vt)	ʿabar	عبر
Fußgänger (m)	māʃi (m)	ماش
Gehweg (m)	raṣīf (m)	رصيف
Brücke (f)	ʒisr (m)	جسر
Kai (m)	kurnīʃ (m)	كورنيش
Springbrunnen (m)	nāfūra (f)	نافورة
Allee (f)	mamʃa (m)	ممشى
Park (m)	ḥadīqa (f)	حديقة
Boulevard (m)	bulvār (m)	بولفار
Platz (m)	maydān (m)	ميدان
Avenue (f)	ʃāriʿ (m)	شارع
Straße (f)	ʃāriʿ (m)	شارع
Gasse (f)	zuqāq (m)	زقاق
Sackgasse (f)	ṭarīq masdūd (m)	طريق مسدود
Haus (n)	bayt (m)	بيت
Gebäude (n)	mabna (m)	مبنى
Wolkenkratzer (m)	nāṭiḥat saḥāb (f)	ناطحة سحاب
Fassade (f)	wāʒiha (f)	واجهة
Dach (n)	saqf (m)	سقف

Fenster (n)	ʃubbāk (m)	شبّاك
Bogen (m)	qaws (m)	قوس
Säule (f)	'amūd (m)	عمود
Ecke (f)	zāwiya (f)	زاوية

Schaufenster (n)	vatrīna (f)	فترينة
Firmenschild (n)	lāfita (f)	لافتة
Anschlag (m)	mulṣaq (m)	ملصق
Werbeposter (m)	mulṣaq i'lāniy (m)	ملصق إعلاني
Werbeschild (n)	lawḥat i'lānāt (f)	لوحة إعلانات

Müll (m)	zubāla (f)	زبالة
Mülleimer (m)	ṣundūq zubāla (m)	صندوق زبالة
Abfall wegwerfen	rama zubāla	رمى زبالة
Mülldeponie (f)	mazbala (f)	مزبلة

Telefonzelle (f)	kuʃk tilifūn (m)	كشك تليفون
Straßenlaterne (f)	'amūd al miṣbāḥ (m)	عمود المصباح
Bank (Park-)	dikka (f), kursiy (m)	دكّة, كرسي

Polizist (m)	ʃurṭiy (m)	شرطي
Polizei (f)	ʃurṭa (f)	شرطة
Bettler (m)	ʃaḥḥāð (m)	شحّاذ
Obdachlose (m)	mutaʃarrid (m)	متشرّد

79. Innerstädtische Einrichtungen

Laden (m)	maḥall (m)	محلّ
Apotheke (f)	ṣaydaliyya (f)	صيدلية
Optik (f)	al adawāt al baṣariyya (pl)	الأدوات البصرية
Einkaufszentrum (n)	markaz tiǧāriy (m)	مركز تجاري
Supermarkt (m)	subirmarkit (m)	سوبرماركت

Bäckerei (f)	maχbaz (m)	مخبز
Bäcker (m)	χabbāz (m)	خبّاز
Konditorei (f)	dukkān ḥalawāniy (m)	دكّان حلواني
Lebensmittelladen (m)	baqqāla (f)	بقّالة
Metzgerei (f)	malḥama (f)	ملحمة

| Gemüseladen (m) | dukkān χuḍār (m) | دكّان خضار |
| Markt (m) | sūq (f) | سوق |

Kaffeehaus (n)	kafé (m), maqha (m)	كافيه, مقهى
Restaurant (n)	maṭ'am (m)	مطعم
Bierstube (f)	ḥāna (f)	حانة
Pizzeria (f)	maṭ'am pizza (m)	مطعم بيتزا

Friseursalon (m)	ṣālūn ḥilāqa (m)	صالون حلاقة
Post (f)	maktab al barīd (m)	مكتب البريد
chemische Reinigung (f)	tanẓīf ʒāff (m)	تنظيف جافّ
Fotostudio (n)	istūdiyu taṣwīr (m)	إستوديو تصوير

| Schuhgeschäft (n) | maḥall aḥðiya (m) | محلّ أحذية |
| Buchhandlung (f) | maḥall kutub (m) | محلّ كتب |

Sportgeschäft (n)	mahall riyāḍiy (m)	محلّ رياضيّ
Kleiderreparatur (f)	mahall ꭓiyāṭat malābis (m)	محلّ خياطة ملابس
Bekleidungsverleih (m)	mahall ta'ʒīr malābis rasmiyya (m)	محلّ تأجير ملابس رسمية
Videothek (f)	mahal ta'ʒīr vidiyu (m)	محلّ تأجير فيديو

Zirkus (m)	sirk (m)	سيرك
Zoo (m)	hadīqat al hayawān (f)	حديقة حيوان
Kino (n)	sinima (f)	سينما
Museum (n)	mathaf (m)	متحف
Bibliothek (f)	maktaba (f)	مكتبة

Theater (n)	masrah (m)	مسرح
Opernhaus (n)	ubra (f)	أوبرا
Nachtklub (m)	malha layliy (m)	ملهى ليليّ
Kasino (n)	kazinu (m)	كازينو

Moschee (f)	masʒid (m)	مسجد
Synagoge (f)	kanīs ma'bad yahūdiy (m)	كنيس معبد يهوديّ
Kathedrale (f)	katidrā'iyya (f)	كاتدرائيّة
Tempel (m)	ma'bad (m)	معبد
Kirche (f)	kanīsa (f)	كنيسة

Institut (n)	kulliyya (m)	كلّيّة
Universität (f)	ʒāmi'a (f)	جامعة
Schule (f)	madrasa (f)	مدرسة

Präfektur (f)	muqāṭa'a (f)	مقاطعة
Rathaus (n)	baladiyya (f)	بلديّة
Hotel (n)	funduq (m)	فندق
Bank (f)	bank (m)	بنك

Botschaft (f)	safāra (f)	سفارة
Reisebüro (n)	ʃarikat siyāha (f)	شركة سياحة
Informationsbüro (n)	maktab al isti'lāmāt (m)	مكتب الإستعلامات
Wechselstube (f)	ṣarrāfa (f)	صرّافة

U-Bahn (f)	mitru (m)	مترو
Krankenhaus (n)	mustaʃfa (m)	مستشفى

Tankstelle (f)	mahaṭṭat banzīn (f)	محطّة بنزين
Parkplatz (m)	mawqif as sayyārāt (m)	موقف السيّارات

80. Schilder

Firmenschild (n)	lāfita (f)	لافتة
Aufschrift (f)	bayān (m)	بيان
Plakat (n)	mulṣaq i'lāniy (m)	ملصق إعلانيّ
Wegweiser (m)	'alāmat ittiʒāh (f)	علامة إتّجاه
Pfeil (m)	'alāmat iʃāra (f)	علامة إشارة

Vorsicht (f)	tahōīr (m)	تحذير
Warnung (f)	lāfitat tahōīr (f)	لافتة تحذير
warnen (vt)	haððar	حذّر

freier Tag (m)	yawm 'utla (m)	يوم عطلة
Fahrplan (m)	ʒadwal (m)	جدول
Öffnungszeiten (pl)	awqāt al 'amal (pl)	أوقات العمل

HERZLICH WILLKOMMEN!	ahlan wa sahlan!	أهلاً وسهلاً
EINGANG	duxūl	دخول
AUSGANG	xurūʒ	خروج

DRÜCKEN	idfa'	إدفع
ZIEHEN	ishab	إسحب
GEÖFFNET	maftūh	مفتوح
GESCHLOSSEN	muɣlaq	مغلق

| DAMEN, FRAUEN | lis sayyidāt | للسيدات |
| HERREN, MÄNNER | lir riʒāl | للرجال |

AUSVERKAUF	xaṣm	خصم
REDUZIERT	taxfīḍāt	تخفيضات
NEU!	ʒadīd!	جديد!
GRATIS	maʒʒānan	مجّاناً

ACHTUNG!	intibāh!	إنتباه!
ZIMMER BELEGT	kull al amākin mahʒūza	كل الأماكن محجوزة
RESERVIERT	mahʒūz	محجوز

| VERWALTUNG | idāra | إدارة |
| NUR FÜR PERSONAL | lil 'āmilīn faqat | للعاملين فقط |

VORSICHT BISSIGER HUND	ihðar wuʒūd al kalb	إحذر وجود الكلب
RAUCHEN VERBOTEN!	mamnū' at tadxīn	ممنوع التدخين
BITTE NICHT BERÜHREN	'adam al lams	عدم اللمس

GEFÄHRLICH	xaṭīr	خطير
VORSICHT!	xaṭar	خطر
HOCHSPANNUNG	tayyār 'āli	تيّار عالي
BADEN VERBOTEN	as sibāha mamnū'a	السباحة ممنوعة
AUßER BETRIEB	mu'aṭṭal	معطّل

LEICHTENTZÜNDLICH	sarī' al iʃti'āl	سريع الإشتعال
VERBOTEN	mamnū'	ممنوع
DURCHGANG VERBOTEN	mamnū' al murūr	ممنوع المرور
FRISCH GESTRICHEN	ihðar ṭilā' ɣayr ʒāff	إحذر طلاء غير جاف

81. Innerstädtischer Transport

Bus (m)	bāṣ (m)	باص
Straßenbahn (f)	trām (m)	ترام
Obus (m)	truli bāṣ (m)	ترولي باص
Linie (f)	xaṭṭ (m)	خطّ
Nummer (f)	raqm (m)	رقم

| mit ... fahren | rakib ... | ركب... |
| einsteigen (vi) | rakib | ركب |

aussteigen (aus dem Bus)	nazil min	نزل من
Haltestelle (f)	mawqif (m)	موقف
nächste Haltestelle (f)	al maḥaṭṭa al qādima (f)	المحطة القادمة
Endhaltestelle (f)	āxir maḥaṭṭa (f)	آخر محطة
Fahrplan (m)	ʒadwal (m)	جدول
warten (vi, vt)	intazar	إنتظر

| Fahrkarte (f) | taðkira (f) | تذكرة |
| Fahrpreis (m) | uʒra (f) | أجرة |

Kassierer (m)	ṣarrāf (m)	صرّاف
Fahrkartenkontrolle (f)	taftīʃ taðkira (m)	تفتيش تذكرة
Fahrkartenkontrolleur (m)	mufattiʃ taðākir (m)	مفتّش تذاكر

sich verspäten	taʼaxxar	تأخّر
versäumen (Zug usw.)	taʼaxxar	تأخّر
sich beeilen	istaʻʒal	إستعجل

Taxi (n)	taksi (m)	تاكسي
Taxifahrer (m)	sāʼiq taksi (m)	سائق تاكسي
mit dem Taxi	bit taksi	بالتاكسي
Taxistand (m)	mawqif taksi (m)	موقف تاكسي
ein Taxi rufen	kallam tāksi	كلّم تاكسي
ein Taxi nehmen	axað taksi	أخذ تاكسي

Straßenverkehr (m)	ḥarakat al murūr (f)	حركة المرور
Stau (m)	zaḥmat al murūr (f)	زحمة المرور
Hauptverkehrszeit (f)	sāʻat að ðurwa (f)	ساعة الذروة
parken (vi)	awqaf	أوقف
parken (vt)	awqaf	أوقف
Parkplatz (m)	mawqif as sayyārāt (m)	موقف السيارات

U-Bahn (f)	mitru (m)	مترو
Station (f)	maḥaṭṭa (f)	محطة
mit der U-Bahn fahren	rakib al mitru	ركب المترو
Zug (m)	qiṭār (m)	قطار
Bahnhof (m)	maḥaṭṭat qiṭār (f)	محطة قطار

82. Sehenswürdigkeiten

Denkmal (n)	timθāl (m)	تمثال
Festung (f)	qalʻa (f), ḥiṣn (m)	قلعة, حصن
Palast (m)	qaṣr (m)	قصر
Schloss (n)	qalʻa (f)	قلعة
Turm (m)	burʒ (m)	برج
Mausoleum (n)	ḍarīḥ (m)	ضريح

Architektur (f)	handasa miʻmāriyya (f)	هندسة معمارية
mittelalterlich	min al qurūn al wusṭa	من القرون الوسطى
alt (antik)	qadīm	قديم
national	waṭaniy	وطني
berühmt	maʃhūr	مشهور
Tourist (m)	sāʼiḥ (m)	سائح
Fremdenführer (m)	murʃid (m)	مرشد

Ausflug (m)	ʒawla (f)	جولة
zeigen (vt)	'araḍ	عرض
erzählen (vt)	ḥaddaθ	حدّث

finden (vt)	waʒad	وجد
sich verlieren	ḍā'	ضاع
Karte (U-Bahn ~)	xarīṭa (f)	خريطة
Karte (Stadt-)	xarīṭa (f)	خريطة

Souvenir (n)	tiðkār (m)	تذكار
Souvenirladen (m)	maḥall hadāya (m)	محلّ هدايا
fotografieren (vt)	ṣawwar	صوّر
sich fotografieren	taṣawwar	تصوّر

83. Shopping

kaufen (vt)	iʃtara	إشترى
Einkauf (m)	ʃay' (m)	شيء
einkaufen gehen	iʃtara	إشترى
Einkaufen (n)	ʃubinɣ (m)	شوبينغ

| offen sein (Laden) | maftūḥ | مفتوح |
| zu sein | muɣlaq | مغلق |

Schuhe (pl)	aḥðiya (pl)	أحذية
Kleidung (f)	malābis (pl)	ملابس
Kosmetik (f)	mawādd at taʒmīl (pl)	موادّ التجميل
Lebensmittel (pl)	ma'kūlāt (pl)	مأكولات
Geschenk (n)	hadiyya (f)	هديّة

| Verkäufer (m) | bā'i' (m) | بائع |
| Verkäuferin (f) | bā'i'a (f) | بائعة |

Kasse (f)	ṣundū' ad dafʻ (m)	صندوق الدفع
Spiegel (m)	mir'āt (f)	مرآة
Ladentisch (m)	minḍada (f)	منضدة
Umkleidekabine (f)	ɣurfat al qiyās (f)	غرفة القياس

anprobieren (vt)	ʒarrab	جرّب
passen (Schuhe, Kleid)	nāsab	ناسب
gefallen (vi)	a'ʒab	أعجب

Preis (m)	si'r (m)	سعر
Preisschild (n)	tikit as si'r (m)	تيكت السعر
kosten (vt)	kallaf	كلّف
Wie viel?	bikam?	بكم؟
Rabatt (m)	xaṣm (m)	خصم

preiswert	ɣayr ɣāli	غير غال
billig	raxīṣ	رخيص
teuer	ɣāli	غال
Das ist teuer	haða ɣāli	هذا غال
Verleih (m)	isti'ʒār (m)	إستئجار
leihen, mieten (ein Auto usw.)	ista'ʒar	إستأجر

| Kredit (m), Darlehen (n) | i'timān (m) | إئتمان |
| auf Kredit | bid dayn | بالدين |

84. Geld

Geld (n)	nuqūd (pl)	نقود
Austausch (m)	taḥwīl 'umla (m)	تحويل عملة
Kurs (m)	si'r aṣ ṣarf (m)	سعر الصرف
Geldautomat (m)	ṣarrāf 'āliy (m)	صرّاف آليّ
Münze (f)	qiṭ'a naqdiyya (f)	قطعة نقديّة

| Dollar (m) | dulār (m) | دولار |
| Euro (m) | yuru (m) | يورو |

Lira (f)	lira iṭāliyya (f)	ليرة إيطالية
Mark (f)	mark almāniy (m)	مارك ألماني
Franken (m)	frank (m)	فرنك
Pfund Sterling (n)	ʒunayh istirlīniy (m)	جنيه استرليني
Yen (m)	yīn (m)	ين

Schulden (pl)	dayn (m)	دين
Schuldner (m)	mudīn (m)	مدين
leihen (vt)	sallaf	سلّف
leihen, borgen (Geld usw.)	istalaf	إستلف

Bank (f)	bank (m)	بنك
Konto (n)	ḥisāb (m)	حساب
einzahlen (vt)	awda'	أودع
auf ein Konto einzahlen	awda' fil ḥisāb	أودع في الحساب
abheben (vt)	saḥab min al ḥisāb	سحب من الحساب

Kreditkarte (f)	biṭāqat i'timān (f)	بطاقة إئتمان
Bargeld (n)	nuqūd (pl)	نقود
Scheck (m)	ʃīk (m)	شيك
einen Scheck schreiben	katab ʃīk	كتب شيكًا
Scheckbuch (n)	daftar ʃīkāt (m)	دفتر شيكات

Geldtasche (f)	maḥfaẓat ʒīb (f)	محفظة جيب
Geldbeutel (m)	maḥfaẓat fakka (f)	محفظة فكّة
Safe (m)	χizāna (f)	خزانة

Erbe (m)	wāris (m)	وارث
Erbschaft (f)	wirāθa (f)	وراثة
Vermögen (n)	θarwa (f)	ثروة

Pacht (f)	'īʒār (m)	إيجار
Miete (f)	uʒrat as sakan (f)	أجرة السكن
mieten (vt)	ista'ʒar	إستأجر

Preis (m)	si'r (m)	سعر
Kosten (pl)	θaman (m)	ثمن
Summe (f)	mablaγ (m)	مبلغ
ausgeben (vt)	ṣaraf	صرف
Ausgaben (pl)	maṣārīf (pl)	مصاريف

sparen (vt)	waffar	وَفَّر
sparsam	muwaffir	مُوَفِّر

zahlen (vt)	dafa'	دفع
Lohn (m)	daf' (m)	دفع
Wechselgeld (n)	al bāqi (m)	الباقي

Steuer (f)	ḍarība (f)	ضريبة
Geldstrafe (f)	ɣarāma (f)	غرامة
bestrafen (vt)	faraḍ ɣarāma	فرض غرامة

85. Post. Postdienst

Post (Postamt)	maktab al barīd (m)	مكتب البريد
Post (Postsendungen)	al barīd (m)	البريد
Briefträger (m)	sā'i al barīd (m)	ساعي البريد
Öffnungszeiten (pl)	awqāt al 'amal (pl)	أوقات العمل

Brief (m)	risāla (f)	رسالة
Einschreibebrief (m)	risāla musaʒʒala (f)	رسالة مسجّلة
Postkarte (f)	biṭāqa barīdiyya (f)	بطاقة بريديّة
Telegramm (n)	barqiyya (f)	برقيّة
Postpaket (n)	ṭard (m)	طرد
Geldanweisung (f)	ḥawāla māliyya (f)	حوالة ماليّة

bekommen (vt)	istalam	إستلم
abschicken (vt)	arsal	أرسل
Absendung (f)	irsāl (m)	إرسال

Postanschrift (f)	'unwān (m)	عنوان
Postleitzahl (f)	raqm al barīd (m)	رقم البريد
Absender (m)	mursil (m)	مرسل
Empfänger (m)	mursal ilayh (m)	مرسل إليه

Vorname (m)	ism (m)	إسم
Nachname (m)	ism al 'ā'ila (m)	إسم العائلة

Tarif (m)	ta'rīfa (f)	تعريفة
Standard- (Tarif)	'ādiy	عاديَ
Spar- (-tarif)	muwaffir	موفّر

Gewicht (n)	wazn (m)	وزن
abwiegen (vt)	wazan	وزن
Briefumschlag (m)	ẓarf (m)	ظرف
Briefmarke (f)	ṭābi' (m)	طابع
Briefmarke aufkleben	alṣaq ṭābi'	ألصق طابعا

Wohnung. Haus. Zuhause

86. Haus. Wohnen

Haus (n)	bayt (m)	بيت
zu Hause	fil bayt	في البيت
Hof (m)	finā' (m)	فناء
Zaun (m)	sūr (m)	سور
Ziegel (m)	ṭūb (m)	طوب
Ziegel-	min aṭ ṭūb	من الطوب
Stein (m)	ḥaʒar (m)	حجر
Stein-	ḥaʒariy	حجري
Beton (m)	xarasāna (f)	خرسانة
Beton-	xarasāniy	خرساني
neu	ʒadīd	جديد
alt	qadīm	قديم
baufällig	'āyil lis suqūṭ	آيل للسقوط
modern	mu'āṣir	معاصر
mehrstöckig	muta'addid aṭ ṭawābiq	متعدّد الطوابق
hoch	'āli	عال
Stock (m)	ṭābiq (m)	طابق
einstöckig	ðu ṭābiq wāḥid	ذو طابق واحد
Erdgeschoß (n)	ṭābiq sufliy (m)	طابق سفلي
oberster Stock (m)	ṭābiq 'ulwiy (m)	طابق علوي
Dach (n)	saqf (m)	سقف
Schlot (m)	madxana (f)	مدخنة
Dachziegel (m)	qirmīd (m)	قرميد
Dachziegel-	min al qirmīd	من القرميد
Dachboden (m)	'ullayya (f)	علّية
Fenster (n)	ʃubbāk (m)	شبّاك
Glas (n)	zuʒāʒ (m)	زجاج
Fensterbrett (n)	raff ʃubbāk (f)	رف شبّاك
Fensterläden (pl)	darf ʃubbāk (m)	درف شبّاك
Wand (f)	ḥā'iṭ (m)	حائط
Balkon (m)	ʃurfa (f)	شرفة
Regenfallrohr (n)	masūrat at taṣrīf (f)	ماسورة التصريف
nach oben	fawq	فوق
hinaufgehen (vi)	ṣa'ad	صعد
herabsteigen (vi)	nazil	نزل
umziehen (vi)	intaqal	إنتقل

87. Haus. Eingang. Lift

Eingang (m)	madχal (m)	مدخل
Treppe (f)	sullam (m)	سلّم
Stufen (pl)	daraʒāt (pl)	درجات
Geländer (n)	drabizīn (m)	درابزين
Halle (f)	ṣāla (f)	صالة

Briefkasten (m)	ṣundūq al barīd (m)	صندوق البريد
Müllkasten (m)	ṣundūq az zubāla (m)	صندوق الزبالة
Müllschlucker (m)	manfaδ aδ δubāla (m)	منفذ الزبالة

Aufzug (m)	miṣ'ad (m)	مصعد
Lastenaufzug (m)	miṣ'ad aʃ ʃaḥn (m)	مصعد الشحن
Aufzugkabine (f)	kabīna (f)	كابينة
Aufzug nehmen	rakib al miṣ'ad	ركب المصعد

Wohnung (f)	ʃaqqa (f)	شقّة
Mieter (pl)	sukkān al 'imāra (pl)	سكّان العمارة
Nachbar (m)	ʒār (m)	جار
Nachbarin (f)	ʒāra (f)	جارة
Nachbarn (pl)	ʒirān (pl)	جيران

88. Haus. Elektrizität

Elektrizität (f)	kahrabā' (m)	كهرباء
Glühbirne (f)	lamba (f)	لمبة
Schalter (m)	miftāḥ (m)	مفتاح
Sicherung (f)	fāṣima (f)	فاصمة

Draht (m)	silk (m)	سلك
Leitung (f)	aslāk (pl)	أسلاك
Stromzähler (m)	'addād (m)	عدّاد
Zählerstand (m)	qirā'a (f)	قراءة

89. Haus. Türen. Schlösser

Tür (f)	bāb (m)	باب
Tor (der Villa usw.)	bawwāba (f)	بوّابة
Griff (m)	qabḍat al bāb (f)	قبضة الباب
aufschließen (vt)	fataḥ	فتح
öffnen (vt)	fataḥ	فتح
schließen (vt)	aχlaq	أغلق

Schlüssel (m)	miftāḥ (m)	مفتاح
Bündel (n)	rabṭa (f)	ربطة
knarren (vi)	ṣarr	صرّ
Knarren (n)	ṣarīr (m)	صرير
Türscharnier (n)	mufaṣṣala (f)	مفصّلة
Fußmatte (f)	siʒāda (f)	سجادة
Schloss (n)	qifl al bāb (m)	قفل الباب

Schlüsselloch (n)	θaqb al bāb (m)	ثقب الباب
Türriegel (m)	tirbās (m)	ترباس
kleiner Türriegel (m)	mizlāʒ (m)	مزلاج
Vorhängeschloss (n)	qifl (m)	قفل

klingeln (vi)	rann	رنّ
Klingel (Laut)	ranīn (m)	رنين
Türklingel (f)	ʒaras (m)	جرس
Knopf (m)	zirr (m)	زرّ
Klopfen (n)	ṭarq, daqq (m)	طرق، دقّ
anklopfen (vi)	daqq	دقّ

Code (m)	kūd (m)	كود
Zahlenschloss (n)	kūd (m)	كود
Sprechanlage (f)	ʒaras al bāb (m)	جرس الباب
Nummer (f)	raqm (m)	رقم
Türschild (n)	lawḥa (f)	لوحة
Türspion (m)	al 'ayn as siḥriyya (m)	العين السحريّة

90. Landhaus

Dorf (n)	qarya (f)	قرية
Gemüsegarten (m)	bustān xuḍār (m)	بستان خضار
Zaun (m)	sūr (m)	سور
Lattenzaun (m)	sūr (m)	سور
Zauntür (f)	bawwāba far'iyya (f)	بوّابة فرعيّة

Speicher (m)	ʃawna (f)	شونة
Keller (m)	sirdāb (m)	سرداب
Schuppen (m)	saqīfa (f)	سقيفة
Brunnen (m)	bi'r (m)	بئر

Ofen (m)	furn (m)	فرن
heizen (Ofen ~)	awqad	أوقد
Holz (n)	ḥaṭab (m)	حطب
Holzscheit (n)	qiṭ'at ḥaṭab (f)	قطعة حطب

Veranda (f)	virānda (f)	فيراندة
Terrasse (f)	ʃurfa (f)	شرفة
Außentreppe (f)	sullam (m)	سلّم
Schaukel (f)	urʒūḥa (f)	أرجوحة

91. Villa. Schloss

Landhaus (n)	bayt rīfiy (m)	بيت ريفيّ
Villa (f)	villa (f)	فيلا
Flügel (m)	ʒanāḥ (m)	جناح

Garten (m)	ḥadīqa (f)	حديقة
Park (m)	ḥadīqa (f)	حديقة
Orangerie (f)	dafī'a (f)	دفيئة
pflegen (Garten usw.)	ihtamm	إهتمّ

Schwimmbad (n)	masbaḥ (m)	مسبح
Kraftraum (m)	qāʿat at tamrīnāt (f)	قاعة التمرينات
Tennisplatz (m)	malʿab tinis (m)	ملعب تنس
Heimkinoraum (m)	sinima manziliyya (f)	سينما منزلية
Garage (f)	qarāʒ (m)	جراج

Privateigentum (n)	milkiyya xāṣṣa (f)	ملكية خاصة
Privatgrundstück (n)	arḍ xāṣṣa (m)	أرض خاصة

Warnung (f)	taḥðīr (m)	تحذير
Warnschild (n)	lāfitat taḥðīr (f)	لافتة تحذير

Bewachung (f)	ḥirāsa (f)	حراسة
Wächter (m)	ḥāris amn (m)	حارس أمن
Alarmanlage (f)	ʒihāð inðār (m)	جهاز انذار

92. Burg. Palast

Schloss (n)	qalʿa (f)	قلعة
Palast (m)	qaṣr (m)	قصر
Festung (f)	qalʿa (f), ḥiṣn (m)	قلعة، حصن

Mauer (f)	sūr (m)	سور
Turm (m)	burʒ (m)	برج
Bergfried (m)	burʒ raʾīsiy (m)	برج رئيسي

Fallgatter (n)	bāb mutaḥarrik (m)	باب متحرك
Tunnel (n)	sirdāb (m)	سرداب
Graben (m)	xandaq māʾiy (m)	خندق مائي
Kette (f)	silsila (f)	سلسلة
Schießscharte (f)	mazɣal (m)	مزغل

großartig, prächtig	rāʾiʿ	رائع
majestätisch	muhīb	مهيب
unnahbar	manīʿ	منيع
mittelalterlich	min al qurūn al wusṭa	من القرون الوسطى

93. Wohnung

Wohnung (f)	ʃaqqa (f)	شقة
Zimmer (n)	ɣurfa (f)	غرفة
Schlafzimmer (n)	ɣurfat an nawm (f)	غرفة النوم
Esszimmer (n)	ɣurfat il akl (f)	غرفة الأكل
Wohnzimmer (n)	ṣālat al istiqbāl (f)	صالة الإستقبال
Arbeitszimmer (n)	maktab (m)	مكتب
Vorzimmer (n)	madxal (m)	مدخل
Badezimmer (n)	ḥammām (m)	حمام
Toilette (f)	ḥammām (m)	حمام

Decke (f)	saqf (m)	سقف
Fußboden (m)	arḍ (f)	أرض
Ecke (f)	zāwiya (f)	زاوية

94. Wohnung. Saubermachen

aufräumen (vt)	nazzaf	نظّف
weglegen (vt)	ʃāl	شال
Staub (m)	ɣubār (m)	غبار
staubig	muɣabbar	مغبّر
Staub abwischen	masaḥ al ɣubār	مسح الغبار
Staubsauger (m)	miknasa kahrabāʾiyya (f)	مكنسة كهربائيّة
Staub saugen	nazzaf bi miknasa kahrabāʾiyya	نظّف بمكنسة كهربائيّة

kehren, fegen (vt)	kanas	كنس
Kehricht (m, n)	qumāma (f)	قمامة
Ordnung (f)	niẓām (m)	نظام
Unordnung (f)	ʿadam an niẓām (m)	عدم النظام

Schrubber (m)	mimsaḥa ṭawīla (f)	ممسحة طويلة
Lappen (m)	mimsaḥa (f)	ممسحة
Besen (m)	miqaʃʃa (f)	مقشّة
Kehrichtschaufel (f)	ʒārūf (m)	جاروف

95. Möbel. Innenausstattung

Möbel (n)	aθāθ (m)	أثاث
Tisch (m)	maktab (m)	مكتب
Stuhl (m)	kursiy (m)	كرسيّ
Bett (n)	sarīr (m)	سرير
Sofa (n)	kanaba (f)	كنبة
Sessel (m)	kursiy (m)	كرسيّ

Bücherschrank (m)	χizānat kutub (f)	خزانة كتب
Regal (n)	raff (m)	رف

Schrank (m)	dūlāb (m)	دولاب
Hakenleiste (f)	ʃammāʿa (f)	شمّاعة
Kleiderständer (m)	ʃammāʿa (f)	شمّاعة

Kommode (f)	dulāb adrāʒ (m)	دولاب أدراج
Couchtisch (m)	ṭāwilat al qahwa (f)	طاولة القهوة

Spiegel (m)	mirʾāt (f)	مرآة
Teppich (m)	siʒāda (f)	سجادة
Matte (kleiner Teppich)	siʒāda (f)	سجادة

Kamin (m)	midfaʾa ḥāʾiṭiyya (f)	مدفأة حائطيّة
Kerze (f)	ʃamʿa (f)	شمعة
Kerzenleuchter (m)	ʃamʿadān (m)	شمعدان

Vorhänge (pl)	satāʾir (pl)	ستائر
Tapete (f)	waraq ḥīʾṭān (m)	ورق حيطان
Jalousie (f)	haʃīrat ʃubbāk (f)	حصيرة شبّاك
Tischlampe (f)	miṣbāḥ aṭ ṭāwila (m)	مصباح الطاولة
Leuchte (f)	miṣbāḥ al ḥāʾiṭ (f)	مصباح الحائط

| Stehlampe (f) | miṣbāḥ arḍiy (m) | مصباح أرضيّ |
| Kronleuchter (m) | naʒafa (f) | نجفة |

Bein (Tischbein usw.)	riʒl (f)	رجل
Armlehne (f)	masnad (m)	مسند
Lehne (f)	masnad (m)	مسند
Schublade (f)	durʒ (m)	درج

96. Bettwäsche

Bettwäsche (f)	bayāḍāt as sarīr (pl)	بياضات السرير
Kissen (n)	wisāda (f)	وسادة
Kissenbezug (m)	kīs al wisāda (m)	كيس الوسادة
Bettdecke (f)	baṭṭāniyya (f)	بطانيّة
Laken (n)	milāya (f)	ملاية
Tagesdecke (f)	ɣiṭā' as sarīr (m)	غطاء السرير

97. Küche

Küche (f)	maṭbaχ (m)	مطبخ
Gas (n)	ɣāz (m)	غاز
Gasherd (m)	butuɣāz (m)	بوتوغاز
Elektroherd (m)	furn kaharabā'iy (m)	فرن كهربائيّ
Backofen (m)	furn (m)	فرن
Mikrowellenherd (m)	furn al mikruwayv (m)	فرن الميكروويف

Kühlschrank (m)	θallāʒa (f)	ثلاجة
Tiefkühltruhe (f)	frīzir (m)	فريزير
Geschirrspülmaschine (f)	ɣassāla (f)	غسّالة

Fleischwolf (m)	farrāmat laḥm (f)	فرّامة لحم
Saftpresse (f)	'aṣṣāra (f)	عصّارة
Toaster (m)	maḥmaṣat χubz (f)	محمصة خبز
Mixer (m)	χallāṭ (m)	خلّاط

Kaffeemaschine (f)	mākinat ṣan' al qahwa (f)	ماكينة صنع القهوة
Kaffeekanne (f)	kanaka (f)	كنكة
Kaffeemühle (f)	maṭhanat qahwa (f)	مطحنة قهوة

Wasserkessel (m)	barrād (m)	برّاد
Teekanne (f)	barrād aʃ ʃāy (m)	برّاد الشاي
Deckel (m)	ɣiṭā' (m)	غطاء
Teesieb (n)	miṣfāt (f)	مصفاة

Löffel (m)	mil'aqa (f)	ملعقة
Teelöffel (m)	mil'aqat ʃāy (f)	ملعقة شاي
Esslöffel (m)	mil'aqa kabīra (f)	ملعقة كبيرة
Gabel (f)	ʃawka (f)	شوكة
Messer (n)	sikkīn (m)	سكّين

| Geschirr (n) | ṣuḥūn (pl) | صحون |
| Teller (m) | ṭabaq (m) | طبق |

Untertasse (f)	ṭabaq finʒān (m)	طبق فنجان
Schnapsglas (n)	ka's (f)	كأس
Glas (n)	kubbāya (f)	كبّاية
Tasse (f)	finʒān (m)	فنجان
Zuckerdose (f)	sukkariyya (f)	سكّرّية
Salzstreuer (m)	mamlaḥa (f)	مملحة
Pfefferstreuer (m)	mabhara (f)	مبهرة
Butterdose (f)	ṣuḥn zubda (m)	صحن زبدة
Kochtopf (m)	kassirūlla (f)	كاسرولة
Pfanne (f)	ṭāsa (f)	طاسة
Schöpflöffel (m)	miɣrafa (f)	مغرفة
Durchschlag (m)	miṣfāt (f)	مصفاة
Tablett (n)	ṣīniyya (f)	صينية
Flasche (f)	zuʒāʒa (f)	زجاجة
Glas (Einmachglas)	barṭamān (m)	برطمان
Dose (f)	tanaka (f)	تنكة
Flaschenöffner (m)	fattāḥa (f)	فتّاحة
Dosenöffner (m)	fattāḥa (f)	فتّاحة
Korkenzieher (m)	barrīma (f)	بريمة
Filter (n)	filtir (m)	فلتر
filtern (vt)	ṣaffa	صفّى
Müll (m)	zubāla (f)	زبالة
Mülleimer, Treteimer (m)	ṣundūq az zubāla (m)	صندوق الزبالة

98. Bad

Badezimmer (n)	ḥammām (m)	حمّام
Wasser (n)	mā' (m)	ماء
Wasserhahn (m)	ḥanafiyya (f)	حنفية
Warmwasser (n)	mā' sāxin (m)	ماء ساخن
Kaltwasser (n)	mā' bārid (m)	ماء بارد
Zahnpasta (f)	ma'ʒūn asnān (m)	معجون أسنان
Zähne putzen	nazẓaf al asnān	نظّف الأسنان
Zahnbürste (f)	furʃat asnān (f)	فرشة أسنان
sich rasieren	ḥalaq	حلق
Rasierschaum (m)	raɣwa lil ḥilāqa (f)	رغوة للحلاقة
Rasierer (m)	mūs ḥilāqa (m)	موس حلاقة
waschen (vt)	ɣasal	غسل
sich waschen	istaḥamm	إستحمّ
Dusche (f)	dūʃ (m)	دوش
sich duschen	axað ad duʃ	أخذ الدش
Badewanne (f)	ḥawḍ istiḥmām (m)	حوض استحمام
Klosettbecken (n)	mirḥāḍ (m)	مرحاض
Waschbecken (n)	ḥawḍ (m)	حوض
Seife (f)	ṣābūn (m)	صابون

Seifenschale (f)	şabbāna (f)	صبَّانة
Schwamm (m)	līfa (f)	ليفة
Shampoo (n)	ʃāmbū (m)	شامبو
Handtuch (n)	fūṭa (f)	فوطة
Bademantel (m)	θawb ḥammām (m)	ثوب حمّام

Wäsche (f)	ɣasīl (m)	غسيل
Waschmaschine (f)	ɣassāla (f)	غسّالة
waschen (vt)	ɣasal al malābis	غسل الملابس
Waschpulver (n)	maṣḥūq ɣasīl (m)	مسحوق غسيل

99. Haushaltsgeräte

Fernseher (m)	tilivīzyūn (m)	تليفزيون
Tonbandgerät (n)	ʒihāz tasʒīl (m)	جهاز تسجيل
Videorekorder (m)	ʒihāz tasʒīl vidiyu (m)	جهاز تسجيل فيديو
Empfänger (m)	ʒihāz radiyu (m)	جهاز راديو
Player (m)	blayir (m)	بلير

Videoprojektor (m)	'āriḍ vidiyu (m)	عارض فيديو
Heimkino (n)	sinima manziliyya (f)	سينما منزلية
DVD-Player (m)	di vi di (m)	دي في دي
Verstärker (m)	mukabbir aṣ ṣawt (m)	مكبِّر الصوت
Spielkonsole (f)	'atāri (m)	أتاري

Videokamera (f)	kamira vidiyu (f)	كاميرا فيديو
Kamera (f)	kamira (f)	كاميرا
Digitalkamera (f)	kamira diʒital (f)	كاميرا ديجيتال

Staubsauger (m)	miknasa kahrabā'iyya (f)	مكنسة كهربائية
Bügeleisen (n)	makwāt (f)	مكواة
Bügelbrett (n)	lawḥat kayy (f)	لوحة كيّ

Telefon (n)	hātif (m)	هاتف
Mobiltelefon (n)	hātif maḥmūl (m)	هاتف محمول
Schreibmaschine (f)	'āla katiba (f)	آلة كاتبة
Nähmaschine (f)	'ālat al ḵiyāṭa (f)	آلة الخياطة

Mikrophon (n)	mikrufūn (m)	ميكروفون
Kopfhörer (m)	sammā'āt ra'siya (pl)	سمَّاعات رأسية
Fernbedienung (f)	rimuwt kuntrūl (m)	ريموت كنترول

CD (f)	si di (m)	سي دي
Kassette (f)	ʃarīṭ (m)	شريط
Schallplatte (f)	usṭuwāna (f)	أسطوانة

100. Reparaturen. Renovierung

Renovierung (f)	taʒdīdāt (m)	تجديدات
renovieren (vt)	ʒaddad	جدَّد
reparieren (vt)	aṣlaḥ	أصلح
in Ordnung bringen	naẓẓam	نظَّم

noch einmal machen	a'ād	أعاد
Farbe (f)	dihān (m)	دهان
streichen (vt)	dahan	دهن
Anstreicher (m)	dahhān (m)	دهّان
Pinsel (m)	furʃat lit talwīn (f)	فرشة للتلوين
Kalkfarbe (f)	maḥlūl mubayyiḍ (m)	محلول مبيّض
weißen (vt)	bayyaḍ	بيّض
Tapete (f)	waraq ḥī'ṭān (m)	ورق حيطان
tapezieren (vt)	laṣaq waraq al ḥīṭān	لصق ورق الحيطان
Lack (z.B. Parkettlack)	warnīʃ (m)	ورنيش
lackieren (vt)	ṭala bil warnīʃ	طلى بالورنيش

101. Rohrleitungen

Wasser (n)	mā' (m)	ماء
Warmwasser (n)	mā' sāχin (m)	ماء ساخن
Kaltwasser (n)	mā' bārid (m)	ماء بارد
Wasserhahn (m)	ḥanafiyya (f)	حنفيّة
Tropfen (m)	qaṭara (f)	قطرة
tropfen (vi)	qaṭar	قطر
durchsickern (vi)	sarab	سرب
Leck (n)	tasarrub (m)	تسرّب
Lache (f)	birka (f)	بركة
Rohr (n)	māsūra (f)	ماسورة
Ventil (n)	ṣimām (m)	صمام
sich verstopfen	kān masdūdan	كان مسدودًا
Werkzeuge (pl)	adawāt (pl)	أدوات
Engländer (m)	miftāḥ inʒlīziy (m)	مفتاح إنجليزيّ
abdrehen (vt)	fataḥ	فتح
zudrehen (vt)	aḥkam aʃ ʃadd	أحكم الشدّ
reinigen (Rohre ~)	sallak	سلّك
Klempner (m)	sabbāk (m)	سبّاك
Keller (m)	sirdāb (m)	سرداب
Kanalisation (f)	ʃabakit il maʒāry (f)	شبكة مياه المجاري

102. Feuer. Brand

Feuer (n)	ḥarīq (m)	حريق
Flamme (f)	ʃu'la (f)	شعلة
Funke (m)	ʃarāra (f)	شرارة
Rauch (m)	duχān (m)	دهان
Fackel (f)	ʃu'la (f)	شعلة
Lagerfeuer (n)	nār muχayyam (m)	نار مخيّم
Benzin (n)	banzīn (m)	بنزين
Kerosin (n)	kirusīn (m)	كيروسين

brennbar	qābil lil iḥtirāq	قابل للإحتراق
explosiv	mutafaǧǧir	متفجّر
RAUCHEN VERBOTEN!	mamnū' at tadχīn	ممنوع التدخين

Sicherheit (f)	amn (m)	أمن
Gefahr (f)	χaṭar (m)	خطر
gefährlich	χaṭīr	خطير

sich entflammen	iſta'al	إشتعل
Explosion (f)	infiǧār (m)	إنفجار
in Brand stecken	aſal an nār	أشعل النار
Brandstifter (m)	muſʼil ḥarīq (m)	مشعل حريق
Brandstiftung (f)	iḥrāq (m)	إحراق

flammen (vi)	talahhab	تلهّب
brennen (vi)	iḥtaraq	إحترق
verbrennen (vi)	iḥtaraq	إحترق

die Feuerwehr rufen	istad'a qism al ḥarīq	إستدعى قسم الحريق
Feuerwehrmann (m)	raǧul iṭfāʼ (m)	رجل إطفاء
Feuerwehrauto (n)	sayyārat iṭfāʼ (f)	سيّارة إطفاء
Feuerwehr (f)	qism iṭfāʼ (m)	قسم إطفاء
Drehleiter (f)	sullam iṭfāʼ (m)	سلّم إطفاء

Feuerwehrschlauch (m)	χarṭūm al māʼ (m)	خرطوم الماء
Feuerlöscher (m)	miṭfaʼat ḥarīq (f)	مطفأة حريق
Helm (m)	χūða (f)	خوذة
Sirene (f)	ṣaffārat inðār (f)	صفّارة إنذار

schreien (vi)	ṣaraχ	صرخ
um Hilfe rufen	istayāθ	إستغاث
Retter (m)	munqið (m)	منقذ
retten (vt)	anqað	أنقذ

ankommen (vi)	waṣal	وصل
löschen (vt)	aṭfa'	أطفأ
Wasser (n)	māʼ (m)	ماء
Sand (m)	raml (m)	رمل

Trümmer (pl)	hiṭām (pl)	حطام
zusammenbrechen (vi)	inhār	إنهار
einfallen (vi)	inhār	إنهار
einstürzen (Decke)	inhār	إنهار

| Bruchstück (n) | hiṭma (f) | حطمة |
| Asche (f) | ramād (m) | رماد |

| ersticken (vi) | iχtanaq | إختنق |
| ums Leben kommen | halak | هلك |

AKTIVITÄTEN DES MENSCHEN

Beruf. Geschäft. Teil 1

103. Büro. Arbeiten im Büro

Büro (Firmensitz)	maktab (m)	مكتب
Büro (~ des Direktors)	maktab (m)	مكتب
Rezeption (f)	istiqbāl (m)	إستقبال
Sekretär (m)	sikirtīr (m)	سكرتير
Direktor (m)	mudīr (m)	مدير
Manager (m)	mudīr (m)	مدير
Buchhalter (m)	muḥāsib (m)	محاسب
Mitarbeiter (m)	muwazzaf (m)	موظف
Möbel (n)	aθāθ (m)	أثاث
Tisch (m)	maktab (m)	مكتب
Schreibtischstuhl (m)	kursiy (m)	كرسيّ
Rollcontainer (m)	waḥdat adrāʒ (f)	وحدة أدراج
Kleiderständer (m)	ʃammāʿa (f)	شمّاعة
Computer (m)	kumbyūtir (m)	كمبيوتر
Drucker (m)	ṭābiʿa (f)	طابعة
Fax (n)	faks (m)	فاكس
Kopierer (m)	ʾālat nasχ (f)	آلة نسخ
Papier (n)	waraq (m)	ورق
Büromaterial (n)	adawāt al kitāba (pl)	أدوات الكتابة
Mousepad (n)	wisādat faʾra (f)	وسادة فأرة
Blatt (n) Papier	waraqa (f)	ورقة
Ordner (m)	malaff (m)	ملفّ
Katalog (m)	fihris (m)	فهرس
Adressbuch (n)	dalīl at tilifūn (m)	دليل التليفون
Dokumentation (f)	waθāʾiq (pl)	وثائق
Broschüre (f)	naʃra (f)	نشرة
Flugblatt (n)	manʃūr (m)	منشور
Muster (n)	namūðaʒ (m)	نموذج
Training (n)	iʒtimāʿ tadrīb (m)	إجتماع تدريب
Meeting (n)	iʒtimāʿ (m)	إجتماع
Mittagspause (f)	fatrat al ɣadāʾ (f)	فترة الغذاء
eine Kopie machen	ṣawwar	صوّر
vervielfältigen (vt)	ṣawwar	صوّر
ein Fax bekommen	istalam faks	إستلم فاكس
ein Fax senden	arsal faks	أرسل فاكس
anrufen (vt)	ittaṣal	إتصل

| antworten (vi) | radd | رَدَ |
| verbinden (vt) | waṣṣal | وصّل |

ausmachen (vt)	ḥaddad	حدّد
demonstrieren (vt)	'araḍ	عرض
fehlen (am Arbeitsplatz ~)	ɣāb	غاب
Abwesenheit (f)	ɣiyāb (m)	غياب

104. Geschäftsabläufe. Teil 1

Angelegenheit (f)	ʃuɣl (m)	شغل
Firma (f)	ʃarika (f)	شركة
Gesellschaft (f)	ʃarika (f)	شركة
Konzern (m)	mu'assasa tiʒāriyya (f)	مؤسسة تجارية
Unternehmen (n)	ʃarika (f)	شركة
Agentur (f)	wikāla (f)	وكالة

Vereinbarung (f)	ittifāqiyya (f)	إتّفاقيّة
Vertrag (m)	'aqd (m)	عقد
Geschäft (Transaktion)	ṣafqa (f)	صفقة
Auftrag (Bestellung)	ṭalab (m)	طلب
Bedingung (f)	ʃarṭ (m)	شرط

en gros (im Großen)	bil ʒumla	بالجملة
Großhandels-	al ʒumla	الجملة
Großhandel (m)	bay' bil ʒumla (m)	بيع بالجملة
Einzelhandels-	at taʒzi'a	التجزئة
Einzelhandel (m)	bay' bit taʒzi'a (m)	بيع بالتجزئة

Konkurrent (m)	munāfis (m)	منافس
Konkurrenz (f)	munāfasa (f)	منافسة
konkurrieren (vi)	nāfas	نافس

| Partner (m) | ʃarīk (m) | شريك |
| Partnerschaft (f) | ʃirāka (f) | شراكة |

Krise (f)	azma (f)	أزمة
Bankrott (m)	iflās (m)	إفلاس
Bankrott machen	aflas	أفلس
Schwierigkeit (f)	ṣu'ūba (f)	صعوبة
Problem (n)	muʃkila (f)	مشكلة
Katastrophe (f)	kāriθa (f)	كارثة

Wirtschaft (f)	iqtiṣād (m)	إقتصاد
wirtschaftlich	iqtiṣādiy	إقتصاديّ
Rezession (f)	rukūd iqtiṣādiy (m)	ركود إقتصاديّ

| Ziel (n) | hadaf (m) | هدف |
| Aufgabe (f) | muhimma (f) | مهمّة |

handeln (Handel treiben)	tāʒir	تاجر
Netz (Verkaufs-)	ʃabaka (f)	شبكة
Lager (n)	al maxzūn (m)	المخزون
Sortiment (n)	taʃkīla (f)	تشكيلة

führende Unternehmen (n)	qā'id (m)	قائد
groß (-e Firma)	kabīr	كبير
Monopol (n)	iḥtikār (m)	إحتكار

Theorie (f)	naẓariyya (f)	نظريّة
Praxis (f)	mumārasa (f)	ممارسة
Erfahrung (f)	xibra (f)	خبرة
Tendenz (f)	ittiʒāh (m)	إتّجاه
Entwicklung (f)	tanmiya (f)	تنمية

105. Geschäftsabläufe. Teil 2

Vorteil (m)	ribḥ (m)	ربح
vorteilhaft	murbiḥ	مربح

Delegation (f)	wafd (m)	وفد
Lohn (m)	murattab (m)	مرتّب
korrigieren (vt)	ṣaḥḥaḥ	صحّح
Dienstreise (f)	riḥlat 'amal (f)	رحلة عمل
Kommission (f)	laʒna (f)	لجنة

kontrollieren (vt)	taḥakkam	تحكّم
Konferenz (f)	mu'tamar (m)	مؤتمر
Lizenz (f)	ruxṣa (f)	رخصة
zuverlässig	mawθūq	موثوق

Initiative (f)	mubādara (f)	مبادرة
Norm (f)	mi'yār (m)	معيار
Umstand (m)	ẓarf (m)	ظرف
Pflicht (f)	wāʒib (m)	واجب

Unternehmen (n)	munaẓẓama (f)	منظّمة
Organisation (Prozess)	tanẓīm (m)	تنظيم
organisiert (Adj)	munaẓẓam	منظّم
Abschaffung (f)	ilɣā' (m)	إلغاء
abschaffen (vt)	alɣa	ألغى
Bericht (m)	taqrīr (m)	تقرير

Patent (n)	barā'at al ixtirā' (f)	براءة الإختراع
patentieren (vt)	saʒʒal barā'at al ixtirā'	سجّل براءة الإختراع
planen (vt)	xaṭṭaṭ	خطّط

Prämie (f)	'ilāwa (f)	علاوة
professionell	mihaniy	مهنيّ
Prozedur (f)	iʒrā' (m)	إجراء

prüfen (Vertrag ~)	baḥaθ	بحث
Berechnung (f)	ḥisāb (m)	حساب
Ruf (m)	sum'a (f)	سمعة
Risiko (n)	muxāṭara (f)	مخاطرة

leiten (vt)	adār	أدار
Informationen (pl)	ma'lūmāt (pl)	معلومات
Eigentum (n)	milkiyya (f)	ملكيّة

Bund (m)	ittiḥād (m)	إتّحاد
Lebensversicherung (f)	ta'mīn 'alal ḥayāt (m)	تأمين على الحياة
versichern (vt)	amman	أمّن
Versicherung (f)	ta'mīn (m)	تأمين

Auktion (f)	mazād (m)	مزاد
benachrichtigen (vt)	ablaɣ	أبلغ
Verwaltung (f)	idāra (f)	إدارة
Dienst (m)	xidma (f)	خدمة

Forum (n)	nadwa (f)	ندوة
funktionieren (vi)	adda waẓīfa	أدّى وظيفته
Etappe (f)	marḥala (f)	مرحلة
juristisch	qānūniy	قانونيّ
Jurist (m)	muḥāmi (m)	محام

106. Fertigung. Arbeiten

Werk (n)	maṣna' (m)	مصنع
Fabrik (f)	maṣna' (m)	مصنع
Werkstatt (f)	warʃa (f)	ورشة
Betrieb (m)	maṣna' (m)	مصنع

Industrie (f)	ṣinā'a (f)	صناعة
Industrie-	ṣinā'iy	صناعيّ
Schwerindustrie (f)	ṣinā'a θaqīla (f)	صناعة ثقيلة
Leichtindustrie (f)	ṣinā'a xafīfa (f)	صناعة خفيفة

Produktion (f)	muntaʒāt (pl)	منتجات
produzieren (vt)	antaʒ	أنتج
Rohstoff (m)	mawādd xām (pl)	مواد خام

Vorarbeiter (m), Meister (m)	ra'īs al 'ummāl (m)	رئيس العمّال
Arbeitsteam (n)	farīq al 'ummāl (m)	فريق العمّال
Arbeiter (m)	'āmil (m)	عامل

Arbeitstag (m)	yawm 'amal (m)	يوم عمل
Pause (f)	rāḥa (f)	راحة
Versammlung (f)	iʒtimā' (m)	إجتماع
besprechen (vt)	nāqaʃ	ناقش

Plan (m)	xiṭṭa (f)	خطّة
den Plan erfüllen	naffað al xuṭṭa	نفّذ الخطّة
Arbeitsertrag (m)	mu'addal al intāʒ (m)	معدّل الإنتاج
Qualität (f)	ʒawda (f)	جودة
Prüfung, Kontrolle (f)	taftīʃ (m)	تفتيش
Gütekontrolle (f)	ḍabṭ al ʒawda (m)	ضبط الجودة

Arbeitsplatzsicherheit (f)	salāmat makān al 'amal (f)	سلامة مكان العمل
Disziplin (f)	inḍibāṭ (m)	إنضباط
Übertretung (f)	muxālafa (f)	مخالفة
übertreten (vt)	xālaf	خالف
Streik (m)	iḍrāb (m)	إضراب
Streikender (m)	muḍrib (m)	مضرب

streiken (vi)	aḍrab	أضرب
Gewerkschaft (f)	ittiḥād al 'ummāl (m)	إتّحاد العمّال
erfinden (vt)	iχtara'	إخترع
Erfindung (f)	iχtirā' (m)	إختراع
Erforschung (f)	baḥθ (m)	بحث
verbessern (vt)	ḥassan	حسّن
Technologie (f)	tiknulūʒiya (f)	تكنولوجيا
technische Zeichnung (f)	rasm taqniy (m)	رسم تقني
Ladung (f)	ʃaḥn (m)	شحن
Ladearbeiter (m)	ḥammāl (m)	حمّال
laden (vt)	ʃaḥan	شحن
Beladung (f)	taḥmīl (m)	تحميل
entladen (vt)	afraɣ	أفرغ
Entladung (f)	ifrāɣ (m)	إفراغ
Transport (m)	wasā'il an naql (pl)	وسائل النقل
Transportunternehmen (n)	ʃarikat naql (f)	شركة نقل
transportieren (vt)	naqal	نقل
Güterwagen (m)	'arabat ʃaḥn (f)	عربة شحن
Zisterne (f)	χazzān (m)	خزّان
Lastkraftwagen (m)	ʃāḥina (f)	شاحنة
Werkzeugmaschine (f)	mākina (f)	ماكنة
Mechanismus (m)	'āliyya (f)	آليّة
Industrieabfälle (pl)	muχallafāt ṣinā'iyya (pl)	مخلّفات صناعية
Verpacken (n)	ta'bi'a (f)	تعبئة
verpacken (vt)	'abba'	عبّأ

107. Vertrag. Zustimmung

Vertrag (m), Auftrag (m)	'aqd (m)	عقد
Vereinbarung (f)	ittifāq (m)	إتّفاق
Anhang (m)	mulḥaq (m)	ملحق
einen Vertrag abschließen	waqqa' 'ala 'aqd	وقّع على عقد
Unterschrift (f)	tawqī' (m)	توقيع
unterschreiben (vt)	waqqa'	وقّع
Stempel (m)	χatm (m)	ختم
Vertragsgegenstand (m)	mawḍū' al 'aqd (m)	موضوع العقد
Punkt (m)	band (m)	بند
Parteien (pl)	aṭrāf (pl)	أطراف
rechtmäßige Anschrift (f)	'unwān qānūniy (m)	عنوان قانوني
Vertrag brechen	χālaf al 'aqd	خالف العقد
Verpflichtung (f)	iltizām (m)	إلتزام
Verantwortlichkeit (f)	mas'ūliyya (f)	مسؤوليّة
Force majeure (f)	quwwa qāhira (m)	قوّة قاهرة
Streit (m)	χilāf (m)	خلاف
Strafsanktionen (pl)	'uqūbāt (pl)	عقوبات

108. Import & Export

Import (m)	istīrād (m)	إستيراد
Importeur (m)	mustawrid (m)	مستورد
importieren (vt)	istawrad	إستورد
Import-	wārid	وارد

Export (m)	taṣdīr (m)	تصدير
Exporteur (m)	muṣaddir (m)	مصدر
exportieren (vt)	ṣaddar	صدّر
Export-	sādir	صادر

| Waren (pl) | baḍā'i' (pl) | بضائع |
| Partie (f), Ladung (f) | ʃaḥna (f) | شحنة |

Gewicht (n)	wazn (m)	وزن
Volumen (n)	ḥaʒm (m)	حجم
Kubikmeter (m)	mitr muka''ab (m)	متر مكعّب

Hersteller (m)	aʃ ʃarika al muṣni'a (f)	الشركة المصنعة
Transportunternehmen (n)	ʃarikat naql (f)	شركة نقل
Container (m)	ḥāwiya (f)	حاوية

Grenze (f)	ḥadd (m)	حدّ
Zollamt (n)	ʒamārik (pl)	جمارك
Zoll (m)	rasm ʒumrukiy (m)	رسم جمركيّ
Zollbeamter (m)	muwazzaf al ʒamārik (m)	موظّف الجمارك
Schmuggel (m)	tahrīb (m)	تهريب
Schmuggelware (f)	biḍā'a muharraba (pl)	بضاعة مهرّبة

109. Finanzen

Aktie (f)	sahm (m)	سهم
Obligation (f)	sanad (m)	سند
Wechsel (m)	kimbyāla (f)	كمبيالة

| Börse (f) | būrṣa (f) | بورصة |
| Aktienkurs (m) | si'r as sahm (m) | سعر السهم |

| billiger werden | raxuṣ | رخص |
| teuer werden | ɣala | غلى |

Anteil (m)	naṣīb (m)	نصيب
Mehrheitsbeteiligung (f)	al maʒmū'a al musayṭara (f)	المجموعة المسيطرة
Investitionen (pl)	istiθmār (pl)	إستثمار
investieren (vt)	istaθmar	إستثمر
Prozent (n)	bil mi'a (m)	بالمئة
Zinsen (pl)	fa'ida (f)	فائدة

Gewinn (m)	ribḥ (m)	ربح
gewinnbringend	murbiḥ	مربح
Steuer (f)	ḍarība (f)	ضريبة
Währung (f)	'umla (f)	عملة

Landes-Geldumtausch (m)	waṭaniy / tahwīl (m)	وطنيّ / تحويل
Buchhalter (m)	muhāsib (m)	محاسب
Buchhaltung (f)	mahasaba (f)	محاسبة
Bankrott (m)	iflās (m)	إفلاس
Zusammenbruch (m)	inhiyār (m)	إنهيار
Pleite (f)	iflās (m)	إفلاس
pleite gehen	aflas	أفلس
Inflation (f)	tadaxxum māliy (m)	تضخّم ماليّ
Abwertung (f)	taxfīḍ qīmat 'umla (m)	تخفيض قيمة عملة
Kapital (n)	ra's māl (m)	رأس مال
Einkommen (n)	daxl (m)	دخل
Umsatz (m)	dawrat ra's al māl (f)	دورة رأس المال
Mittel (Reserven)	mawārid (pl)	موارد
Geldmittel (pl)	al mawārid an naqdiyya (pl)	الموارد النقديّة
Gemeinkosten (pl)	nafaqāt 'āmma (pl)	نفقات عامّة
reduzieren (vt)	xaffaḍ	خفّض

110. Marketing

Marketing (n)	taswīq (m)	تسويق
Markt (m)	sūq (f)	سوق
Marktsegment (n)	qaṭā' as sūq (m)	قطاع السوق
Produkt (n)	muntaʒ (m)	منتج
Waren (pl)	baḍā'i' (pl)	بضائع
Schutzmarke (f)	mārka (f)	ماركة
Handelsmarke (f)	mārka tiʒāriyya (f)	ماركة تجاريّة
Firmenzeichen (n)	ʃi'ār (m)	شعار
Logo (n)	ʃi'ār (m)	شعار
Nachfrage (f)	ṭalab (m)	طلب
Angebot (n)	maxzūn (m)	مخزون
Bedürfnis (n)	hāʒa (f)	حاجة
Verbraucher (m)	mustahlik (m)	مستهلك
Analyse (f)	tahlīl (m)	تحليل
analysieren (vt)	hallal	حلّل
Positionierung (f)	waḍ' (m)	وضع
positionieren (vt)	waḍa'	وضع
Preis (m)	si'r (m)	سعر
Preispolitik (f)	siyāsat al as'ār (f)	سياسة الأسعار
Preisbildung (f)	taʃkīl al as'ār (m)	تشكيل الأسعار

111. Werbung

Werbung (f)	i'lān (m)	إعلان
werben (vt)	a'lan	أعلن

Budget (n)	mīzāniyya (f)	ميزانيّة
Werbeanzeige (f)	i'lān (m)	إعلان
Fernsehwerbung (f)	i'lān fit tiliviziyūn (m)	إعلان في التليفزيون
Radiowerbung (f)	i'lān fir rādiyu (m)	إعلان في الراديو
Außenwerbung (f)	i'lān ẓāhiriy (m)	إعلان ظاهريّ

Massenmedien (pl)	wasā'il al i'lām (pl)	وسائل الإعلام
Zeitschrift (f)	ṣaḥifa dawriyya (f)	صحيفة دوريّة
Image (n)	imiʒ (m)	إيميج

| Losung (f) | ʃi'ār (m) | شعار |
| Motto (n) | ʃi'ār (m) | شعار |

Kampagne (f)	ḥamla (f)	حملة
Werbekampagne (f)	ḥamla i'lāniyya (f)	حملة إعلانيّة
Zielgruppe (f)	maʒmū'a mustahdafa (f)	مجموعة مستهدفة

Visitenkarte (f)	biṭāqat al 'amal (f)	بطاقة العمل
Flugblatt (n)	manʃūr (m)	منشور
Broschüre (f)	naʃra (f)	نشرة
Faltblatt (n)	kutayyib (m)	كتيّب
Informationsblatt (n)	naʃra iχbāriyya (f)	نشرة إخبارية

Firmenschild (n)	lāfita (f)	لافتة
Plakat (n)	mulṣaq i'lāniy (m)	ملصق إعلانيّ
Werbeschild (n)	lawḥat i'lānāt (f)	لوحة إعلانات

112. Bankgeschäft

| Bank (f) | bank (m) | بنك |
| Filiale (f) | far' (m) | فرع |

| Berater (m) | muwaẓẓaf bank (m) | موظّف بنك |
| Leiter (m) | mudīr (m) | مدير |

Konto (n)	ḥisāb (m)	حساب
Kontonummer (f)	raqm al ḥisāb (m)	رقم الحساب
Kontokorrent (n)	ḥisāb ʒāri (m)	حساب جار
Sparkonto (n)	ḥisāb tawfīr (m)	حساب توفير

ein Konto eröffnen	fataḥ ḥisāb	فتح حسابا
das Konto schließen	aɣlaq ḥisāb	أغلق حسابا
einzahlen (vt)	awda' fil ḥisāb	أودع في الحساب
abheben (vt)	saḥab min al ḥisāb	سحب من الحساب

Einzahlung (f)	wadī'a (f)	وديعة
eine Einzahlung machen	awda'	أودع
Überweisung (f)	ḥawāla (f)	حوالة
überweisen (vt)	ḥawwal	حوّل

Summe (f)	mablaɣ (m)	مبلغ
Wieviel?	kam?	كم؟
Unterschrift (f)	tawqī' (m)	توقيع
unterschreiben (vt)	waqqa'	وقّع

Kreditkarte (f)	biṭāqat i'timān (f)	بطاقة ائتمان
Code (m)	kūd (m)	كود
Kreditkartennummer (f)	raqm biṭāqat i'timān (m)	رقم بطاقة إئتمان
Geldautomat (m)	ṣarrāf 'āliy (m)	صرّاف آلي

Scheck (m)	ʃīk (m)	شيك
einen Scheck schreiben	katab ʃīk	كـتب شيكًا
Scheckbuch (n)	daftar ʃīkāt (m)	دفتر شيكات

Darlehen (m)	qarḍ (m)	قرض
ein Darlehen beantragen	qaddam ṭalab lil ḥuṣūl 'ala qarḍ	قدّم طلبا للحصول على قرض
ein Darlehen aufnehmen	ḥaṣal 'ala qarḍ	حصل على قرض
ein Darlehen geben	qaddam qarḍ	قدمّ قرضا
Sicherheit (f)	ḍamān (m)	ضمان

113. Telefon. Telefongespräche

Telefon (n)	hātif (m)	هاتف
Mobiltelefon (n)	hātif maḥmūl (m)	هاتف محمول
Anrufbeantworter (m)	muʒīb al hātif (m)	مجيب الهاتف

| anrufen (vt) | ittaṣal | إتَصل |
| Anruf (m) | mukālama tilifuniyya (f) | مكالمة تليفونية |

| eine Nummer wählen | ittaṣal bi raqm | إتَصل برقم |
| Hallo! | alu! | ألو! |

| fragen (vt) | sa'al | سأل |
| antworten (vi) | radd | ردّ |

| hören (vt) | sami' | سمِع |
| gut (~ aussehen) | ʒayyidan | جيدًا |

| schlecht (Adv) | sayyi'an | سيئًا |
| Störungen (pl) | taʃwīʃ (m) | تشويش |

Hörer (m)	sammā'a (f)	سمّاعة
den Hörer abnehmen	rafa' as sammā'a	رفع السمّاعة
auflegen (den Hörer ~)	qafal as sammā'a	قفل السمّاعة

besetzt	maʃɣūl	مشغول
läuten (vi)	rann	رنّ
Telefonbuch (n)	dalīl at tilifūn (m)	دليل التليفون

| Orts- | maḥalliyya | ة محلّية |
| Ortsgespräch (n) | mukālama hātifiyya maḥalliyya (f) | مكالمة هاتفيّة محلّية |

| Auslands- | duwaliy | دوليّ |
| Auslandsgespräch (n) | mukālama duwaliyya (f) | مكالمة دوليّة |

| Fern- | ba'īd al mada | بعيد المدى |
| Ferngespräch (n) | mukālama ba'īdat al mada (f) | مكالمة بعيدة المدى |

114. Mobiltelefon

Mobiltelefon (n)	hātif maḥmūl (m)	هاتف محمول
Display (n)	ʒihāz 'arḍ (m)	جهاز عرض
Knopf (m)	zirr (m)	زر
SIM-Karte (f)	sim kart (m)	سيم كارت

Batterie (f)	baṭṭāriyya (f)	بطارية
leer sein (Batterie)	xalaṣat	خلصت
Ladegerät (n)	ʃāḥin (m)	شاحن

Menü (n)	qā'ima (f)	قائمة
Einstellungen (pl)	awḍā' (pl)	أوضاع
Melodie (f)	naɣma (f)	نغمة
auswählen (vt)	ixtār	إختار

Rechner (m)	'āla ḥāsiba (f)	آلة حاسبة
Anrufbeantworter (m)	barīd ṣawtiy (m)	بريد صوتي
Wecker (m)	munabbih (m)	منبّه
Kontakte (pl)	ʒihāt al ittiṣāl (pl)	جهات الإتّصال

| SMS-Nachricht (f) | risāla qaṣīra ɛsɛmɛs (f) | sms رسالة قصيرة |
| Teilnehmer (m) | muʃtarik (m) | مشترك |

115. Bürobedarf

| Kugelschreiber (m) | qalam ʒāf (m) | قلم جاف |
| Federhalter (m) | qalam rīʃa (m) | قلم ريشة |

Bleistift (m)	qalam ruṣāṣ (m)	قلم رصاص
Faserschreiber (m)	markir (m)	ماركر
Filzstift (m)	qalam xaṭṭāṭ (m)	قلم خطاط

| Notizblock (m) | muðakkira (f) | مذكّرة |
| Terminkalender (m) | ʒadwal al a'māl (m) | جدول الأعمال |

Lineal (n)	masṭara (f)	مسطرة
Rechner (m)	'āla ḥāsiba (f)	آلة حاسبة
Radiergummi (m)	astīka (f)	استيكة
Reißzwecke (f)	dabbūs (m)	دبّوس
Heftklammer (f)	dabbūs waraq (m)	دبّوس ورق

Klebstoff (m)	ṣamɣ (m)	صمغ
Hefter (m)	dabbāsa (f)	دبّاسة
Locher (m)	xarrāma (m)	خرّامة
Bleistiftspitzer (m)	mibrāt (f)	مبراة

116. Verschiedene Dokumente

| Bericht (m) | taqrīr (m) | تقرير |
| Abkommen (n) | ittifāq (m) | إتّفاق |

Anmeldeformular (n)	istimārat ṭalab (m)	إستمارة طلب
Original-	aṣliy	أصليّ
Namensschild (n)	ʃāra (f)	شارة
Visitenkarte (f)	biṭāqat al 'amal (f)	بطاقة العمل

Zertifikat (n)	ʃahāda (f)	شهادة
Scheck (m)	ʃīk (m)	شيك
Rechnung (im Restaurant)	ḥisāb (m)	حساب
Verfassung (f)	dustūr (m)	دستور

Vertrag (m)	'aqd (m)	عقد
Kopie (f)	ṣūra (f)	صورة
Kopie (~ des Vertrages)	nusχa (f)	نسخة

Zolldeklaration (f)	taṣrīḥ ẓumrukiy (m)	تصريح جمركيّ
Dokument (n)	waθīqa (f)	وثيقة
Führerschein (m)	ruχṣat al qiyāda (f)	رخصة قيادة
Anlage (f)	mulḥaq (m)	ملحق
Fragebogen (m)	istimāra (f)	إستمارة

Ausweis (m)	biṭāqat al huwiyya (f)	بطاقة الهويّة
Anfrage (f)	istifsār (m)	إستفسار
Einladungskarte (f)	biṭāqat da'wa (f)	بطاقة دعوة
Rechnung (von Firma)	fātūra (f)	فاتورة

Gesetz (n)	qānūn (m)	قانون
Brief (m)	risāla (f)	رسالة
Briefbogen (n)	tarwīsa (f)	ترويسة
Liste (schwarze ~)	qā'ima (f)	قائمة
Manuskript (n)	maχṭūṭa (f)	مخطوطة
Informationsblatt (n)	naʃra iχbāriyya (f)	نشرة إخبارية
Zettel (m)	nūta (f)	نوتة

Passierschein (m)	biṭāqat murūr (f)	بطاقة مرور
Pass (m)	ẓawāz as safar (m)	جواز السفر
Erlaubnis (f)	ruχṣa (f)	رخصة
Lebenslauf (m)	sīra ðātiyya (f)	سيرة ذاتيّة
Schuldschein (m)	muðakkirat dayn (f)	مذكّرة دين
Quittung (f)	'īṣāl (m)	إيصال

| Kassenzettel (m) | 'īṣāl (m) | إيصال |
| Bericht (m) | taqrīr (m) | تقرير |

vorzeigen (vt)	qaddam	قدّم
unterschreiben (vt)	waqqa'	وقّع
Unterschrift (f)	tawqī' (m)	توقيع
Stempel (m)	χatm (m)	ختم

| Text (m) | naṣṣ (m) | نصّ |
| Eintrittskarte (f) | taðkira (f) | تذكرة |

| streichen (vt) | ʃaṭab | شطب |
| ausfüllen (vt) | mala' | ملأ |

| Frachtbrief (m) | bulīṣat ʃaḥn (f) | بوليصة شحن |
| Testament (n) | waṣiyya (f) | وصيّة |

117. Geschäftsarten

Buchführung (f)	xidamāt muḥasaba (pl)	خدمات محاسبة
Werbung (f)	i'lān (m)	إعلان
Werbeagentur (f)	wikālat i'lān (f)	وكالة إعلان
Klimaanlagen (pl)	takyīf (m)	تكييف
Fluggesellschaft (f)	ʃarikat ṭayarān (f)	شركة طيران

Spirituosen (pl)	maʃrūbāt kuḥūliyya (pl)	مشروبات كمولية
Antiquitäten (pl)	tuḥaf (pl)	تحف
Kunstgalerie (f)	ma'raḍ fanniy (m)	معرض فنّي
Rechnungsprüfung (f)	tadqīq al ḥisābāt (pl)	تدقيق الحسابات

Bankwesen (n)	al qiṭā' al maṣrafiy (m)	القطاع المصرفي
Bar (f)	bār (m)	بار
Schönheitssalon (m)	ṣālūn taʒmīl (m)	صالون تجميل
Buchhandlung (f)	maḥall kutub (m)	محلّ كتب
Bierbrauerei (f)	maṣnaʿ bīra (m)	مصنع بيرة
Bürogebäude (n)	markaz tiʒāriy (m)	مركز تجاريّ
Business-Schule (f)	kulliyyat idārat al a'māl (f)	كلّية إدارة الأعمال

Kasino (n)	kazinu (m)	كازينو
Bau (m)	binā' (m)	بناء
Beratung (f)	istiʃāra (f)	إستشارة

Stomatologie (f)	'iyādat asnān (f)	عيادة أسنان
Design (n)	taṣmīm (m)	تصميم
Apotheke (f)	ṣaydaliyya (f)	صيدلية
chemische Reinigung (f)	tanzīf ʒāff (m)	تنظيف جافّ
Personalagentur (f)	wikālat tawzīf (f)	وكالة توظيف

Finanzdienstleistungen (pl)	xidamāt māliyya (pl)	خدمات مالية
Nahrungsmittel (pl)	mawādd ɣiðā'iyya (pl)	موادّ غذائية
Bestattungsinstitut (n)	bayt al ʒanāzāt (m)	بيت الجنازات
Möbel (n)	aθāθ (m)	أثاث
Kleidung (f)	malābis (pl)	ملابس
Hotel (n)	funduq (m)	فندق

Eis (n)	muθallaʒāt (pl)	مثلجات
Industrie (f)	ṣinā'a (f)	صناعة
Versicherung (f)	ta'mīn (m)	تأمين
Internet (n)	intirnit (m)	إنترنت
Investitionen (pl)	istiθmārāt (pl)	إستثمارات

Juwelier (m)	ṣā'iɣ (m)	صائغ
Juwelierwaren (pl)	muʒawharāt (pl)	مجوهرات
Wäscherei (f)	maɣsala (f)	مغسلة
Rechtsberatung (f)	xidamāt qānūniyya (pl)	خدمات قانونية
Leichtindustrie (f)	ṣinā'a xafīfa (f)	صناعة خفيفة

Zeitschrift (f)	maʒalla (f)	مجلّة
Versandhandel (m)	bay' bil barīd (m)	بيع بالبريد
Medizin (f)	ṭibb (m)	طبّ
Kino (Filmtheater)	sinima (f)	سينما
Museum (n)	mathaf (m)	متحف

Nachrichtenagentur (f)	wikālat anbā' (f)	وكالة أنباء
Zeitung (f)	ʒarīda (f)	جريدة
Nachtklub (m)	malha layliy (m)	ملهى ليليّ
Erdöl (n)	naft (m)	نفط
Kurierdienst (m)	xidamāt aʃ ʃahn (pl)	خدمات الشحن
Pharmaindustrie (f)	ṣaydala (f)	صيدلة
Druckindustrie (f)	ṭibāʿa (f)	طباعة
Verlag (m)	dār aṭ ṭibāʿa wan naʃr (f)	دار الطباعة والنشر
Rundfunk (m)	iðāʿa (f)	إذاعة
Immobilien (pl)	ʿiqārāt (pl)	عقارات
Restaurant (n)	maṭʿam (m)	مطعم
Sicherheitsagentur (f)	ʃarikat amn (f)	شركة أمن
Sport (m)	riyāḍa (f)	رياضة
Börse (f)	būrṣa (f)	بورصة
Laden (m)	mahall (m)	محلّ
Supermarkt (m)	subirmarkit (m)	سوبرماركت
Schwimmbad (n)	masbah (m)	مسبح
Atelier (n)	ṣālūn (m)	صالون
Fernsehen (n)	tilivizyūn (m)	تليفزيون
Theater (n)	masrah (m)	مسرح
Handel (m)	tiʒāra (f)	تجارة
Transporte (pl)	wasāʾil an naql (pl)	وسائل النقل
Reisen (pl)	siyāha (f)	سياحة
Tierarzt (m)	ṭabīb bayṭariy (m)	طبيب بيطريّ
Warenlager (n)	mustawdaʿ (m)	مستودع
Müllabfuhr (f)	ʒamʿ an nufāyāt (m)	جمع النفايات

Arbeit. Geschäft. Teil 2

118. Show. Ausstellung

Ausstellung (f)	ma'raḍ (m)	معرض
Handelsausstellung (f)	ma'raḍ tiʒāriy (m)	معرض تجاريّ
Teilnahme (f)	iʃtirāk (m)	إشتراك
teilnehmen (vi)	iʃtarak	إشترك
Teilnehmer (m)	muʃtarik (m)	مشترك
Direktor (m)	mudīr (m)	مدير
Messeverwaltung (f)	maktab al munaẓẓimīn (m)	مكتب المنظّمين
Organisator (m)	munaẓẓim (m)	منظّم
veranstalten (vt)	naẓẓam	نظّم
Anmeldeformular (n)	istimārat al iʃtirāk (f)	إستمارة الإشتراك
ausfüllen (vt)	mala'	ملأ
Details (pl)	tafāṣīl (pl)	تفاصيل
Information (f)	isti'lāmāt (pl)	إستعلامات
Preis (m)	si'r (m)	سعر
einschließlich	bima fīh	بما فيه
einschließen (vt)	taḍamman	تضمّن
zahlen (vt)	dafa'	دفع
Anmeldegebühr (f)	rusūm at tasʒīl (pl)	رسوم التسجيل
Eingang (m)	madχal (m)	مدخل
Pavillon (m)	ʒanāḥ (m)	جناح
registrieren (vt)	saʒʒal	سجّل
Namensschild (n)	ʃāra (f)	شارة
Stand (m)	kuʃk (m)	كشك
reservieren (vt)	ḥaʒaz	حجز
Vitrine (f)	vatrīna (f)	فترينة
Strahler (m)	miṣbāḥ (m)	مصباح
Design (n)	taṣmīm (m)	تصميم
stellen (vt)	waḍa'	وضع
Distributor (m)	muwazzi' (m)	موزّع
Lieferant (m)	muwarrid (m)	مورد
Land (n)	balad (m)	بلد
ausländisch	aʒnabiy	أجنبيّ
Produkt (n)	muntaʒ (m)	منتج
Assoziation (f)	ʒam'iyya (f)	جمعيّة
Konferenzraum (m)	qā'at al mu'tamarāt (f)	قاعة المؤتمرات
Kongress (m)	mu'tamar (m)	مؤتمر

Wettbewerb (m)	musābaqa (f)	مسابقة
Besucher (m)	zā'ir (m)	زائر
besuchen (vt)	haḍar	حضر
Auftraggeber (m)	zubūn (m)	زبون

119. Massenmedien

Zeitung (f)	ʒarīda (f)	جريدة
Zeitschrift (f)	maʒalla (f)	مجلة
Presse (f)	ṣiḥāfa (f)	صحافة
Rundfunk (m)	iðā'a (f)	إذاعة
Rundfunkstation (f)	mahaṭṭat iðā'a (f)	محطة إذاعة
Fernsehen (n)	tilivizyūn (m)	تليفزيون

Moderator (m)	mu'addim (m)	مقدّم
Sprecher (m)	muðī' (m)	مذيع
Kommentator (m)	mu'alliq (m)	معلق

Journalist (m)	ṣuḥufiy (m)	صحفيّ
Korrespondent (m)	murāsil (m)	مراسل
Bildberichterstatter (m)	muṣawwir ṣuḥufiy (m)	مصوّر صحفيّ
Reporter (m)	ṣuḥufiy (m)	صحفيّ

Redakteur (m)	muharrir (m)	محرّر
Chefredakteur (m)	ra'īs tahrīr (m)	رئيس تحرير
abonnieren (vt)	iʃtarak	إشترك
Abonnement (n)	iʃtirāk (m)	إشتراك
Abonnent (m)	muʃtarik (m)	مشترك
lesen (vi, vt)	qara'	قرأ
Leser (m)	qāri' (m)	قارئ

Auflage (f)	tadāwul (m)	تداول
monatlich (Adj)	ʃahriy	شهريّ
wöchentlich (Adj)	usbū'iy	أسبوعيّ
Ausgabe (Zeitschrift)	'adad (m)	عدد
neueste (~ Ausgabe)	ʒadīd	جديد

Titel (m)	'unwān (m)	عنوان
Notiz (f)	maqāla qaṣīra (f)	مقالة قصيرة
Rubrik (f)	'amūd (m)	عمود
Artikel (m)	maqāla (f)	مقالة
Seite (f)	ṣafha (f)	صفحة

Reportage (f)	taqrīr (m)	تقرير
Ereignis (n)	hadaθ (m)	حدث
Sensation (f)	ḍaʒʒa (f)	ضجّة
Skandal (m)	faḍīḥa (f)	فضيحة
skandalös	fāḍiḥ	فاضح
groß (-er Skandal)	ʃahīr	شهير

Sendung (f)	barnāmaʒ (m)	برنامج
Interview (n)	muqābala (f)	مقابلة
Live-Übertragung (f)	iðā'a mubāʃira (f)	إذاعة مباشرة
Kanal (m)	qanāt (f)	قناة

120. Landwirtschaft

Landwirtschaft (f)	zirāʻa (f)	زراعة
Bauer (m)	fallāḥ (m)	فلاح
Bäuerin (f)	fallāḥa (f)	فلاحة
Farmer (m)	muzāriʻ (m)	مزارع
Traktor (m)	ʒarrār (m)	جرّار
Mähdrescher (m)	ḥaṣṣāda (f)	حصّادة
Pflug (m)	miḥrāθ (m)	محراث
pflügen (vt)	ḥaraθ	حرث
Acker (m)	ḥaql maḥrūθ (m)	حقل محروث
Furche (f)	talam (m)	تلم
säen (vt)	baðar	بذر
Sämaschine (f)	baðθāra (f)	بذّارة
Saat (f)	zarʻ (m)	زرع
Sense (f)	miḥaʃʃ (m)	محشّ
mähen (vt)	ḥaʃʃ	حشّ
Schaufel (f)	karīk (m)	مجرفة
graben (vt)	ḥafar	حفر
Hacke (f)	miʻzaqa (f)	معزقة
jäten (vt)	ista'ṣal nabātāt	إستأصل نباتات
Unkraut (n)	ḥaʃīʃa (m)	حشيشة
Gießkanne (f)	miraʃʃa al miyāh (f)	مرشّة المياه
gießen (vt)	saqa	سقى
Bewässerung (f)	saqy (m)	سقي
Heugabel (f)	maðrāt (f)	مذراة
Rechen (m)	midamma (f)	مدمة
Dünger (m)	samād (m)	سماد
düngen (vt)	sammad	سمّد
Mist (m)	zibd (m)	زبل
Feld (n)	ḥaql (m)	حقل
Wiese (f)	marʒ (m)	مرج
Gemüsegarten (m)	bustān xuḍār (m)	بستان خضار
Obstgarten (m)	bustān (m)	بستان
weiden (vt)	raʻa	رعى
Hirt (m)	rāʻi (m)	راع
Weide (f)	marʻa (m)	مرعى
Viehzucht (f)	tarbiyat al mawāʃi (f)	تربية المواشي
Schafzucht (f)	tarbiyat aɣnām (f)	تربية أغنام
Plantage (f)	mazraʻa (f)	مزرعة
Beet (n)	ḥawḍ (m)	حوض
Treibhaus (n)	dafīʻa (f)	دفيئة

| Dürre (f) | ʒafāf (m) | جفاف |
| dürr, trocken | ʒäff | جاف |

Getreide (n)	hubūb (pl)	حبوب
Getreidepflanzen (pl)	mahāṣīl al hubūb (pl)	محاصيل الحبوب
ernten (vt)	haṣad	حصد

Müller (m)	ṭahhān (m)	طحّان
Mühle (f)	ṭāhūna (f)	طاحونة
mahlen (vt)	ṭahan al hubūb	طحن الحبوب
Mehl (n)	daqīq (m)	دقيق
Stroh (n)	qaʃʃ (m)	قشّ

121. Gebäude. Bauabwicklung

Baustelle (f)	arḍ binā' (f)	أرض بناء
bauen (vt)	bana	بنى
Bauarbeiter (m)	'āmil binā' (m)	عامل بناء

Projekt (n)	maʃrū' (m)	مشروع
Architekt (m)	muhandis mi'māriy (m)	مهندس معماريّ
Arbeiter (m)	'āmil (m)	عامل

Fundament (n)	asās (m)	أساس
Dach (n)	saqf (m)	سقف
Pfahl (m)	watad al asās (f)	وتد الأساس
Wand (f)	hā'iṭ (m)	حائط

| Bewehrungsstahl (m) | hadīd taslīh (m) | حديد تسليح |
| Gerüst (n) | saqāla (f) | سقالة |

Beton (m)	xarasāna (f)	خرسانة
Granit (m)	granīt (m)	جرانيت
Stein (m)	haʒar (m)	حجر
Ziegel (m)	ṭūb (m)	طوب

Sand (m)	raml (m)	رمل
Zement (m)	ismant (m)	إسمنت
Putz (m)	qiṣāra (f)	قصارة
verputzen (vt)	ṭala bil ʒiṣṣ	طلى بالجصّ

Farbe (f)	dihān (m)	دهان
färben (vt)	dahhan	دهن
Fass (n), Tonne (f)	barmīl (m)	برميل

Kran (m)	rāfi'a (f)	رافعة
aufheben (vt)	rafa'	رفع
herunterlassen (vt)	anzal	أنزل

Planierraupe (f)	ʒarrāfa (f)	جرّافة
Bagger (m)	haffāra (f)	حفّارة
Baggerschaufel (f)	dalw (m)	دلو
graben (vt)	hafar	حفر
Schutzhelm (m)	xūða (f)	خوذة

122. Wissenschaft. Forschung. Wissenschaftler

Wissenschaft (f)	'ilm (m)	علم
wissenschaftlich	'ilmiy	علمي
Wissenschaftler (m)	'ālim (m)	عالم
Theorie (f)	naẓariyya (f)	نظرية

Axiom (n)	badīhiyya (f)	بديهية
Analyse (f)	taḥlīl (m)	تحليل
analysieren (vt)	ḥallal	حلل
Argument (n)	burhān (m)	برهان
Substanz (f)	mādda (f)	مادة

Hypothese (f)	farḍiyya (f)	فرضية
Dilemma (n)	mu'ḍila (f)	معضلة
Dissertation (f)	risāla 'ilmiyya (f)	رسالة علمية
Dogma (n)	'aqīda (f)	عقيدة

Doktrin (f)	maðhab (m)	مذهب
Forschung (f)	baḥθ (m)	بحث
forschen (vi)	baḥaθ	بحث
Kontrolle (f)	iχtibārāt (pl)	إختبارات
Labor (n)	muχtabar (m)	مختبر

Methode (f)	manhaʒ (m)	منهج
Molekül (n)	ʒuzayi' (m)	جزيء
Monitoring (n)	riqāba (f)	رقابة
Entdeckung (f)	iktiʃāf (m)	إكتشاف

Postulat (n)	musallama (f)	مسلمة
Prinzip (n)	mabda' (m)	مبدأ
Prognose (f)	tanabbu' (m)	تنبؤ
prognostizieren (vt)	tanabba'	تنبأ

Synthese (f)	tarkīb (m)	تركيب
Tendenz (f)	ittiʒāh (m)	إتجاه
Theorem (n)	naẓariyya (f)	نظرية

Lehre (Doktrin)	ta'ālīm (pl)	تعاليم
Tatsache (f)	ḥaqīqa (f)	حقيقة
Expedition (f)	ba'θa (f)	بعثة
Experiment (n)	taʒriba (f)	تجربة

Akademiemitglied (n)	akadīmiy (m)	أكاديمي
Bachelor (m)	bakalūriyūs (m)	بكالوريوس
Doktor (m)	duktūr (m)	دكتور
Dozent (m)	ustāð muʃārik (m)	أستاذ مشارك
Magister (m)	maʒistīr (m)	ماجستير
Professor (m)	brufissūr (m)	بروفيسور

Berufe und Tätigkeiten

123. Arbeitsuche. Kündigung

Arbeit (f), Stelle (f)	'amal (m)	عمل
Belegschaft (f)	kawādir (pl)	كوادر
Personal (n)	ṭāqim al 'āmilīn (m)	طاقم العاملين
Karriere (f)	masār mihniy (m)	مسار مهنيَ
Perspektive (f)	'āfāq (pl)	آفاق
Können (n)	mahārāt (pl)	مهارات
Auswahl (f)	iχtiyār (m)	إختبار
Personalagentur (f)	wikālat tawzīf (f)	وكالة توظيف
Lebenslauf (m)	sīra ðātiyya (f)	سيرة ذاتيَة
Vorstellungsgespräch (n)	mu'ābalat 'amal (f)	مقابلة عمل
Vakanz (f)	wazīfa χāliya (f)	وظيفة خالية
Gehalt (n)	murattab (m)	مرتَب
festes Gehalt (n)	rātib θābit (m)	راتب ثابت
Arbeitslohn (m)	uʒra (f)	أجرة
Stellung (f)	manṣib (m)	منصب
Pflicht (f)	wāʒib (m)	واجب
Aufgabenspektrum (n)	maʒmū'a min al wāʒibāt (f)	مجموعة من الواجبات
beschäftigt	maʃɣūl	مشغول
kündigen (vt)	aqāl	أقال
Kündigung (f)	iqāla (m)	إقالة
Arbeitslosigkeit (f)	biṭāla (f)	بطالة
Arbeitslose (m)	'āṭil (m)	عاطل
Rente (f), Ruhestand (m)	ma'āʃ (m)	معاش
in Rente gehen	uḥīl 'alal ma'āʃ	أحيل على المعاش

124. Geschäftsleute

Direktor (m)	mudīr (m)	مدير
Leiter (m)	mudīr (m)	مدير
Boss (m)	mudīr (m), raʔīs (m)	مدير, رئيس
Vorgesetzte (m)	raʔīs (m)	رئيس
Vorgesetzten (pl)	ru'asā' (pl)	رؤساء
Präsident (m)	raʔīs (m)	رئيس
Vorsitzende (m)	raʔīs (m)	رئيس
Stellvertreter (m)	nā'ib (m)	نائب
Helfer (m)	musā'id (m)	مساعد

| Sekretär (m) | sikirtīr (m) | سكرتير |
| Privatsekretär (m) | sikritīr χāṣṣ (m) | سكرتير خاص |

Geschäftsmann (m)	raʒul aʿmāl (m)	رجل أعمال
Unternehmer (m)	rā'id aʿmāl (m)	رائد أعمال
Gründer (m)	mu'assis (m)	مؤسس
gründen (vt)	assas	أسس

Gründungsmitglied (n)	mu'assis (m)	مؤسس
Partner (m)	ʃarīk (m)	شريك
Aktionär (m)	musāhim (m)	مساهم

Millionär (m)	milyunīr (m)	مليونير
Milliardär (m)	milyardīr (m)	مليارير
Besitzer (m)	ṣāḥib (m)	صاحب
Landbesitzer (m)	ṣāḥib al arḍ (m)	صاحب الأرض

Kunde (m)	ʿamīl (m)	عميل
Stammkunde (m)	ʿamīl dā'im (m)	عميل دائم
Käufer (m)	muʃtari (m)	مشتر
Besucher (m)	zā'ir (m)	زائر

Fachmann (m)	muḥtarif (m)	محترف
Experte (m)	χabīr (m)	خبير
Spezialist (m)	mutaχaṣṣiṣ (m)	متخصص

| Bankier (m) | ṣāḥib maṣraf (m) | صاحب مصرف |
| Makler (m) | simsār (m) | سمسار |

Kassierer (m)	ṣarrāf (m)	صرّاف
Buchhalter (m)	muḥāsib (m)	محاسب
Wächter (m)	ḥāris amn (m)	حارس أمن

Investor (m)	mustaθmir (m)	مستثمر
Schuldner (m)	muɗīn (m)	مدين
Gläubiger (m)	dā'in (m)	دائن
Kreditnehmer (m)	muqtariḍ (m)	مقترض

| Importeur (m) | mustawrid (m) | مستورد |
| Exporteur (m) | muṣaddir (m) | مصدّر |

Hersteller (m)	aʃ ʃarika al muṣniʿa (f)	الشركة المصنعة
Distributor (m)	muwazziʿ (m)	موزّع
Vermittler (m)	wasīṭ (m)	وسيط

Berater (m)	mustaʃār (m)	مستشار
Vertreter (m)	mandūb mabiʿāt (m)	مندوب مبيعات
Agent (m)	wakīl (m)	وكيل
Versicherungsagent (m)	wakīl at ta'mīn (m)	وكيل التأمين

125. Dienstleistungsberufe

| Koch (m) | ṭabbāχ (m) | طبّاخ |
| Chefkoch (m) | ʃāf (m) | شاف |

Bäcker (m)	xabbāz (m)	خبّاز
Barmixer (m)	bārman (m)	بارمان
Kellner (m)	nādil (m)	نادل
Kellnerin (f)	nādila (f)	نادلة

Rechtsanwalt (m)	muḥāmi (m)	محام
Jurist (m)	muḥāmi (m)	محام
Notar (m)	muwaθθaq (m)	موثّق

Elektriker (m)	kahrabā'iy (m)	كهربائيّ
Klempner (m)	sabbāk (m)	سبّاك
Zimmermann (m)	naʒʒār (m)	نجّار

Masseur (m)	mudallik (m)	مدلك
Masseurin (f)	mudallika (f)	مدلكة
Arzt (m)	ṭabīb (m)	طبيب

Taxifahrer (m)	sā'iq taksi (m)	سائق تاكسي
Fahrer (m)	sā'iq (m)	سائق
Ausfahrer (m)	sā'i (m)	ساع

Zimmermädchen (n)	'āmilat tanẓīf xuraf (f)	عاملة تنظيف غرف
Wächter (m)	ḥāris amn (m)	حارس أمن
Flugbegleiterin (f)	muḍīfat ṭayarān (f)	مضيفة طيران

Lehrer (m)	mudarris madrasa (m)	مدرّس مدرسة
Bibliothekar (m)	amīn maktaba (m)	أمين مكتبة
Übersetzer (m)	mutarʒim (m)	مترجم
Dolmetscher (m)	mutarʒim fawriy (m)	مترجم فوريّ
Fremdenführer (m)	murʃid (m)	مرشد

Friseur (m)	ḥallāq (m)	حلّاق
Briefträger (m)	sā'i al barīd (m)	ساعي البريد
Verkäufer (m)	bā'i' (m)	بائع

Gärtner (m)	bustāniy (m)	بستانيّ
Diener (m)	xādim (m)	خادم
Magd (f)	xādima (f)	خادمة
Putzfrau (f)	'āmilat tanẓīf (f)	عاملة تنظيف

126. Militärdienst und Ränge

einfacher Soldat (m)	ʒundiy (m)	جنديّ
Feldwebel (m)	raqīb (m)	رقيب
Leutnant (m)	mulāzim (m)	ملازم
Hauptmann (m)	naqīb (m)	نقيب

Major (m)	rā'id (m)	رائد
Oberst (m)	'aqīd (m)	عقيد
General (m)	ʒinirāl (m)	جنرال
Marschall (m)	mārʃāl (m)	مارشال
Admiral (m)	amirāl (m)	أميرال
Militärperson (f)	'askariy (m)	عسكريّ
Soldat (m)	ʒundiy (m)	جنديّ

| Offizier (m) | ḍābiṭ (m) | ضابط |
| Kommandeur (m) | qāʾid (m) | قائد |

Grenzsoldat (m)	ḥāris ḥudūd (m)	حارس حدود
Funker (m)	ʿāmil lāsilkiy (m)	عامل لاسلكيّ
Aufklärer (m)	mustakʃif (m)	مستكشف
Pionier (m)	muhandis ʿaskariy (m)	مهندس عسكريّ
Schütze (m)	rāmi (m)	رام
Steuermann (m)	mallāḥ (m)	ملّاح

127. Beamte. Priester

| König (m) | malik (m) | ملك |
| Königin (f) | malika (f) | ملكة |

| Prinz (m) | amīr (m) | أمير |
| Prinzessin (f) | amīra (f) | أميرة |

| Zar (m) | qayṣar (m) | قيصر |
| Zarin (f) | qayṣara (f) | قيصرة |

Präsident (m)	raʾīs (m)	رئيس
Minister (m)	wazīr (m)	وزير
Ministerpräsident (m)	raʾīs wuzarāʾ (m)	رئيس وزراء
Senator (m)	ʿuḍw maʒlis aʃ ʃuyūχ (m)	عضو مجلس الشيوخ

Diplomat (m)	diblumāsiy (m)	دبلوماسيّ
Konsul (m)	qunṣul (m)	قنصل
Botschafter (m)	safīr (m)	سفير
Ratgeber (m)	mustaʃār (m)	مستشار

Beamte (m)	muwaẓẓaf (m)	موظّف
Präfekt (m)	raʾīs idārat al ḥayy (m)	رئيس إدارة الحيّ
Bürgermeister (m)	raʾīs al baladiyya (m)	رئيس البلديّة

| Richter (m) | qāḍi (m) | قاض |
| Staatsanwalt (m) | muddaʿi (m) | مدّع |

Missionar (m)	mubaʃʃir (m)	مبشّر
Mönch (m)	rāhib (m)	راهب
Abt (m)	raʾīs ad dayr (m)	رئيس الدير
Rabbiner (m)	ḥāχām (m)	حاخام

Wesir (m)	wazīr (m)	وزير
Schah (n)	ʃāh (m)	شاه
Scheich (m)	ʃɛyχ (m)	شيخ

128. Landwirtschaftliche Berufe

Bienenzüchter (m)	naḥḥāl (m)	نحّال
Hirt (m)	rāʿi (m)	راع
Agronom (m)	muhandis zirāʿiy (m)	مهندس زراعيّ

| Viehzüchter (m) | murabbi al mawāʃi (m) | مربي المواشي |
| Tierarzt (m) | ṭabīb bayṭariy (m) | طبيب بيطري |

Farmer (m)	muzāriʿ (m)	مزارع
Winzer (m)	ṣāniʿ an nabīð (m)	صانع النبيذ
Zoologe (m)	χabīr fi ʿilm al ḥayawān (m)	خبير في علم الحيوان
Cowboy (m)	rāʿi al baqar (m)	راعي البقر

129. Künstler

| Schauspieler (m) | mumaθθil (m) | ممثل |
| Schauspielerin (f) | mumaθθila (f) | ممثلة |

| Sänger (m) | muɣanni (m) | مغنٍ |
| Sängerin (f) | muɣanniya (f) | مغنية |

| Tänzer (m) | rāqiṣ (m) | راقص |
| Tänzerin (f) | rāqiṣa (f) | راقصة |

| Künstler (m) | fannān (m) | فنّان |
| Künstlerin (f) | fannāna (f) | فنّانة |

Musiker (m)	ʿāzif (m)	عازف
Pianist (m)	ʿāzif biyānu (m)	عازف بيانو
Gitarrist (m)	ʿāzif gitār (m)	عازف جيتار

Dirigent (m)	qāʾid urkistra (m)	قائد أركسترا
Komponist (m)	mulaḥḥin (m)	ملحّن
Manager (m)	mudīr firqa (m)	مدير فرقة

Regisseur (m)	muχriʒ (m)	مخرج
Produzent (m)	muntiʒ (m)	منتج
Drehbuchautor (m)	kātib sināriyu (m)	كاتب سيناريو
Kritiker (m)	nāqid (m)	ناقد

Schriftsteller (m)	kātib (m)	كاتب
Dichter (m)	ʃāʿir (m)	شاعر
Bildhauer (m)	naḥḥāt (m)	نحّات
Maler (m)	rassām (m)	رسّام

Jongleur (m)	bahlawān (m)	بهلوان
Clown (m)	muharriʒ (m)	مهرج
Akrobat (m)	bahlawān (m)	بهلوان
Zauberkünstler (m)	sāḥir (m)	ساحر

130. Verschiedene Berufe

Arzt (m)	ṭabīb (m)	طبيب
Krankenschwester (f)	mumarriḍa (f)	ممرّضة
Psychiater (m)	ṭabīb nafsiy (m)	طبيب نفسيّ
Zahnarzt (m)	ṭabīb al asnān (m)	طبيب الأسنان
Chirurg (m)	ʒarrāḥ (m)	جرّاح

Astronaut (m)	rā'id faḍā' (m)	رائد فضاء
Astronom (m)	'ālim falak (m)	عالم فلك
Pilot (m)	ṭayyār (m)	طيّار

Fahrer (Taxi-)	sā'iq (m)	سائق
Lokomotivführer (m)	sā'iq (m)	سائق
Mechaniker (m)	mikanīkiy (m)	ميكانيكيّ

Bergarbeiter (m)	'āmil manʒam (m)	عامل منجم
Arbeiter (m)	'āmil (m)	عامل
Schlosser (m)	qaffāl (m)	قفّال
Tischler (m)	naʒʒār (m)	نجّار
Dreher (m)	ҳarrāṭ (m)	خرّاط
Bauarbeiter (m)	'āmil binā' (m)	عامل بناء
Schweißer (m)	laḥḥām (m)	لحّام

Professor (m)	brufissūr (m)	بروفيسور
Architekt (m)	muhandis mi'māriy (m)	مهندس معماريّ
Historiker (m)	mu'arriҳ (m)	مؤرّخ
Wissenschaftler (m)	'ālim (m)	عالم
Physiker (m)	fizyā'iy (m)	فيزيائيّ
Chemiker (m)	kimyā'iy (m)	كيميائيّ

Archäologe (m)	'ālim 'āθār (m)	عالم آثار
Geologe (m)	ʒiulūʒiy (m)	جيولوجيّ
Forscher (m)	bāḥiθ (m)	باحث

| Kinderfrau (f) | murabbiyat aṭfāl (f) | مربّية الأطفال |
| Lehrer (m) | mu'allim (m) | معلّم |

Redakteur (m)	muḥarrir (m)	محرّر
Chefredakteur (m)	ra'īs taḥrīr (m)	رئيس تحرير
Korrespondent (m)	murāsil (m)	مراسل
Schreibkraft (f)	kātiba 'alal 'āla al kātiba (f)	كاتبة على الآلة الكاتبة

Designer (m)	muṣammim (m)	مصمّم
Computerspezialist (m)	mutaҳaṣṣiṣ bil kumbyūtir (m)	متخصّص بالكمبيوتر
Programmierer (m)	mubarmiʒ (m)	مبرمج
Ingenieur (m)	muhandis (m)	مهندس

Seemann (m)	baḥḥār (m)	بحّار
Matrose (m)	baḥḥār (m)	بحّار
Retter (m)	munqið (m)	منقذ

Feuerwehrmann (m)	raʒul iṭfā' (m)	رجل إطفاء
Polizist (m)	ʃurṭiy (m)	شرطيّ
Nachtwächter (m)	ḥāris (m)	حارس
Detektiv (m)	muḥaqqiq (m)	محقّق

Zollbeamter (m)	muwazzaf al ʒamārik (m)	موظّف الجمارك
Leibwächter (m)	ḥāris ʃaҳṣiy (m)	حارس شخصيّ
Gefängniswärter (m)	ḥāris siʒn (m)	حارس سجن
Inspektor (m)	mufattiʃ (m)	مفتّش

| Sportler (m) | riyāḍiy (m) | رياضيّ |
| Trainer (m) | mudarrib (m) | مدرّب |

Fleischer (m)	ʒazzār (m)	جزّار
Schuster (m)	iskāfiy (m)	إسكافيّ
Geschäftsmann (m)	tāʒir (m)	تاجر
Ladearbeiter (m)	ḥammāl (m)	حمّال

Modedesigner (m)	muṣammim azyāʾ (m)	مصمّم أزياء
Modell (n)	mudīl (f)	موديل

131. Beschäftigung. Sozialstatus

Schüler (m)	tilmīð (m)	تلميذ
Student (m)	ṭālib (m)	طالب

Philosoph (m)	faylasūf (m)	فيلسوف
Ökonom (m)	iqtiṣādiy (m)	إقتصاديّ
Erfinder (m)	muxtariʿ (m)	مخترع

Arbeitslose (m)	ʿāṭil (m)	عاطل
Rentner (m)	mutaqāʿid (m)	متقاعد
Spion (m)	ʒāsūs (m)	جاسوس

Gefangene (m)	saʒīn (m)	سجين
Streikender (m)	muḍrib (m)	مضرب
Bürokrat (m)	buruqrāṭiy (m)	بيوروقراطيّ
Reisende (m)	raḥḥāla (m)	رحّالة

Homosexuelle (m)	miθliy ʒinsiyyan (m)	مثليّ جنسيًا
Hacker (m)	hākir (m)	هاكِر
Hippie (m)	hippi (m)	هيبي

Bandit (m)	qāṭiʿ ṭarīq (m)	قاطع طريق
Killer (m)	qātil maʾʒūr (m)	قاتل مأجور
Drogenabhängiger (m)	mudmin muxaddirāt (m)	مدمن مخدّرات
Drogenhändler (m)	tāʒir muxaddirāt (m)	تاجر مخدّرات
Prostituierte (f)	ʿāhira (f)	عاهرة
Zuhälter (m)	qawwād (m)	قوّاد

Zauberer (m)	sāḥir (m)	ساحر
Zauberin (f)	sāḥira (f)	ساحرة
Seeräuber (m)	qurṣān (m)	قرصان
Sklave (m)	ʿabd (m)	عبد
Samurai (m)	samurāy (m)	ساموراي
Wilde (m)	mutawaḥḥiʃ (m)	متوحّش

Sport

132. Sportarten. Persönlichkeiten des Sports

Sportler (m)	riyāḍiy (m)	رياضيّ
Sportart (f)	naw' min ar riyāḍa (m)	نوع من الرياضة
Basketball (m)	kurat as salla (f)	كرة السلّة
Basketballspieler (m)	lā'ib kūrat as salla (m)	لاعب كرة السلّة
Baseball (m, n)	kurat al qā'ida (f)	كرة القاعدة
Baseballspieler (m)	lā'ib kurat al qā'ida (m)	لاعب كرة القاعدة
Fußball (m)	kurat al qadam (f)	كرة القدم
Fußballspieler (m)	lā'ib kurat al qadam (m)	لاعب كرة القدم
Torwart (m)	ḥāris al marma (m)	حارس المرمى
Eishockey (n)	huki (m)	هوكي
Eishockeyspieler (m)	lā'ib huki (m)	لاعب هوكي
Volleyball (m)	al kura aṭ ṭā'ira (m)	الكرة الطائرة
Volleyballspieler (m)	lā'ib al kura aṭ ṭā'ira (m)	لاعب الكرة الطائرة
Boxen (n)	mulākama (f)	ملاكمة
Boxer (m)	mulākim (m)	ملاكم
Ringen (n)	muṣāra'a (f)	مصارعة
Ringkämpfer (m)	muṣāri' (m)	مصارع
Karate (n)	karatī (m)	كاراتيه
Karatekämpfer (m)	lā'ib karatī (m)	لاعب كاراتيه
Judo (n)	ʒudu (m)	جودو
Judoka (m)	lā'ib ʒudu (m)	لاعب جودو
Tennis (n)	tinis (m)	تنس
Tennisspieler (m)	lā'ib tinnis (m)	لاعب تنس
Schwimmen (n)	sibāḥa (f)	سباحة
Schwimmer (m)	sabbāḥ (m)	سبّاح
Fechten (n)	musāyafa (f)	مسايفة
Fechter (m)	mubāriz (m)	مبارز
Schach (n)	ʃaṭranʒ (m)	شطرنج
Schachspieler (m)	lā'ib ʃaṭranʒ (m)	لاعب شطرنج
Bergsteigen (n)	tasalluq al ʒibāl (m)	تسلّق الجبال
Bergsteiger (m)	mutasalliq al ʒibāl (m)	متسلّق الجبال
Lauf (m)	ʒary (m)	جري

Läufer (m)	'addā' (m)	عدّاء
Leichtathletik (f)	al'āb al qiwa (pl)	ألعاب القوى
Athlet (m)	lā'ib riyāḍiy (m)	لاعب رياضيّ
Pferdesport (m)	riyāḍat al furūsiyya (f)	رياضة الفروسيّة
Reiter (m)	fāris (m)	فارس
Eiskunstlauf (m)	tazalluʒ fanniy 'alal ʒalīd (m)	تزلّج فنّيّ على الجليد
Eiskunstläufer (m)	mutazalliʒ fanniy (m)	متزلّج فنّيّ
Eiskunstläuferin (f)	mutazalliʒa fanniyya (f)	متزلّجة فنّيّة
Gewichtheben (n)	rafʿ al aθqāl (m)	رفع الأثقال
Gewichtheber (m)	rāfiʿ al aθqāl (m)	رافع الأثقال
Autorennen (n)	sibāq as sayyārāt (m)	سباق السيّارات
Rennfahrer (m)	sā'iq sibāq (m)	سائق سباق
Radfahren (n)	sibāq ad darrāʒāt (m)	سباق الدرّاجات
Radfahrer (m)	lā'ib ad darrāʒāt (m)	لاعب الدرّاجات
Weitsprung (m)	al qafz aṭ ṭawīl (m)	القفز الطويل
Stabhochsprung (m)	al qafz biz zāna (m)	القفز بالزانة
Springer (m)	qāfiz (m)	قافز

133. Sportarten. Verschiedenes

American Football (m)	kurat al qadam (f)	كرة القدم
Federballspiel (n)	kurat ar rīʃa (f)	كرة الريشة
Biathlon (n)	al biatlūn (m)	البياثلون
Billard (n)	bilyārdu (m)	بلياردو
Bob (m)	zallāʒa ʒama'iyya (f)	زلّاجة جماعيّة
Bodybuilding (n)	kamāl aʒsām (m)	كمال أجسام
Wasserballspiel (n)	kurat al mā' (f)	كرة الماء
Handball (m)	kurat al yad (f)	كرة اليد
Golf (n)	gūlf (m)	جولف
Rudern (n)	taʒðīf (m)	تجذيف
Tauchen (n)	al ɣawṣ taḥt al mā' (m)	الغوص تحت الماء
Skilanglauf (m)	riyāḍat al iski (f)	رياضة الإسكي
Tischtennis (n)	kurat aṭ ṭāwila (f)	كرة الطاولة
Segelsport (m)	riyāḍa ibḥār al marākib (f)	رياضة إبحار المراكب
Rallye (f, n)	sibāq as sayyārāt (m)	سباق السيّارات
Rugby (n)	raɣbi (m)	رغبي
Snowboard (n)	tazalluʒ 'laθ θulūʒ (m)	تزلّج على الثلوج
Bogenschießen (n)	rimāya (f)	رماية

134. Fitnessstudio

Hantel (f)	ḥadīda (f)	حديدة
Hanteln (pl)	dambilz (m)	دمبلز

Trainingsgerät (n)	ʒihāz tadrīb (m)	جهاز تدريب
Fahrradtrainer (m)	darrāʒat tadrīb (f)	درّاجة تدريب
Laufband (n)	ʒihāz al maʃy (m)	جهاز المشي
Reck (n)	'uqla (f)	عقلة
Barren (m)	al mutawāzi (m)	المتوازي
Sprungpferd (n)	hisān al maqābiḍ (m)	حصان المقابض
Matte (f)	ḥaṣīra (f)	حصيرة
Sprungseil (n)	ḥabl an naṭṭ (m)	حبل النطّ
Aerobic (n)	at tamrīnāt al hiwā'iyya (pl)	التمرينات الهوائية
Yoga (m)	yūga (f)	يوجا

135. Hockey

Eishockey (n)	huki (m)	هوكي
Eishockeyspieler (m)	lā'ib huki (m)	لاعب هوكي
Hockey spielen	la'ib al hūki	لعب الهوكي
Eis (n)	ʒalīd (m)	جليد
Puck (m)	quṣ al huky (m)	قرص الهوكي
Hockeyschläger (m)	miḍrab al huki (m)	مضرب الهوكي
Schlittschuhe (pl)	zallāʒāt (pl)	زلّاجات
Bord (m)	ʒānib (m)	جانب
Schuss (m)	ramya (f)	رمية
Torwart (m)	ḥāris al marma (m)	حارس المرمى
Tor (n)	hadaf (m)	هدف
ein Tor schießen	aṣāb al hadaf	أصاب الهدف
Drittel (n)	ʃawṭ (m)	شوط
zweites Drittel (n)	aʃ ʃawṭ aθ θāni (m)	الشوط الثاني
Ersatzbank (f)	dikkat al iḥṭiāṭy (f)	دكّة الإحتياطي

136. Fußball

Fußball (m)	kurat al qadam (f)	كرة القدم
Fußballspieler (m)	lā'ib kurat al qadam (m)	لاعب كرة القدم
Fußball spielen	la'ib kurat al qadam	لعب كرة القدم
Oberliga (f)	ad dawriy al kibīr (m)	الدوريّ الكبير
Fußballclub (m)	nādy kurat al qadam (m)	نادي كرة القدم
Trainer (m)	mudarrib (m)	مدرّب
Besitzer (m)	ṣāḥib (m)	صاحب
Mannschaft (f)	farīq (m)	فريق
Mannschaftskapitän (m)	kabtan al farīq (m)	كابتن الفريق
Spieler (m)	lā'ib (m)	لاعب
Ersatzspieler (m)	lā'ib iḥtiyāṭiy (m)	لاعب إحتياطيّ
Stürmer (m)	lā'ib huʒūm (m)	لاعب هجوم
Mittelstürmer (m)	wasaṭ al huʒūm (m)	وسط الهجوم

Torjäger (m)	haddāf (m)	هدّاف
Verteidiger (m)	mudāfi' (m)	مدافع
Läufer (m)	lā'ib wasaṭ (m)	لاعب وسط

Spiel (n)	mubārāt (f)	مباراة
sich begegnen	qābal	قابل
Finale (n)	mubarāt nihā'iyya (f)	مباراة نهائية
Halbfinale (n)	dawr an niṣf an nihā'iy (m)	دور النصف النهائي
Meisterschaft (f)	buṭūla (f)	بطولة

Halbzeit (f)	ʃawṭ (m)	شوط
erste Halbzeit (f)	aʃ ʃawṭ al awwal (m)	الشوط الأوّل
Halbzeit (Pause)	istirāḥa ma bayn aʃ ʃawṭayn (f)	إستراحة ما بين الشوطين

Tor (n)	marma (m)	مرمى
Torwart (m)	ḥāris al marma (m)	حارس المرمى
Torpfosten (m)	'āriḍa (f)	عارضة
Torlatte (f)	'āriḍa (f)	عارضة
Netz (n)	ʃabaka (f)	شبكة
ein Tor zulassen	samaḥ bi iṣābat al hadaf	سمح بإصابة الهدف

Ball (m)	kura (f)	كرة
Pass (m)	tamrīra (f)	تمريرة
Schuss (m)	ḍarba (f)	ضربة
schießen (vi)	ḍarab	ضرب
Freistoß (m)	ḍarba ḥurra (f)	ضربة حرّة
Eckball (m)	ḍarba zāwiya (f)	ضربة زاوية

Attacke (f)	huʒūm (m)	هجوم
Gegenangriff (m)	haʒma muḍādda (f)	هجمة مضادّة
Kombination (f)	tarkīb (m)	تركيب

Schiedsrichter (m)	ḥakam (m)	حكم
pfeifen (vi)	ṣaffar	صفّر
Pfeife (f)	ṣaffāra (f)	صفّارة
Foul (n)	muxālafa (f)	مخالفة
foulen (vt)	xālaf	خالف
vom Platz verweisen	ṭarad min al mal'ab	طرد من الملعب

gelbe Karte (f)	al kārt al aṣfar (m)	الكارت الأصفر
rote Karte (f)	al kart al aḥmar (m)	الكارت الأحمر
Disqualifizierung (f)	ḥirmān (m)	حرمان
disqualifizieren (vt)	ḥaram	حرم

Elfmeter (m)	ḍarbat ʒazā' (f)	ضربة جزاء
Mauer (f)	ḥā'iṭ (m)	حائط
schießen (ein Tor ~)	aṣāb al hadaf	أصاب الهدف
Tor (n)	hadaf (m)	هدف
ein Tor schießen	aṣāb al hadaf	أصاب الهدف

Wechsel (m)	tabdīl (m)	تبديل
ersetzen (vt)	baddal	بدّل
Regeln (pl)	qawā'id (pl)	قواعد
Taktik (f)	taktīk (m)	تكتيك
Stadion (n)	mal'ab (m)	ملعب
Tribüne (f)	mudarraʒ (m)	مدرج

| Anhänger (m) | muʃaʒʒiʿ (m) | مشجّع |
| schreien (vi) | ṣaraχ | صرخ |

| Anzeigetafel (f) | lawḥat an natīʒa (f) | لوحة النتيجة |
| Ergebnis (n) | natīʒa (f) | نتيجة |

Niederlage (f)	hazīma (f)	هزيمة
verlieren (vt)	χasir	خسر
Unentschieden (n)	taʿādul (m)	تعادل
unentschieden spielen	taʿādal	تعادل

Sieg (m)	fawz (m)	فوز
gewinnen (vt)	fāz	فاز
Meister (m)	baṭal (m)	بطل
der beste	aḥsan	أحسن
gratulieren (vi)	hannaʾ	هنّأ

Kommentator (m)	muʿalliq (m)	معلّق
kommentieren (vt)	ʿallaq	علّق
Übertragung (f)	iðāʿa (f)	إذاعة

137. Ski alpin

Ski (pl)	zallāʒāt (pl)	زلاجات
Ski laufen	tazallaʒ	تزلج
Skiort (m)	muntaʒaʿ ʒabaliy lit tazalluʒ (m)	منتجع جبليّ للتزلج
Skilift (m)	miṣʿad (m)	مصعد

Skistöcke (pl)	ʿaṣayān at tazalluʒ (pl)	عصيان التزلج
Abhang (m)	munḥadar (m)	منحدر
Slalom (m)	slālum (m)	سلالوم

138. Tennis Golf

Golf (n)	gūlf (m)	جولف
Golfklub (m)	nādi gūlf (m)	نادي جولف
Golfspieler (m)	lāʿib gūlf (m)	لاعب جولف

Loch (n)	taʒwīf (m)	تجويف
Schläger (m)	miḍrab (m)	مضرب
Golfwagen (m)	ʿaraba lil gūlf (f)	عربة للجولف

| Tennis (n) | tinis (m) | تنس |
| Tennisplatz (m) | malʿab tinis (m) | ملعب تنس |

| Aufschlag (m) | munāwala (f) | مناولة |
| angeben (vt) | nāwil | ناول |

Tennisschläger (m)	miḍrab (m)	مضرب
Netz (n)	ʃabaka (f)	شبكة
Ball (m)	kura (f)	كرة

139. Schach

Schach (n)	ʃaṭranʒ (m)	شطرنج
Schachfiguren (pl)	qitaʿ aʃ ʃaṭranʒ (pl)	قطع الشطرنج
Schachspieler (m)	lāʿib ʃaṭranʒ (m)	لاعب شطرنج
Schachbrett (n)	lawḥat aʃ ʃaṭranʒ (f)	لوحة الشطرنج
Figur (f)	qiṭʿa (f)	قطعة
Weißen (pl)	qitaʿ bayḍāʾ (pl)	قطع بيضاء
Schwarze (pl)	qitaʿ sawdāʾ (pl)	قطع سوداء
Bauer (m)	baydaq (m)	بيدق
Läufer (m)	fīl (m)	فيل
Springer (m)	ḥiṣān (m)	حصان
Turm (m)	qalʿa (f)	قلعة
Königin (f)	malika (f)	ملكة
König (m)	malik (m)	ملك
Zug (m)	χaṭwa (f)	خطوة
einen Zug machen	ḥarrak	حرّك
opfern (vt)	ḍaḥḥa	ضحّى
Rochade (f)	at tabyīt (m)	التبييت
Schach (n)	kaʃ (m)	كش
Matt (n)	kaʃ māt (m)	كش مات
Schachturnier (n)	buṭūlat ʃaṭranʒ (f)	بطولة شطرنج
Großmeister (m)	ustāδ kabīr (m)	أستاذ كبير
Kombination (f)	tarkīb (m)	تركيب
Partie (f), Spiel (n)	dawr (m)	دور
Damespiel (n)	dāma (f)	ضامة

140. Boxen

Boxen (n)	mulākama (f)	ملاكمة
Boxkampf (m)	mulākama (f)	ملاكمة
Zweikampf (m)	mubārāt mulākama (f)	مباراة ملاكمة
Runde (f)	ʒawla (f)	جولة
Ring (m)	ḥalba (f)	حلبة
Gong (m, n)	nāqūs (m)	ناقوس
Schlag (m)	ḍarba (f)	ضربة
Knockdown (m)	ḍarba ḥāsima (f)	ضربة حاسمة
Knockout (m)	ḍarba qāḍiya (f)	ضربة قاضية
k.o. schlagen (vt)	ḍarab ḍarba qāḍiya	ضرب ضربة قاضية
Boxhandschuh (m)	quffāz al mulākama (m)	قفاز الملاكمة
Schiedsrichter (m)	ḥakam (m)	حكم
Leichtgewicht (n)	al wazn al χafīf (m)	الوزن الخفيف
Mittelgewicht (n)	al wazn al mutawassiṭ (m)	الوزن المتوسط
Schwergewicht (n)	al wazn aθ θaqīl (m)	الوزن الثقيل

141. Sport. Verschiedenes

Olympische Spiele (pl)	al'āb ulumbiyya (pl)	ألعاب أولمبيّة
Sieger (m)	fā'iz (m)	فائز
siegen (vi)	fāz	فاز
gewinnen (Sieger sein)	fāz	فاز
Tabellenführer (m)	za'īm (m)	زعيم
führen (vi)	taqaddam	تقدّم
der erste Platz	al martaba al ūla (f)	المرتبة الأولى
der zweite Platz	al martaba aθ θāniya (f)	المرتبة الثانية
der dritte Platz	al martaba aθ θāliθa (f)	المرتبة الثالثة
Medaille (f)	midāliyya (f)	ميداليّة
Trophäe (f)	ʒā'iza (f)	جائزة
Pokal (m)	ka's (m)	كأس
Siegerpreis m (m)	ʒā'iza (f)	جائزة
Hauptpreis (m)	akbar ʒā'iza (f)	أكبر جائزة
Rekord (m)	raqm qiyāsiy (m)	رقم قياسيّ
einen Rekord aufstellen	fāz bi raqm qiyāsiy	فاز برقم قياسيّ
Finale (n)	mubarāt nihā'iyya (f)	مباراة نهائيّة
Final-	nihā'iy	نهائيّ
Meister (m)	baṭal (m)	بطل
Meisterschaft (f)	buṭūla (f)	بطولة
Stadion (n)	mal'ab (m)	ملعب
Tribüne (f)	mudarraʒ (m)	مدرّج
Fan (m)	muʃaʒʒiʿ (m)	مشجّع
Gegner (m)	'aduww (m)	عدوّ
Start (m)	χaṭṭ al bidāya (m)	خطّ البداية
Ziel (n), Finish (n)	χaṭṭ an nihāya (m)	خطّ النهاية
Niederlage (f)	hazīma (f)	هزيمة
verlieren (vt)	χasir	خسر
Schiedsrichter (m)	ḥakam (m)	حكم
Jury (f)	hay'at al ḥukm (f)	هيئة الحكم
Ergebnis (n)	natīʒa (f)	نتيجة
Unentschieden (n)	ta'ādul (m)	تعادل
unentschieden spielen	ta'ādal	تعادل
Punkt (m)	nuqṭa (f)	نقطة
Ergebnis (n)	natīʒa nihā'iyya (f)	نتيجة نهائية
Spielabschnitt (m)	ʃawṭ (m)	شوط
Halbzeit (f), Pause (f)	istirāḥa ma bayn aʃ ʃawṭayn (f)	إستراحة ما بين الشوطين
Doping (n)	munaʃʃiṭāt (pl)	منشّطات
bestrafen (vt)	'āqab	عاقب
disqualifizieren (vt)	ḥaram	حرم
Sportgerät (n)	ma'add riyāḍiy (f)	معدّ رياضيّ
Speer (m)	rumḥ (m)	رمح

Kugel (im Kugelstoßen)	ʒulla (f)	جلة
Kugel (f), Ball (m)	kura (f)	كرة

Ziel (n)	hadaf (m)	هدف
Zielscheibe (f)	hadaf (m)	هدف
schießen (vi)	aṭlaq an nār	أطلق النار
genau (Adj)	maḍbūṭ	مضبوط

Trainer (m)	mudarrib (m)	مدرّب
trainieren (vt)	darrab	درّب
trainieren (vi)	tadarrab	تدرّب
Training (n)	tadrīb (m)	تدريب

Turnhalle (f)	markaz li liyāqa badaniyya (m)	مركز للياقة بدنيّة
Übung (f)	tamrīn (m)	تمرين
Aufwärmen (n)	tasχīn (m)	تسخين

Ausbildung

142. Schule

Schule (f)	madrasa (f)	مدرسة
Schulleiter (m)	mudīr madrasa (m)	مدير مدرسة
Schüler (m)	tilmīð (m)	تلميذ
Schülerin (f)	tilmīða (f)	تلميذة
Schuljunge (m)	tilmīð (m)	تلميذ
Schulmädchen (f)	tilmīða (f)	تلميذة
lehren (vt)	ʿallam	علّم
lernen (Englisch ~)	taʿallam	تعلّم
auswendig lernen	ḥafaẓ	حفظ
lernen (vi)	taʿallam	تعلّم
in der Schule sein	daras	درس
die Schule besuchen	ðahab ilal madrasa	ذهب إلى المدرسة
Alphabet (n)	alifbā' (m)	الفباء
Fach (n)	mādda (f)	مادّة
Klassenraum (m)	faṣl (m)	فصل
Stunde (f)	dars (m)	درس
Pause (f)	istirāḥa (f)	إستراحة
Schulglocke (f)	ʒaras al madrasa (m)	جرس المدرسة
Schulbank (f)	taxta lil madrasa (m)	تختة للمدرسة
Tafel (f)	sabbūra (f)	سبّورة
Note (f)	daraʒa (f)	درجة
gute Note (f)	daraʒa ʒayyida (f)	درجة جيّدة
schlechte Note (f)	daraʒa yayr ʒayyida (f)	درجة غير جيّدة
eine Note geben	aʿta daraʒa	أعطى درجة
Fehler (m)	xaṭa' (m)	خطأ
Fehler machen	axṭa'	أخطأ
korrigieren (vt)	ṣaḥḥaḥ	صحّح
Spickzettel (m)	waraqat yaʃʃ (f)	ورقة غشّ
Hausaufgabe (f)	wāʒib manziliy (m)	واجب منزليّ
Übung (f)	tamrīn (m)	تمرين
anwesend sein	ḥaḍar	حضر
fehlen (in der Schule ~)	yāb	غاب
versäumen (Schule ~)	tayayyab ʿan al madrasa	تغيّب عن المدرسة
bestrafen (vt)	ʿāqab	عاقب
Strafe (f)	ʿuqūba (f), ʿiqāb (m)	عقوبة, عقاب
Benehmen (n)	sulūk (m)	سلوك

Zeugnis (n)	at taqrīr al madrasiy (m)	التقرير المدرسيّ
Bleistift (m)	qalam ruṣāṣ (m)	قلم رصاص
Radiergummi (m)	astīka (f)	استيكة
Kreide (f)	ṭabāʃir (m)	طباشير
Federkasten (m)	maqlama (f)	مقلمة

Schulranzen (m)	ʃanṭat al madrasa (f)	شنطة المدرسة
Kugelschreiber, Stift (m)	qalam (m)	قلم
Heft (n)	daftar (m)	دفتر
Lehrbuch (n)	kitāb taʿlīm (m)	كتاب تعليم
Zirkel (m)	barȝal (m)	برجل

zeichnen (vt)	rasam rasm taqniy	رسم رسمًا تقنيًا
Zeichnung (f)	rasm taqniy (m)	رسم تقنيّ

Gedicht (n)	qaṣīda (f)	قصيدة
auswendig (Adv)	ʿan ẓahr qalb	عن ظهر قلب
auswendig lernen	ḥafaẓ	حفظ

Ferien (pl)	ʿuṭla madrasiyya (f)	عطلة مدرسيّة
in den Ferien sein	ʿindahu ʿuṭla	عنده عطلة
Ferien verbringen	qaḍa al ʿuṭla	قضى العطلة

Test (m), Prüfung (f)	imtiḥān (m)	إمتحان
Aufsatz (m)	inʃāʾ (m)	إنشاء
Diktat (n)	imlāʾ (m)	إملاء
Prüfung (f)	imtiḥān (m)	إمتحان
Prüfungen ablegen	marr al imtiḥān	مرّ الإمتحان
Experiment (n)	taȝriba (f)	تجربة

143. Hochschule. Universität

Akademie (f)	akadīmiyya (f)	أكاديميّة
Universität (f)	ȝāmiʿa (f)	جامعة
Fakultät (f)	kulliyya (f)	كليّة

Student (m)	ṭālib (m)	طالب
Studentin (f)	ṭāliba (f)	طالبة
Lehrer (m)	muḥāḍir (m)	محاضر

Hörsaal (m)	mudarraȝ (m)	مدرّج
Hochschulabsolvent (m)	mutaxarriȝ (m)	متخرّج

Diplom (n)	diblūma (f)	دبلومة
Dissertation (f)	risāla ʿilmiyya (f)	رسالة علميّة

Forschung (f)	dirāsa (f)	دراسة
Labor (n)	muxtabar (m)	مختبر

Vorlesung (f)	muḥāḍara (f)	محاضرة
Kommilitone (m)	zamīl fiṣ ṣaff (m)	زميل في الصفّ

Stipendium (n)	minḥa dirāsiyya (f)	منحة دراسيّة
akademischer Grad (m)	daraȝa ʿilmiyya (f)	درجة علميّة

144. Naturwissenschaften. Fächer

Mathematik (f)	riyāḍīyyāt (pl)	رياضيّات
Algebra (f)	al ʒabr (m)	الجبر
Geometrie (f)	handasa (f)	هندسة
Astronomie (f)	ʿilm al falak (m)	علم الفلك
Biologie (f)	ʿilm al aḥyāʾ (m)	علم الأحياء
Erdkunde (f)	ʒuɣrāfiya (f)	جغرافيا
Geologie (f)	ʒiulūʒiya (f)	جيولوجيا
Geschichte (f)	tarīx (m)	تاريخ
Medizin (f)	ṭibb (m)	طبّ
Pädagogik (f)	ʿilm at tarbiya (f)	علم التربية
Recht (n)	qānūn (m)	قانون
Physik (f)	fizyāʾ (f)	فيزياء
Chemie (f)	kimyāʾ (f)	كيمياء
Philosophie (f)	falsafa (f)	فلسفة
Psychologie (f)	ʿilm an nafs (m)	علم النفس

145. Schrift Rechtschreibung

Grammatik (f)	an naḥw waṣ ṣarf (m)	النحو والصرف
Lexik (f)	mufradāt al luɣa (pl)	مفردات اللغة
Phonetik (f)	ṣawtīyyāt (pl)	صوتيّات
Substantiv (n)	ism (m)	إسم
Adjektiv (n)	ṣifa (f)	صفة
Verb (n)	fiʿl (m)	فعل
Adverb (n)	ẓarf (m)	ظرف
Pronomen (n)	ḍamīr (m)	ضمير
Interjektion (f)	ḥarf nidāʾ (m)	حرف نداء
Präposition (f)	ḥarf al ʒarr (m)	حرف الجرّ
Wurzel (f)	ʒiðr al kalima (m)	جذر الكلمة
Endung (f)	nihāya (f)	نهاية
Vorsilbe (f)	sābiqa (f)	سابقة
Silbe (f)	maqṭaʿ lafẓiy (m)	مقطع لفظيّ
Suffix (n), Nachsilbe (f)	lāḥiqa (f)	لاحقة
Betonung (f)	nabra (f)	نبرة
Apostroph (m)	ʿalāmat ḥaðf (f)	علامة حذف
Punkt (m)	nuqṭa (f)	نقطة
Komma (n)	fāṣila (f)	فاصلة
Semikolon (n)	nuqṭa wa fāṣila (f)	نقطة وفاصلة
Doppelpunkt (m)	nuqṭatān raʾsiyyatān (du)	نقطتان رأسيتان
Auslassungspunkte (pl)	θalāθ nuqaṭ (pl)	ثلاث نقط
Fragezeichen (n)	ʿalāmat istifhām (f)	علامة إستفهام
Ausrufezeichen (n)	ʾalāmat taʿaʒʒub (f)	علامة تعجّب

Anführungszeichen (pl)	'alāmāt al iqtibās (pl)	علامات الإقتباس
in Anführungszeichen	bayn 'alāmatay al iqtibās	بين علامتي الإقتباس
runde Klammern (pl)	qawsān (du)	قوسان
in Klammern	bayn al qawsayn	بين القوسين

Bindestrich (m)	'alāmat waṣl (f)	علامة وصل
Gedankenstrich (m)	ʃurṭa (f)	شرطة
Leerzeichen (n)	farāɣ (m)	فراغ

Buchstabe (m)	ḥarf (m)	حرف
Großbuchstabe (m)	ḥarf kabīr (m)	حرف كبير

Vokal (m)	ḥarf ṣawtiy (m)	حرف صوتيّ
Konsonant (m)	ḥarf sākin (m)	حرف ساكن

Satz (m)	ʒumla (f)	جملة
Subjekt (n)	fā'il (m)	فاعل
Prädikat (n)	musnad (m)	مسند

Zeile (f)	saṭr (m)	سطر
in einer neuen Zeile	min bidāyat as saṭr	من بداية السطر
Absatz (m)	fiqra (f)	فقرة

Wort (n)	kalima (f)	كلمة
Wortverbindung (f)	maʒmūʿa min al kalimāt (pl)	مجموعة من الكلمات
Redensart (f)	'ibāra (f)	عبارة
Synonym (n)	murādif (m)	مرادف
Antonym (n)	mutaḍādd luɣawiy (m)	متضادّ

Regel (f)	qāʿida (f)	قاعدة
Ausnahme (f)	istiθnā' (m)	إستثناء
richtig (Adj)	ṣaḥīḥ	صحيح

Konjugation (f)	ṣarf (m)	صرف
Deklination (f)	taṣrīf al asmā' (m)	تصريف الأسماء
Kasus (m)	ḥāla ismiyya (f)	حالة إسميّة
Frage (f)	su'āl (m)	سؤال
unterstreichen (vt)	waḍaʿ xaṭṭ taḥt	وضع خطّا تحت
punktierte Linie (f)	xaṭṭ munaqqaṭ (m)	خط منقّط

146. Fremdsprachen

Sprache (f)	luɣa (f)	لغة
Fremd-	aʒnabiy	أجنبيّ
Fremdsprache (f)	luɣa aʒnabiyya (f)	لغة أجنبيّة
studieren (z.B. Jura ~)	daras	درس
lernen (Englisch ~)	taʿallam	تعلّم

lesen (vi, vt)	qara'	قرأ
sprechen (vi, vt)	takallam	تكلّم
verstehen (vt)	fahim	فهم
schreiben (vi, vt)	katab	كتب
schnell (Adv)	bi surʿa	بسرعة
langsam (Adv)	bi buṭ'	ببطء

fließend (Adv)	bi ṭalāqa	بطلاقة
Regeln (pl)	qawā'id (pl)	قواعد
Grammatik (f)	an naḥw waṣ ṣarf (m)	النحو والصرف
Vokabular (n)	mufradāt al luɣa (pl)	مفردات اللغة
Phonetik (f)	ṣawtīyyāt (pl)	صوتيّات

Lehrbuch (n)	kitāb ta'līm (m)	كتاب تعليم
Wörterbuch (n)	qāmūs (m)	قاموس
Selbstlernbuch (n)	kitāb ta'līm ðātiy (m)	كتاب تعليم ذاتيّ
Sprachführer (m)	kitāb lil 'ibārāt aʃʃā'i'a (m)	كتاب للعبارت الشائعة

Kassette (f)	ʃarīṭ (m)	شريط
Videokassette (f)	ʃarīʾṭ vidiyu (m)	شريط فيديو
CD (f)	si di (m)	سي دي
DVD (f)	di vi di (m)	دي في دي

Alphabet (n)	alifbā' (m)	الفباء
buchstabieren (vt)	tahaʒʒa	تهجّى
Aussprache (f)	nuṭq (m)	نطق

Akzent (m)	lukna (f)	لكنة
mit Akzent	bi lukna	بلكنة
ohne Akzent	bi dūn lukna	بدون لكنة

Wort (n)	kalima (f)	كلمة
Bedeutung (f)	ma'na (m)	معنى

Kurse (pl)	dawra (f)	دورة
sich einschreiben	saʒʒal ismahu	سجّل إسمه
Lehrer (m)	mudarris (m)	مدرس

Übertragung (f)	tarʒama (f)	ترجمة
Übersetzung (f)	tarʒama (f)	ترجمة
Übersetzer (m)	mutarʒim (m)	مترجم
Dolmetscher (m)	mutarʒim fawriy (m)	مترجم فوريّ

Polyglott (m, f)	'alīm bi 'iddat luɣāt (m)	عليم بعدّة لغات
Gedächtnis (n)	ðākira (f)	ذاكرة

147. Märchenfiguren

Weihnachtsmann (m)	baba nuwīl (m)	بابا نويل
Aschenputtel (n)	sindrīla	سيندريلا
Nixe (f)	ḥūriyyat al baḥr (f)	حورية البحر
Neptun (m)	nibtūn (m)	نبتون

Zauberer (m)	sāḥir (m)	ساحر
Zauberin (f)	sāḥira (f)	ساحرة
magisch, Zauber-	siḥriy	سحريّ
Zauberstab (m)	'aṣa siḥriyya (f)	عصا سحرية

Märchen (n)	ḥikāya xayāliyya (f)	حكاية خياليّة
Wunder (n)	mu'ʒiza (f)	معجزة
Zwerg (m)	qazam (m)	قزم

sich verwandeln in ...	taḥawwal ila ...	... تحوّل إلى
Geist (m)	ʃabaḥ (m)	شبح
Gespenst (n)	ʃabaḥ (m)	شبح
Ungeheuer (n)	waḥʃ (m)	وحش
Drache (m)	tinnīn (m)	تنين
Riese (m)	ʿimlāq (m)	عملاق

148. Sternzeichen

Widder (m)	burʒ al ḥamal (m)	برج الحمل
Stier (m)	burʒ aθ θawr (m)	برج الثور
Zwillinge (pl)	burʒ al ʒawzāʾ (m)	برج الجوزاء
Krebs (m)	burʒ as saraṭān (m)	برج السرطان
Löwe (m)	burʒ al asad (m)	برج الأسد
Jungfrau (f)	burʒ al ʿaðrāʾ (m)	برج العذراء

Waage (f)	burʒ al mīzān (m)	برج الميزان
Skorpion (m)	burʒ al ʿaqrab (m)	برج العقرب
Schütze (m)	burʒ al qaws (m)	برج القوس
Steinbock (m)	burʒ al ʒaday (m)	برج الجدي
Wassermann (m)	burʒ ad dalw (m)	برج الدلو
Fische (pl)	burʒ al ḥūt (m)	برج الحوت

Charakter (m)	ṭabʿ (m)	طبع
Charakterzüge (pl)	aṣ ṣifāt aʃ ʃaxṣiyya (pl)	الصفات الشخصيّة
Benehmen (n)	sulūk (m)	سلوك
wahrsagen (vt)	tanabbaʾ	تنبّأ
Wahrsagerin (f)	ʿarrāfa (f)	عرّافة
Horoskop (n)	tawaqquʿāt al abrāʒ (pl)	توقّعات الأبراج

Kunst

149. Theater

Theater (n)	masraḥ (m)	مسرح
Oper (f)	ubra (f)	أوبرا
Operette (f)	ubirīt (f)	أوبريت
Ballett (n)	balīh (m)	باليه
Theaterplakat (n)	mulṣaq (m)	ملصق
Truppe (f)	firqa (f)	فرقة
Tournee (f)	ʒawlat fannānīn (f)	جولة فنّانين
auf Tournee sein	taʒawwal	تجوّل
proben (vt)	aʒra bruvāt	أجرى بروفات
Probe (f)	brūva (f)	بروفة
Spielplan (m)	barnāmaʒ al masraḥ (m)	برنامج المسرح
Aufführung (f)	adā' fanniy (m)	أداء فنّي
Vorstellung (f)	'arḍ masraḥiy (m)	عرض مسرحي
Theaterstück (n)	masraḥiyya (f)	مسرحية
Karte (f)	taðkira (f)	تذكرة
Theaterkasse (f)	ʃubbāk at taðākir (m)	شبّاك التذاكر
Halle (f)	ṣāla (f)	صالة
Garderobe (f)	ɣurfat al ma'āṭif (f)	غرفة المعاطف
Garderobennummer (f)	biṭāqat 'īdā' al ma'āṭif (f)	بطاقة إيداع المعاطف
Opernglas (n)	minẓār (m)	منظار
Platzanweiser (m)	ḥāʒib (m)	حاجب
Parkett (n)	karāsi al urkistra (pl)	كراسي الأوركسترا
Balkon (m)	balakūna (f)	بلكونة
der erste Rang	ʃurfa (f)	شرفة
Loge (f)	lūʒ (m)	لوج
Reihe (f)	ṣaff (m)	صفّ
Platz (m)	maq'ad (m)	مقعد
Publikum (n)	ʒumhūr (m)	جمهور
Zuschauer (m)	muʃāhid (m)	مشاهد
klatschen (vi)	ṣaffaq	صفّق
Applaus (m)	taṣfīq (m)	تصفيق
Ovation (f)	taṣfīq ḥārr (m)	تصفيق حارّ
Bühne (f)	xaʃabat al masraḥ (f)	خشبة المسرح
Vorhang (m)	sitāra (f)	ستارة
Dekoration (f)	dikūr (m)	ديكور
Kulissen (pl)	kawalīs (pl)	كواليس
Szene (f)	maʃhad (m)	مشهد
Akt (m)	faṣl (m)	فصل
Pause (f)	istirāḥa (f)	إستراحة

150. Kino

Schauspieler (m)	mumaθθil (m)	ممثل
Schauspielerin (f)	mumaθθila (f)	ممثلة
Kino (n)	sinima (f)	سينما
Film (m)	film sinimā'iy (m)	فيلم سينمائيّ
Folge (f)	ʒuz' min al film (m)	جزء من الفيلم
Krimi (m)	film bulīsiy (m)	فيلم بوليسيّ
Actionfilm (m)	film ḥaraka (m)	فيلم حركة
Abenteuerfilm (m)	film muɣāmarāt (m)	فيلم مغامرات
Science-Fiction-Film (m)	film xayāl 'ilmiy (m)	فيلم خيال علميّ
Horrorfilm (m)	film ru'b (m)	فيلم رعب
Komödie (f)	film kumīdiya (f)	فيلم كوميديا
Melodrama (n)	miludrāma (m)	ميلودراما
Drama (n)	drāma (f)	دراما
Spielfilm (m)	film fanniy (m)	فيلم فنّيّ
Dokumentarfilm (m)	film waθā'iqiy (m)	فيلم وثائقيّ
Zeichentrickfilm (m)	film kartūn (m)	فيلم كرتون
Stummfilm (m)	sinima ṣāmita (f)	سينما صامتة
Rolle (f)	dawr (m)	دور
Hauptrolle (f)	dawr ra'īsi (m)	دور رئيسي
spielen (Schauspieler)	maθθal	مثّل
Filmstar (m)	naʒm sinimā'iy (m)	نجم سينمائيّ
bekannt	ma'rūf	معروف
berühmt	maʃhūr	مشهور
populär	maḥbūb	محبوب
Drehbuch (n)	sināriyu (m)	سيناريو
Drehbuchautor (m)	kātib sināriyu (m)	كاتب سيناريو
Regisseur (m)	muxriʒ (m)	مخرج
Produzent (m)	muntiʒ (m)	منتج
Assistent (m)	musā'id (m)	مساعد
Kameramann (m)	muṣawwir (m)	مصوّر
Stuntman (m)	mu'addi maʃahid xaṭīra (m)	مؤدّي مشاهد خطيرة
Double (n)	mumaθθil badīl (m)	ممثّل بديل
einen Film drehen	ṣawwar film	صوّر فيلماً
Probe (f)	taʒribat adā' (f)	تجربة أداء
Dreharbeiten (pl)	taṣwīr (m)	تصوير
Filmteam (n)	ṭāqim al film (m)	طاقم الفيلم
Filmset (m)	mintaqat at taṣwīr (f)	منطقة التصوير
Filmkamera (f)	kamira sinimā'iyya (f)	كاميرا سينمائيّة
Kino (n)	sinima (f)	سينما
Leinwand (f)	ʃāʃa (f)	شاشة
einen Film zeigen	'araḍ film	عرض فيلماً
Tonspur (f)	musīqa taṣwīriyya (f)	موسيقى تصويريّة
Spezialeffekte (pl)	mu'aθθirāt xāṣṣa (pl)	مؤثّرات خاصّة

Untertitel (pl)	tarӡamat al ḥiwār (f)	ترجمة الحوار
Abspann (m)	ʃārat an nihāya (f)	شارة النهاية
Übersetzung (f)	tarӡama (f)	ترجمة

151. Gemälde

Kunst (f)	fann (m)	فنّ
schönen Künste (pl)	funūn ӡamīla (pl)	فنون جميلة
Kunstgalerie (f)	maʿraḍ fanniy (m)	معرض فنّيّ
Kunstausstellung (f)	maʿraḍ fanniy (m)	معرض فنّي
Malerei (f)	taṣwīr (m)	تصوير
Graphik (f)	rusūmiyyāt (pl)	رسوميّات
abstrakte Kunst (f)	fann taӡrīdiy (m)	فنّ تجريديّ
Impressionismus (m)	al intibāʿiyya (f)	الإنطباعيّة
Bild (n)	lawḥa (f)	لوحة
Zeichnung (Kohle- usw.)	rasm (m)	رسم
Plakat (n)	mulṣaq iʿlāniy (m)	ملصق إعلانيّ
Illustration (f)	rasm tawḍīḥiy (m)	رسم توضيحيّ
Miniatur (f)	ṣūra muṣaɣɣara (f)	صورة مصغّرة
Kopie (f)	nusχa (f)	نسخة
Reproduktion (f)	nusχa ṭibq al aṣl (f)	نسخة طبق الأصل
Mosaik (n)	fusayfisāʾ (f)	فسيفساء
Glasmalerei (f)	zuӡāӡ muʿaʃʃaq (m)	زجاج معشّق
Fresko (n)	taṣwīr ӡiṣṣiy (m)	تصوير جصّيّ
Gravüre (f)	naqʃ (m)	نقش
Büste (f)	timθāl niṣfiy (m)	تمثال نصفيّ
Skulptur (f)	naḥt (m)	نحت
Statue (f)	timθāl (m)	تمثال
Gips (m)	ӡības (m)	جبس
aus Gips	min al ӡības	من الجبس
Porträt (n)	burtrī (m)	بورتريه
Selbstporträt (n)	burtrīh ðātiy (m)	بورتريه ذاتيّ
Landschaftsbild (n)	lawḥat manẓar ṭabīʿiy (f)	لوحة منظر طبيعيّ
Stillleben (n)	ṭabīʿa ṣāmita (f)	طبيعة صامتة
Karikatur (f)	ṣūra karikaturiyya (f)	صورة كاريكاتوريّة
Entwurf (m)	rasm tamhīdiy (m)	رسم تمهيديّ
Farbe (f)	lawn (m)	لون
Aquarellfarbe (f)	alwān māʿiyya (m)	ألوان مائية
Öl (n)	zayt (m)	زيت
Bleistift (m)	qalam ruṣāṣ (m)	قلم رصاص
Tusche (f)	ḥibr hindiy (m)	حبر هنديّ
Kohle (f)	faḥm (m)	فحم
zeichnen (vt)	rasam	رسم
malen (vi, vt)	rasam	رسم
Modell stehen	qaʿad	قعد
Modell (Mask.)	mudil ḥay (m)	موديل حيّ

Modell (Fem.)	mudil ḥay (m)	موديل حيّ
Maler (m)	rassām (m)	رسّام
Kunstwerk (n)	'amal fanniy (m)	عمل فنّيّ
Meisterwerk (n)	tuḥfa fanniyya (f)	تحفة فنّية
Atelier (n), Werkstatt (f)	warʃa (f)	ورشة

Leinwand (f)	kanava (f)	كانفا
Staffelei (f)	musnad ar rasm (m)	مسند الرسم
Palette (f)	lawḥat al alwān (f)	لوحة الألوان

Rahmen (m)	iṭār (m)	إطار
Restauration (f)	tarmīm (m)	ترميم
restaurieren (vt)	rammam	رمم

152. Literatur und Dichtkunst

Literatur (f)	adab (m)	أدب
Autor (m)	mu'allif (m)	مؤلّف
Pseudonym (n)	ism musta'ār (m)	إسم مستعار

Buch (n)	kitāb (m)	كتاب
Band (m)	muʒallad (m)	مجلّد
Inhaltsverzeichnis (n)	fihris (m)	فهرس
Seite (f)	ṣafḥa (f)	صفحة
Hauptperson (f)	aʃ ʃaχṣiyya ar raʾīsiyya (f)	الشخصيّة الرئيسيّة
Autogramm (n)	tawqīʿ al mu'allif (m)	توقيع المؤلّف

Kurzgeschichte (f)	qiṣṣa qaṣīra (f)	قصّة قصيرة
Erzählung (f)	qiṣṣa (f)	قصّة
Roman (m)	riwāya (f)	رواية
Werk (Buch usw.)	mu'allif (m)	مؤلّف
Fabel (f)	ḥikāya (f)	حكاية
Krimi (m)	riwāya bulīsiyya (f)	رواية بوليسيّة

Gedicht (n)	qaṣīda (f)	قصيدة
Dichtung (f), Poesie (f)	ʃiʿr (m)	شعر
Gedicht (n)	qaṣīda (f)	قصيدة
Dichter (m)	ʃāʿir (m)	شاعر

schöne Literatur (f)	adab ʒamīl (m)	أدب جميل
Science-Fiction (f)	χayāl 'ilmiy (m)	خيال علميّ
Abenteuer (n)	adab al muɣāmarāt (m)	أدب المغامرات
Schülerliteratur (pl)	adab tarbawiy (m)	أدب تربويّ
Kinderliteratur (f)	adab al aṭfāl (m)	أدب الأطفال

153. Zirkus

Zirkus (m)	sirk (m)	سيرك
Wanderzirkus (m)	sirk mutanaqqil (m)	سيرك متنقّل
Programm (n)	barnāmaʒ (m)	برنامج
Vorstellung (f)	adā' fanniy (m)	أداء فنّيّ
Nummer (f)	dawr (m)	دور

Manege (f)	ḥalbat as sirk (f)	حلبة السيرك
Pantomime (f)	'arḍ 'īmā'y (m)	عرض إيمائي
Clown (m)	muharriʒ (m)	مهرّج
Akrobat (m)	bahlawān (m)	بهلوان
Akrobatik (f)	al'āb bahlawāniyya (f)	ألعاب بهلوانيّة
Turner (m)	lā'ib ʒumbāz (m)	لاعب جنباز
Turnen (n)	ʒumbāz (m)	جنباز
Salto (m)	ʃaqlaba (f)	شقلبة
Kraftmensch (m)	lā'ib riyāḍiy (m)	لاعب رياضيّ
Bändiger, Dompteur (m)	murawwiḍ (m)	مروّض
Reiter (m)	fāris (m)	فارس
Assistent (m)	musā'id (m)	مساعد
Trick (m)	al'āb bahlawāniyya (f)	ألعاب بهلوانيّة
Zaubertrick (m)	χid'a siḥriyya (f)	خدعة سحريّة
Zauberkünstler (m)	sāḥir (m)	ساحر
Jongleur (m)	bahlawān (m)	بهلوان
jonglieren (vi)	la'ib bi kurāt 'adīda	لعب بكرات عديدة
Dresseur (m)	mudarrib ḥayawānāt (m)	مدرّب حيوانات
Dressur (f)	tadrīb al ḥayawānāt (m)	تدريب الحيوانات
dressieren (vt)	darrab	درّب

154. Musik. Popmusik

Musik (f)	musīqa (f)	موسيقى
Musiker (m)	'āzif (m)	عازف
Musikinstrument (n)	'āla musiqiyya (f)	آلة موسيقيّة
spielen (auf der Gitarre ~)	'azaf ...	عزف...
Gitarre (f)	gitār (m)	جيتار
Geige (f)	kamān (m)	كمان
Cello (n)	tʃīlu (m)	تشيلو
Kontrabass (m)	kamān aʒhar (m)	كمان أجهر
Harfe (f)	qiθār (m)	قيثار
Klavier (n)	biānu (m)	بيانو
Flügel (m)	biānu kibīr (m)	بيانو كبير
Orgel (f)	arɣan (m)	أرغن
Blasinstrumente (pl)	'ālāt nafχiyya (pl)	آلات نفخيّة
Oboe (f)	ubwa (m)	أوبوا
Saxophon (n)	saksufūn (m)	ساكسوفون
Klarinette (f)	klarnīt (m)	كلارنيت
Flöte (f)	flut (m)	فلوت
Trompete (f)	būq (m)	بوق
Akkordeon (n)	ukurdiūn (m)	أكورديون
Trommel (f)	ṭabla (f)	طبلة
Duo (n)	θunā'iy (m)	ثنائيّ
Trio (n)	θulāθy (m)	ثلاثيّ

Quartett (n)	rubā'iy (m)	رباعيّ
Chor (m)	χūrus (m)	خورس
Orchester (n)	urkistra (f)	أوركسترا
Popmusik (f)	musīqa al bub (f)	موسيقى البوب
Rockmusik (f)	musīqa ar rūk (f)	موسيقى الروك
Rockgruppe (f)	firqat ar rūk (f)	فرقة الروك
Jazz (m)	ȝāz (m)	جاز
Idol (n)	ma'būd (m)	معبود
Verehrer (m)	mu'ȝab (m)	معجب
Konzert (n)	ḥafla mūsiqiyya (f)	حفلة موسيقيّة
Sinfonie (f)	simfūniyya (f)	سمفونيّة
Komposition (f)	qiṭ'a mūsiqiyya (f)	قطعة موسيقيّة
komponieren (vt)	allaf	ألّف
Gesang (m)	γinā' (m)	غناء
Lied (n)	uγniyya (f)	أغنيّة
Melodie (f)	laḥn (m)	لحن
Rhythmus (m)	'īqā' (m)	إيقاع
Blues (m)	musīqa al blūz (f)	موسيقى البلوز
Noten (pl)	nutāt (pl)	نوتات
Taktstock (m)	'aṣa al mayistru (m)	عصا المايسترو
Bogen (m)	qaws (m)	قوس
Saite (f)	watar (m)	وتر
Koffer (Violinen-)	ʃanṭa (f)	شنطة

Erholung. Unterhaltung. Reisen

155. Ausflug. Reisen

Tourismus (m)	siyāḥa (f)	سياحة
Tourist (m)	sā'iḥ (m)	سائح
Reise (f)	riḥla (f)	رحلة
Abenteuer (n)	muɣāmara (f)	مغامرة
Fahrt (f)	riḥla (f)	رحلة

Urlaub (m)	'uṭla (f)	عطلة
auf Urlaub sein	'indahu 'uṭla	عنده عطلة
Erholung (f)	istirāḥa (f)	إستراحة

Zug (m)	qiṭār (m)	قطار
mit dem Zug	bil qiṭār	بالقطار
Flugzeug (n)	ṭā'ira (f)	طائرة
mit dem Flugzeug	biṭ ṭā'ira	بالطائرة
mit dem Auto	bis sayyāra	بالسيّارة
mit dem Schiff	bis safīna	بالسفينة

Gepäck (n)	aʃ ʃunaṭ (pl)	الشنط
Koffer (m)	ḥaqībat safar (f)	حقيبة سفر
Gepäckwagen (m)	'arabat ʃunaṭ (f)	عربة شنط

Pass (m)	ʒawāz as safar (m)	جواز السفر
Visum (n)	ta'ʃīra (f)	تأشيرة
Fahrkarte (f)	taðkira (f)	تذكرة
Flugticket (n)	taðkirat ṭā'ira (f)	تذكرة طائرة

Reiseführer (m)	dalīl (m)	دليل
Landkarte (f)	χarīṭa (f)	خريطة
Gegend (f)	mintaqa (f)	منطقة
Ort (wunderbarer ~)	makān (m)	مكان

Exotika (pl)	ɣarāba (f)	غرابة
exotisch	ɣarīb	غريب
erstaunlich (Adj)	mudhiʃ	مدهش

Gruppe (f)	maʒmū'a (f)	مجموعة
Ausflug (m)	ʒawla (f)	جولة
Reiseleiter (m)	murʃid (m)	مرشد

156. Hotel

Hotel (n)	funduq (m)	فندق
Motel (n)	mutīl (m)	موتيل
drei Sterne	θalāθat nuʒūm	ثلاثة نجوم

fünf Sterne	xamsat nuʒūm	خمسة نجوم
absteigen (vi)	nazal	نزل
Hotelzimmer (n)	ɣurfa (f)	غرفة
Einzelzimmer (n)	ɣurfa li ʃaxṣ wāḥid (f)	غرفة لشخص واحد
Zweibettzimmer (n)	ɣurfa li ʃaxṣayn (f)	غرفة لشخصين
reservieren (vt)	ḥaʒaz ɣurfa	حجز غرفة
Halbpension (f)	waʒbitān fil yawm (du)	وجبتان في اليوم
Vollpension (f)	θalāθ waʒabāt fil yawm	ثلاث وجبات في اليوم
mit Bad	bi ḥawḍ al istiḥmām	بحوض الإستحمام
mit Dusche	bid duʃ	بالدوش
Satellitenfernsehen (n)	tilivizyūn faḍā'iy (m)	تلفزيون فضائيّ
Klimaanlage (f)	takyīf (m)	تكييف
Handtuch (n)	fūṭa (f)	فوطة
Schlüssel (m)	miftāḥ (m)	مفتاح
Verwalter (m)	mudīr (m)	مدير
Zimmermädchen (n)	'āmilat tanzīf ɣuraf (f)	عاملة تنظيف غرف
Träger (m)	ḥammāl (m)	حمّال
Portier (m)	bawwāb (m)	بوّاب
Restaurant (n)	maṭ'am (m)	مطعم
Bar (f)	bār (m)	بار
Frühstück (n)	fuṭūr (m)	فطور
Abendessen (n)	'aʃā' (m)	عشاء
Buffet (n)	bufīh (m)	بوفيه
Foyer (n)	radha (f)	ردهة
Aufzug (m), Fahrstuhl (m)	miṣ'ad (m)	مصعد
BITTE NICHT STÖREN!	ar raʒā' 'adam al iz'āʒ	الرجاء عدم الإزعاج
RAUCHEN VERBOTEN!	mamnū' at tadxīn	ممنوع التدخين

157. Bücher. Lesen

Buch (n)	kitāb (m)	كتاب
Autor (m)	mu'allif (m)	مؤلف
Schriftsteller (m)	kātib (m)	كاتب
verfassen (vt)	allaf	ألف
Leser (m)	qāri' (m)	قارئ
lesen (vi, vt)	qara'	قرأ
Lesen (n)	qirā'a (f)	قراءة
still (~ lesen)	sirran	سرًا
laut (Adv)	bi ṣawt 'āli	بصوت عال
verlegen (vt)	naʃar	نشر
Ausgabe (f)	naʃr (m)	نشر
Herausgeber (m)	nāʃir (m)	ناشر
Verlag (m)	dār aṭ ṭibā'a wan naʃr (f)	دار الطباعة والنشر
erscheinen (Buch)	ṣadar	صدر

Erscheinen (n)	ṣudūr (m)	صدور
Auflage (f)	'adad an nusaχ (m)	عدد النسخ
Buchhandlung (f)	maḥall kutub (m)	محلّ كتب
Bibliothek (f)	maktaba (f)	مكتبة
Erzählung (f)	qiṣṣa (f)	قصّة
Kurzgeschichte (f)	qiṣṣa qaṣīra (f)	قصّة قصيرة
Roman (m)	riwāya (f)	رواية
Krimi (m)	riwāya bulīsiyya (f)	رواية بوليسيّة
Memoiren (pl)	muðakkirāt (pl)	مذكّرات
Legende (f)	usṭūra (f)	أسطورة
Mythos (m)	χurāfa (f)	خرافة
Gedichte (pl)	ʃiʿr (m)	شعر
Autobiographie (f)	sīrat ḥayāt (f)	سيرة حياة
ausgewählte Werke (pl)	muχtārāt (pl)	مختارات
Science-Fiction (f)	χayāl 'ilmiy (m)	خيال علميّ
Titel (m)	'unwān (m)	عنوان
Einleitung (f)	muqaddima (f)	مقدّمة
Titelseite (f)	ṣafḥat al 'unwān (f)	صفحة العنوان
Kapitel (n)	faṣl (m)	فصل
Auszug (m)	qiṭ'a (f)	قطعة
Episode (f)	maʃhad (m)	مشهد
Sujet (n)	mawdūʿ (m)	موضوع
Inhalt (m)	muḥtawayāt (pl)	محتويات
Inhaltsverzeichnis (n)	fihris (m)	فهرس
Hauptperson (f)	aʃ ʃaχṣiyya ar raʾīsiyya (f)	الشخصيّة الرئيسيّة
Band (m)	muʒallad (m)	مجلّد
Buchdecke (f)	ɣilāf (m)	غلاف
Einband (m)	taʒlīd (m)	تجليد
Lesezeichen (n)	ʃarīṭ (m)	شريط
Seite (f)	ṣafḥa (f)	صفحة
blättern (vi)	qallab aṣ ṣafaḥāt	قلّب الصفحات
Ränder (pl)	hāmiʃ (m)	هامش
Notiz (f)	mulāḥaza (f)	ملاحظة
Anmerkung (f)	mulāḥaza (f)	ملاحظة
Text (m)	naṣṣ (m)	نصّ
Schrift (f)	naw' al χaṭṭ (m)	نوع الخطّ
Druckfehler (m)	χaṭaʾ maṭba'iy (m)	خطأ مطبعيّ
Übersetzung (f)	tarʒama (f)	ترجمة
übersetzen (vt)	tarʒam	ترجم
Original (n)	aṣliy (m)	أصليّ
berühmt	maʃhūr	مشهور
unbekannt	ɣayr ma'rūf	غير معروف
interessant	mumti'	ممتع
Bestseller (m)	akθar mabī'an (m)	أكثر مبيعًا

Wörterbuch (n)	qāmūs (m)	قاموس
Lehrbuch (n)	kitāb ta'līm (m)	كتاب تعليم
Enzyklopädie (f)	mawsū'a (f)	موسوعة

158. Jagen. Fischen

Jagd (f)	ṣayd (m)	صيد
jagen (vi)	iṣṭād	إصطاد
Jäger (m)	ṣayyād (m)	صيّاد

schießen (vi)	aṭlaq an nār	أطلق النار
Gewehr (n)	bunduqiyya (f)	بندقيّة
Patrone (f)	ruṣāṣa (f)	رصاصة
Schrot (n)	raʃʃ (m)	رشّ

Falle (f)	maṣyada (f)	مصيدة
Schlinge (f)	faχχ (m)	فخّ
in die Falle gehen	waqa' fi faχχ	وقع في فخّ
eine Falle stellen	naṣab faχχ	نصب فخّا

Wilddieb (m)	sāriq aṣ ṣayd (m)	سارق الصيد
Wild (n)	ṣayd (m)	صيد
Jagdhund (m)	kalb ṣayd (m)	كلب صيد
Safari (f)	safāri (m)	سفاري
ausgestopftes Tier (n)	ḥayawān muḥannaṭ (m)	حيوان محنّط

Fischer (m)	ṣayyād as samak (m)	صيّاد السمك
Fischen (n)	ṣayd as samak (m)	صيد السمك
angeln, fischen (vt)	iṣṭād as samak	إصطاد السمك

Angel (f)	ṣannāra (f)	صنّارة
Angelschnur (f)	χayṭ (m)	خيط
Haken (m)	ʃaṣṣ aṣ ṣayd (m)	شصّ الصيد

| Schwimmer (m) | 'awwāma (f) | عوّامة |
| Köder (m) | ṭu'm (m) | طعم |

| die Angel auswerfen | ṭaraḥ aṣ ṣinnāra | طرح الصنّارة |
| anbeißen (vi) | 'aḍḍ | عضّ |

| Fang (m) | as samak al muṣṭād (m) | السمك المصطاد |
| Eisloch (n) | fatḥa fil ʒalīd (f) | فتحة في الجليد |

Netz (n)	ʃabakat aṣ ṣayd (f)	شبكة الصيد
Boot (n)	markab (m)	مركب
mit dem Netz fangen	iṣṭād biʃ ʃabaka	إصطاد بالشبكة
das Netz hineinwerfen	rama ʃabaka	رمى شبكة

| das Netz einholen | aχraʒ ʃabaka | أخرج شبكة |
| ins Netz gehen | waqa' fi ʃabaka | وقع في شبكة |

Walfänger (m)	ṣayyād al ḥūt (m)	صيّاد الحوت
Walfangschiff (n)	safīnat ṣayd al ḥītān (f)	سفينة صيد الحيتان
Harpune (f)	ḥarba (f)	حربة

159. Spiele. Billard

Billard (n)	bilyārdu (m)	بليارد
Billardzimmer (n)	qā'at bilyārdu (m)	قاعة بليارد
Billardkugel (f)	kura (f)	كرة

eine Kugel einlochen	aṣqaṭ kura	أصقط كرة
Queue (n)	'aṣa bilyardu (f)	عصا بليارد
Tasche (f), Loch (n)	ʒayb bilyārdu (m)	جيب بليارد

160. Spiele. Kartenspiele

Karo (n)	ad dināriy (m)	الديناريّ
Pik (n)	al bastūniy (m)	البستونيّ
Herz (n)	al kūba (f)	الكوبة
Kreuz (n)	as sibātiy (m)	السباتيّ

As (n)	'ās (m)	آس
König (m)	malik (m)	ملك
Dame (f)	malika (f)	ملكة
Bube (m)	walad (m)	ولد

Spielkarte (f)	waraqa (f)	ورقة
Karten (pl)	waraq (m)	ورق
Trumpf (m)	waraqa rābiḥa (f)	ورقة رابحة
Kartenspiel (abgenutztes ~)	dasta waraq al la'b (f)	دستة ورق اللعب

Punkt (m)	nuqṭa (f)	نقطة
ausgeben (vt)	farraq	فرّق
mischen (vt)	χallaṭ	خلط
Zug (m)	dawr (m)	دور
Falschspieler (m)	muḥtāl fil qimār (m)	محتال في القمار

161. Kasino. Roulette

Kasino (n)	kazinu (m)	كازينو
Roulette (n)	rulīt (m)	روليت
Einsatz (m)	rihān (m)	رهان
setzen (auf etwas ~)	waḍa' ar rihān	وضع الرهان

Rot (n)	aḥmar (m)	أحمر
Schwarz (n)	aswad (m)	أسود
auf Rot setzen	wada' ar rihān 'alal aḥmar	وضع الرهان على الأحمر
auf Schwarz setzen	wada' ar rihān 'alal aswad	وضع الرهان على الأسود

Croupier (m)	muwaẓẓaf nādi al qimār (m)	موظف نادى القمار
das Rad drehen	dawwar al 'aʒala	دوّر العجلة
Spielregeln (pl)	qawā'id (pl)	قواعد
Spielmarke (f)	fīʃa (f)	فيشة
gewinnen (vt)	kasab	كسب
Gewinn (m)	ribḥ (m)	ربح

verlieren (vt)	χasir	خسر
Verlust (m)	χisāra (f)	خسارة

Spieler (m)	lāʿib (m)	لاعب
Blackjack (n)	blɛkdʒɛk (m)	بلاك جاك
Würfelspiel (n)	luʿbat an nard (f)	لعبة النرد
Würfeln (pl)	zahr an nard (m)	زهر النرد
Spielautomat (m)	ʾālat qumār (f)	آلة قمار

162. Erholung. Spiele. Verschiedenes

spazieren gehen (vi)	tanazzah	تنزّه
Spaziergang (m)	tanazzuh (m)	تنزّه
Fahrt (im Wagen)	ʒawla bis sayyāra (f)	جولة بالسيّارة
Abenteuer (n)	muχāmara (f)	مغامرة
Picknick (n)	nuzha (f)	نزهة

Spiel (n)	luʿba (f)	لعبة
Spieler (m)	lāʿib (m)	لاعب
Partie (f)	dawr (m)	دور

Sammler (m)	ʒāmiʿ (m)	جامع
sammeln (vt)	ʒamaʿ	جمع
Sammlung (f)	maʒmūʿa (f)	مجموعة

Kreuzworträtsel (n)	kalimāt mutaqāṭiʿa (pl)	كلمات متقاطعة
Rennbahn (f)	ḥalbat sibāq al χuyūl (f)	حلبة سباق الخيول
Diskothek (f)	disku (m)	ديسكو

Sauna (f)	sāuna (f)	ساونا
Lotterie (f)	yanaṣīb (m)	يانصيب

Wanderung (f)	riḥlat taχyīm (f)	رحلة تخييم
Lager (n)	muχayyam (m)	مخيّم
Zelt (n)	χayma (f)	خيمة
Kompass (m)	būṣila (f)	بوصلة
Tourist (m)	muχayyim (m)	مخيّم

fernsehen (vi)	ʃāhid	شاهد
Fernsehzuschauer (m)	muʃāhid (m)	مشاهد
Fernsehsendung (f)	barnāmaʒ tiliviziyūniy (m)	برنامج تليفزيونيّ

163. Fotografie

Kamera (f)	kamira (f)	كاميرا
Foto (n)	ṣūra (f)	صورة

Fotograf (m)	muṣawwir (m)	مصوّر
Fotostudio (n)	istūdiyu taṣwīr (m)	إستوديو تصوير
Fotoalbum (n)	albūm aṣ ṣuwar (m)	ألبوم الصور
Objektiv (n)	ʿadasa (f)	عدسة
Teleobjektiv (n)	ʿadasa tiliskūpiyya (f)	عدسة تلسكوبيّة

| Filter (n) | filtir (m) | فلتر |
| Linse (f) | 'adasa (f) | عدسة |

Optik (f)	aʒhiza baṣariyya (pl)	أجهزة بصريّة
Blende (f)	bu'ra (f)	بؤرة
Belichtungszeit (f)	muddat at ta'rīḍ (f)	مدة التعريض
Sucher (m)	al 'ayn al fāḥiṣa (f)	العين الفاحصة

Digitalkamera (f)	kamira raqmiyya (f)	كاميرا رقميّة
Stativ (n)	ḥāmil θulāθiy (m)	حامل ثلاثيّ
Blitzgerät (n)	flāʃ (m)	فلاش

fotografieren (vt)	ṣawwar	صوّر
aufnehmen (vt)	ṣawwar	صوّر
sich fotografieren lassen	taṣawwar	تصوّر

Fokus (m)	bu'rat al 'adasa (f)	بؤرة العدسة
den Fokus einstellen	rakkaz	ركّز
scharf (~ abgebildet)	wāḍiḥ	واضح
Schärfe (f)	wuḍūḥ (m)	وضوح

| Kontrast (m) | tabāyun (m) | تباين |
| kontrastreich | mutabāyin | متباين |

Aufnahme (f)	ṣūra (f)	صورة
Negativ (n)	ṣūra sāliba (f)	صورة سالبة
Rollfilm (m)	film (m)	فيلم
Einzelbild (n)	iṭār (m)	إطار
drucken (vt)	ṭaba'	طبع

164. Strand. Schwimmen

Strand (m)	ʃāṭiʼ (m)	شاطئ
Sand (m)	raml (m)	رمل
menschenleer	mahʒūr	مهجور

Bräune (f)	sumrat al baʃara (f)	سمرة البشرة
sich bräunen	taʃammas	تشمّس
gebräunt	asmar	أسمر
Sonnencreme (f)	krīm wāqi aʃ ʃams (m)	كريم واقي الشمس

Bikini (m)	bikini (m)	بكيني
Badeanzug (m)	libās sibāḥa (m)	لباس سباحة
Badehose (f)	libās sibāḥa riʒāliy (m)	لباس سباحة رجاليّ

Schwimmbad (n)	masbaḥ (m)	مسبح
schwimmen (vi)	sabaḥ	سبح
Dusche (f)	dūʃ (m)	دوش
sich umkleiden	ɣayyar libāsuh	غيّر لباسه
Handtuch (n)	fūṭa (f)	فوطة

Boot (n)	markab (m)	مركب
Motorboot (n)	lanʃ (m)	لنش
Wasserski (m)	tazalluʒ 'alal māʼ (m)	تزلج على الماء

Tretboot (n)	'aȝala mā'iyya (f)	عجلة مائيّة
Surfen (n)	rukūb al amwāȝ (m)	ركوب الأمواج
Surfer (m)	rākib al amwāȝ (m)	راكب الأمواج

Tauchgerät (n)	ȝihāz at tanaffus (m)	جهاز التنفّس
Schwimmflossen (pl)	za'ānif as sibāḥa (pl)	زعانف السباحة
Maske (f)	kimāma (f)	كمامة
Taucher (m)	ɣawwāṣ (m)	غوّاص
tauchen (vi)	ɣāṣ	غاص
unter Wasser	taḥt al mā'	تحت الماء

Sonnenschirm (m)	ʃamsiyya (f)	شمسيّة
Liege (f)	kursiy blāȝ (m)	كرسيّ بلاج
Sonnenbrille (f)	nazzārat ʃams (f)	نظّارة شمس
Schwimmmatratze (f)	martaba hawā'iyya (f)	مرتبة هوائيّة

| spielen (vi, vt) | la'ib | لعب |
| schwimmen gehen | sabaḥ | سبح |

Ball (m)	kura (f)	كرة
aufblasen (vt)	nafaχ	نفخ
aufblasbar	qābil lin nafχ	قابل للنفخ

Welle (f)	mawȝa (f)	موجة
Boje (f)	ʃamandūra (f)	شمندورة
ertrinken (vi)	ɣariq	غرق

retten (vt)	anqað	أنقذ
Schwimmweste (f)	sutrat naȝāt (f)	سترة نجاة
beobachten (vt)	rāqab	راقب
Bademeister (m)	ḥāris ʃāṭi' (m)	حارس شاطئ

TECHNISCHES ZUBEHÖR. TRANSPORT

Technisches Zubehör

165. Computer

Computer (m)	kumbyūtir (m)	كمبيوتر
Laptop (m), Notebook (n)	kumbyūtir maḥmūl (m)	كمبيوتر محمول
einschalten (vt)	ʃayyal	شغّل
abstellen (vt)	aylaq	أغلق
Tastatur (f)	lawḥat al mafātīḥ (f)	لوحة المفاتيح
Taste (f)	miftāḥ (m)	مفتاح
Maus (f)	fa'ra (f)	فأرة
Mousepad (n)	wisādat fa'ra (f)	وسادة فأرة
Knopf (m)	zirr (m)	زرّ
Cursor (m)	mu'aʃʃir (m)	مؤشّر
Monitor (m)	ʃāʃa (f)	شاشة
Schirm (m)	ʃāʃa (f)	شاشة
Festplatte (f)	qurṣ ṣalib (m)	قرص صلب
Festplattengröße (f)	siʿat taxzīn (f)	سعة تخزين
Speicher (m)	ðākira (f)	ذاكرة
Arbeitsspeicher (m)	ðākirat al wuṣūl al 'aʃwā'iy (f)	ذاكرة الوصول العشوائيّ
Datei (f)	malaff (m)	ملفّ
Ordner (m)	ḥāfiẓa (m)	حافظة
öffnen (vt)	fataḥ	فتح
schließen (vt)	aylaq	أغلق
speichern (vt)	ḥafaẓ	حفظ
löschen (vt)	masaḥ	مسح
kopieren (vt)	nasax	نسخ
sortieren (vt)	ṣannaf	صنّف
transferieren (vt)	naqal	نقل
Programm (n)	barnāmaʒ (m)	برنامج
Software (f)	barāmiʒ kumbyūtir (pl)	برامج كمبيوتر
Programmierer (m)	mubarmiʒ (m)	مبرمج
programmieren (vt)	barmaʒ	برمج
Hacker (m)	hākir (m)	هاكر
Kennwort (n)	kalimat as sirr (f)	كلمة السرّ
Virus (m, n)	virūs (m)	فيروس
entdecken (vt)	waʒad	وجد
Byte (n)	bayt (m)	بايت

Megabyte (n)	miʒabāyt (m)	ميجابايت
Daten (pl)	bayānāt (pl)	بيانات
Datenbank (f)	qaʿidat bayānāt (f)	قاعدة بيانات

Kabel (n)	kābil (m)	كابل
trennen (vt)	faṣal	فصل
anschließen (vt)	waṣṣal	وصّل

166. Internet. E-Mail

Internet (n)	intirnit (m)	إنترنت
Browser (m)	mutaṣaffiḥ (m)	متصفح
Suchmaschine (f)	muḥarrik baḥθ (m)	محرّك بحث
Provider (m)	ʃarikat al intirnīt (f)	شركة الإنترنيت

Webmaster (m)	mudīr al mawqiʿ (m)	مدير الموقع
Website (f)	mawqiʿ iliktrūniy (m)	موقع إلكتروني
Webseite (f)	ṣafḥat wīb (f)	صفحة ويب

| Adresse (f) | ʿunwān (m) | عنوان |
| Adressbuch (n) | daftar al ʿanāwīn (m) | دفتر العناوين |

Mailbox (f)	ṣundūq al barīd (m)	صندوق البريد
Post (f)	barīd (m)	بريد
überfüllt (-er Briefkasten)	mumtaliʾ	ممتلىء

Mitteilung (f)	risāla iliktrūniyya (f)	رسالة إلكترونيّة
eingehenden Nachrichten	rasaʾil wārida (pl)	رسائل واردة
ausgehenden Nachrichten	rasaʾil ṣādira (pl)	رسائل صادرة
Absender (m)	mursil (m)	مرسل
senden (vt)	arsal	أرسل
Absendung (f)	irsāl (m)	إرسال
Empfänger (m)	mursal ilayh (m)	مرسل إليه
empfangen (vt)	istalam	إستلم

| Briefwechsel (m) | murāsala (f) | مراسلة |
| im Briefwechsel stehen | tarāsal | تراسل |

Datei (f)	malaff (m)	ملفّ
herunterladen (vt)	ḥammal	حمّل
schaffen (vt)	anʃaʾ	أنشأ
löschen (vt)	masaḥ	مسح
gelöscht (Datei)	mamsūḥ	ممسوح

Verbindung (f)	ittiṣāl (m)	إتصال
Geschwindigkeit (f)	surʿa (f)	سرعة
Modem (n)	mudim (m)	مودم
Zugang (m)	wuṣūl (m)	وصول
Port (m)	maxraʒ (m)	مخرج

Anschluss (m)	ittiṣāl (m)	إتصال
sich anschließen	ittaṣal	إتصل
auswählen (vt)	ixtār	إختار
suchen (vt)	baḥaθ	بحث

167. Elektrizität

Elektrizität (f)	kahrabā' (m)	كهرباء
elektrisch	kahrabā'iy	كهربائيّ
Elektrizitätswerk (n)	maḥaṭṭa kahrabā'iyya (f)	محطّة كهربائيّة
Energie (f)	ṭāqa (f)	طاقة
Strom (m)	ṭāqa kahrabā'iyya (f)	طاقة كهربائيّة

Glühbirne (f)	lamba (f)	لمبة
Taschenlampe (f)	kaʃʃāf an nūr (m)	كشّاف النور
Straßenlaterne (f)	'amūd an nūr (m)	عمود النور

Licht (n)	nūr (m)	نور
einschalten (vt)	fataḥ, ʃayyal	فتح, شغّل
ausschalten (vt)	ṭaffa	طفّى
das Licht ausschalten	ṭaffa n nūr	طفّى النور

durchbrennen (vi)	inṭafa'	إنطفأ
Kurzschluss (m)	da'ira kahrabā'iyya qaṣīra (f)	دائرة كهربائية قصيرة
Riß (m)	silk maqṭū' (m)	سلك مقطوع
Kontakt (m)	talāmus (m)	تلامس

Schalter (m)	miftāḥ an nūr (m)	مفتاح النور
Steckdose (f)	barizat al kahrabā' (f)	بريزة الكهرباء
Stecker (m)	fīʃat al kahrabā' (f)	فيشة الكهرباء
Verlängerung (f)	silk tawṣīl (m)	سلك توصيل

Sicherung (f)	fāṣima (f)	فاصمة
Leitungsdraht (m)	silk (m)	سلك
Verdrahtung (f)	aslāk (pl)	أسلاك

| Ampere (n) | ambīr (m) | أمبير |
| Stromstärke (f) | ʃiddat at tayyār al kahrabā'iy (f) | شدّة التيّار الكهربائيّ |

| Volt (n) | vūlt (m) | فولت |
| Voltspannung (f) | ʒuhd kahrabā'iy (m) | جهد كهربائيّ |

| Elektrogerät (n) | ʒihāz kahrabā'iy (m) | جهاز كهربائيّ |
| Indikator (m) | mu'aʃʃir (m) | مؤشّر |

Elektriker (m)	kahrabā'iy (m)	كهربائيّ
löten (vt)	laḥam	لحم
Lötkolben (m)	adāt laḥm (f)	أداة لحم
Strom (m)	tayyār kahrabā'iy (m)	تيّار كهربائيّ

168. Werkzeug

Werkzeug (n)	adāt (f)	أداة
Werkzeuge (pl)	adawāt (pl)	أدوات
Ausrüstung (f)	mu'addāt (pl)	معدّات

| Hammer (m) | miṭraqa (f) | مطرقة |
| Schraubenzieher (m) | mifakk (m) | مفكّ |

Axt (f)	fa's (m)	فأس
Säge (f)	minʃār (m)	منشار
sägen (vt)	naʃar	نشر
Hobel (m)	masḥāʒ (m)	مسحج
hobeln (vt)	saḥaʒ	سحج
Lötkolben (m)	adāt laḥm (f)	أداة لحم
löten (vt)	laḥam	لحم

Feile (f)	mibrad (m)	مبرد
Kneifzange (f)	kammāʃa (f)	كمّاشة
Flachzange (f)	zardiyya (f)	زرديّة
Stemmeisen (n)	izmīl (m)	إزميل

Bohrer (m)	luqmat θaqb (m)	لقمة ثقب
Bohrmaschine (f)	miθqab (m)	مثقب
bohren (vt)	θaqab	ثقب

Messer (n)	sikkīn (m)	سكّين
Taschenmesser (n)	sikkīn ʒayb (m)	سكّين جيب
Klinge (f)	ʃafra (f)	شفرة

scharf (-e Messer usw.)	ḥādd	حادّ
stumpf	θālim	ثالم
stumpf werden (vi)	taθallam	تثلّم
schärfen (vt)	ʃaḥað	شحذ

Bolzen (m)	mismār qalāwūz (m)	مسمار قلاووظ
Mutter (f)	ṣamūla (f)	صامولة
Gewinde (n)	naẓm (m)	نظم
Holzschraube (f)	qalāwūz (m)	قلاووظ

| Nagel (m) | mismār (m) | مسمار |
| Nagelkopf (m) | ra's al mismār (m) | رأس المسمار |

Lineal (n)	masṭara (f)	مسطرة
Metermaß (n)	ʃarī't al qiyās (m)	شريط القياس
Wasserwaage (f)	mīzān al mā' (m)	ميزان الماء
Lupe (f)	'adasa mukabbira (f)	عدسة مكبّرة

Messinstrument (n)	ʒihāz qiyās (m)	جهاز قياس
messen (vt)	qās	قاس
Skala (f)	miqyās (m)	مقياس
Ablesung (f)	qirā'a (f)	قراءة

| Kompressor (m) | ḍāɣiṭ al ɣāz (m) | ضاغط الغاز |
| Mikroskop (n) | mikruskūb (m) | ميكروسكوب |

Pumpe (f)	ṭulumba (f)	طلمبة
Roboter (m)	rūbut (m)	روبوت
Laser (m)	layzir (m)	ليزر

Schraubenschlüssel (m)	miftāḥ aṣ ṣawāmīl (m)	مفتاح الصواميل
Klebeband (n)	lazq (m)	لزق
Klebstoff (m)	ṣamɣ (m)	صمغ
Sandpapier (n)	waraq ṣanfara (m)	ورق صنفرة
Sprungfeder (f)	sūsta (f)	سوستة

| Magnet (m) | miɣnaṭīs (m) | مغنطيس |
| Handschuhe (pl) | quffāz (m) | قفاز |

Leine (f)	ḥabl (m)	حبل
Schnur (f)	ḥabl (m)	حبل
Draht (m)	silk (m)	سلك
Kabel (n)	kābil (m)	كابل

schwerer Hammer (m)	mirzaba (f)	مرزبة
Brecheisen (n)	ʿatala (f)	عتلة
Leiter (f)	sullam (m)	سلّم
Trittleiter (f)	sullam (m)	سلّم

zudrehen (vt)	aḥkam aʃ ʃadd	أحكم الشدّ
abdrehen (vt)	fataḥ	فتح
zusammendrücken (vt)	kamaʃ	كمش
ankleben (vt)	alṣaq	ألصق
schneiden (vt)	qaṭaʿ	قطع

Störung (f)	taʿaṭṭul (m)	تعطّل
Reparatur (f)	iṣlāḥ (m)	إصلاح
reparieren (vt)	aṣlaḥ	أصلح
einstellen (vt)	ḍabaṭ	ضبط

prüfen (vt)	iɣtabar	إختبر
Prüfung (f)	faḥṣ (m)	فحص
Ablesung (f)	qirāʾa (f)	قراءة

| sicher (zuverlässigen) | matīn | متين |
| kompliziert (Adj) | murakkab | مركّب |

verrosten (vi)	ṣadiʾ	صدئ
rostig	ṣadiʾ	صديء
Rost (m)	ṣadaʾ (m)	صدأ

Transport

169. Flugzeug

Flugzeug (n)	ṭā'ira (f)	طائرة
Flugticket (n)	taðkirat ṭā'ira (f)	تذكرة طائرة
Fluggesellschaft (f)	ʃarikat ṭayarān (f)	شركة طيران
Flughafen (m)	maṭār (m)	مطار
Überschall-	χāriq liṣ ṣawt	خارق للصوت

Flugkapitän (m)	qā'id aṭ ṭā'ira (m)	قائد الطائرة
Besatzung (f)	ṭāqim (m)	طاقم
Pilot (m)	ṭayyār (m)	طيّار
Flugbegleiterin (f)	muḍīfat ṭayarān (f)	مضيفة طيران
Steuermann (m)	mallāḥ (m)	ملّاح

Flügel (pl)	aʒniḥa (pl)	أجنحة
Schwanz (m)	ðayl (m)	ذيل
Kabine (f)	kabīna (f)	كابينة
Motor (m)	mutūr (m)	موتور
Fahrgestell (n)	'aʒalāt al hubūṭ (pl)	عجلات الهبوط
Turbine (f)	turbīna (f)	تربينة

Propeller (m)	mirwaḥa (f)	مروحة
Flugschreiber (m)	musaʒʒil aṭ ṭayarān (m)	مسجّل الطيران
Steuerrad (n)	'aʒalat qiyāda (f)	عجلة قيادة
Treibstoff (m)	wuqūd (m)	وقود

Sicherheitskarte (f)	biṭāqat as salāma (f)	بطاقة السلامة
Sauerstoffmaske (f)	qinā' uksiʒīn (m)	قناع أوكسيجين
Uniform (f)	libās muwaḥḥad (m)	لباس موحّد

Rettungsweste (f)	sutrat naʒāt (f)	سترة نجاة
Fallschirm (m)	miʒallat hubūṭ (f)	مظلّة هبوط

Abflug, Start (m)	iqlā' (m)	إقلاع
starten (vi)	aqla'at	أقلعت
Startbahn (f)	madraʒ aṭ ṭā'irāt (m)	مدرج الطائرات

Sicht (f)	ru'ya (f)	رؤية
Flug (m)	ṭayarān (m)	طيران

Höhe (f)	irtifā' (m)	إرتفاع
Luftloch (n)	ʒayb hawā'iy (m)	جيب هوائيّ

Platz (m)	maq'ad (m)	مقعد
Kopfhörer (m)	sammā'āt ra'siya (pl)	سمّاعات رأسيّة
Klapptisch (m)	ṣīniyya qābila liṭ ṭayy (f)	صينية قابلة للطيّ
Bullauge (n)	ʃubbāk aṭ ṭā'ira (m)	شبّاك الطائرة
Durchgang (m)	mamarr (m)	ممرّ

170. Zug

Deutsch	Transkription	العربية
Zug (m)	qiṭār (m)	قطار
elektrischer Zug (m)	qiṭār (m)	قطار
Schnellzug (m)	qiṭār sarī' (m)	قطار سريع
Diesellok (f)	qāṭirat dīzil (f)	قاطرة ديزل
Dampflok (f)	qāṭira buχāriyya (f)	قاطرة بخارية
Personenwagen (m)	'araba (f)	عربة
Speisewagen (m)	'arabat al maṭ'am (f)	عربة المطعم
Schienen (pl)	quḍubān (pl)	قضبان
Eisenbahn (f)	sikka ḥadīdiyya (f)	سكة حديدية
Bahnschwelle (f)	'āriḍa (f)	عارضة
Bahnsteig (m)	raṣīf (m)	رصيف
Gleis (n)	χaṭṭ (m)	خط
Eisenbahnsignal (n)	simafūr (m)	سيمافور
Station (f)	maḥaṭṭa (f)	محطة
Lokomotivführer (m)	sā'iq (m)	سائق
Träger (m)	ḥammāl (m)	حمّال
Schaffner (m)	mas'ūl 'arabat al qiṭār (m)	مسؤول عربة القطار
Fahrgast (m)	rākib (m)	راكب
Fahrkartenkontrolleur (m)	kamsariy (m)	كمسري
Flur (m)	mamarr (m)	ممرّ
Notbremse (f)	farāmil aṭ ṭawāri' (pl)	فرامل الطوارئ
Abteil (n)	γurfa (f)	غرفة
Liegeplatz (m), Schlafkoje (f)	sarīr (m)	سرير
oberer Liegeplatz (m)	sarīr 'ulwiy (m)	سرير علوي
unterer Liegeplatz (m)	sarīr sufliy (m)	سرير سفلي
Bettwäsche (f)	aγṭiyat as sarīr (pl)	أغطية السرير
Fahrkarte (f)	taðkira (f)	تذكرة
Fahrplan (m)	ʒadwal (m)	جدول
Anzeigetafel (f)	lawḥat ma'lūmāt (f)	لوحة معلومات
abfahren (der Zug)	γādar	غادر
Abfahrt (f)	muγādara (f)	مغادرة
ankommen (der Zug)	waṣal	وصل
Ankunft (f)	wuṣūl (m)	وصول
mit dem Zug kommen	waṣal bil qiṭār	وصل بالقطار
in den Zug einsteigen	rakib al qiṭār	ركب القطار
aus dem Zug aussteigen	nazil min al qiṭār	نزل من القطار
Zugunglück (n)	ḥiṭām qiṭār (m)	حطام قطار
entgleisen (vi)	χaraʒ 'an χaṭṭ sayrih	خرج عن خط سيره
Dampflok (f)	qāṭira buχāriyya (f)	قاطرة بخارية
Heizer (m)	'ataʃʒiy (m)	عطشجي
Feuerbüchse (f)	furn al muḥarrik (m)	فرن المحرّك
Kohle (f)	faḥm (m)	فحم

171. Schiff

Schiff (n)	safīna (f)	سفينة
Fahrzeug (n)	safīna (f)	سفينة
Dampfer (m)	bāxira (f)	باخرة
Motorschiff (n)	bāxira nahriyya (f)	باخرة نهريّة
Kreuzfahrtschiff (n)	bāxira siyahiyya (f)	باخرة سياحيّة
Kreuzer (m)	ṭarrād (m)	طرّاد
Jacht (f)	yaxt (m)	يخت
Schlepper (m)	qāṭira (f)	قاطرة
Lastkahn (m)	ṣandal (m)	صندل
Fähre (f)	ʻabbāra (f)	عبّارة
Segelschiff (n)	safīna ʃirāʻiyya (m)	سفينة شراعيّة
Brigantine (f)	markab ʃirāʻiy (m)	مركب شراعيّ
Eisbrecher (m)	muhaṭṭimat ʒalīd (f)	محطّمة جليد
U-Boot (n)	ɣawwāṣa (f)	غوّاصة
Boot (n)	markab (m)	مركب
Dingi (n), Beiboot (n)	zawraq (m)	زورق
Rettungsboot (n)	qārib naʒāt (m)	قارب نجاة
Motorboot (n)	lanʃ (m)	لنش
Kapitän (m)	qubṭān (m)	قبطان
Matrose (m)	bahhār (m)	بحّار
Seemann (m)	bahhār (m)	بحّار
Besatzung (f)	ṭāqim (m)	طاقم
Bootsmann (m)	raʾīs al bahhāra (m)	رئيس البحّارة
Schiffsjunge (m)	ṣabiy as safīna (m)	صبيّ السفينة
Schiffskoch (m)	ṭabbāx (m)	طبّاخ
Schiffsarzt (m)	ṭabīb as safīna (m)	طبيب السفينة
Deck (n)	saṭh as safīna (m)	سطح السفينة
Mast (m)	sāriya (f)	سارية
Segel (n)	ʃirāʻ (m)	شراع
Schiffsraum (m)	ʻambar (m)	عنبر
Bug (m)	muqaddama (m)	مقدّمة
Heck (n)	muʾaxirat as safīna (f)	مؤخّرة السفينة
Ruder (n)	miʒðāf (m)	مجذاف
Schraube (f)	mirwaha (f)	مروحة
Kajüte (f)	kabīna (f)	كابينة
Messe (f)	ɣurfat al istirāha (f)	غرفة الإستراحة
Maschinenraum (m)	qism al ʾālāt (m)	قسم الآلات
Kommandobrücke (f)	burʒ al qiyāda (m)	برج القيادة
Funkraum (m)	ɣurfat al lāsilkiy (f)	غرفة اللاسلكيّ
Radiowelle (f)	mawʒa (f)	موجة
Schiffstagebuch (n)	siʒil as safīna (m)	سجل السفينة
Fernrohr (n)	minzār (m)	منظار
Glocke (f)	ʒaras (m)	جرس

Fahne (f)	'alam (m)	علم
Seil (n)	ḥabl (m)	حبل
Knoten (m)	'uqda (f)	عقدة

| Geländer (n) | drabizīn (m) | درابزين |
| Treppe (f) | sullam (m) | سلّم |

Anker (m)	mirsāt (f)	مرساة
den Anker lichten	rafa' mirsāt	رفع مرساة
Anker werfen	rasa	رسا
Ankerkette (f)	silsilat mirsāt (f)	سلسلة مرساة

Hafen (m)	mīnā' (m)	ميناء
Anlegestelle (f)	marsa (m)	مرسى
anlegen (vi)	rasa	رسا
abstoßen (vt)	aqla'	أقلع

Reise (f)	riḥla (f)	رحلة
Kreuzfahrt (f)	riḥla baḥriyya (f)	رحلة بحرية
Kurs (m), Richtung (f)	masār (m)	مسار
Reiseroute (f)	ṭarīq (m)	طريق

Fahrwasser (n)	maʒra milāḥiy (m)	مجرى ملاحيّ
Untiefe (f)	miyāh ḍaḥla (f)	مياه ضحلة
stranden (vi)	ʒanaḥ	جنح

Sturm (m)	'āṣifa (f)	عاصفة
Signal (n)	iʃāra (f)	إشارة
untergehen (vi)	ɣariq	غرق
Mann über Bord!	saqaṭ raʒul min as safīna!	سقط رجل من السفينة!
SOS	nidā' iɣāθa (m)	نداء إغاثة
Rettungsring (m)	ṭawq naʒāt (m)	طوق نجاة

172. Flughafen

Flughafen (m)	maṭār (m)	مطار
Flugzeug (n)	ṭā'ira (f)	طائرة
Fluggesellschaft (f)	ʃarikat ṭayarān (f)	شركة طيران
Fluglotse (m)	marāqib al ḥaraka al ʒawwiyya (pl)	مراقب الحركة الجوية

Abflug (m)	muɣādara (f)	مغادرة
Ankunft (f)	wuṣūl (m)	وصول
anfliegen (vi)	waṣal	وصل

| Abflugzeit (f) | waqt al muɣādara (m) | وقت المغادرة |
| Ankunftszeit (f) | waqt al wuṣūl (m) | وقت الوصول |

| sich verspäten | ta'aχχar | تأخّر |
| Abflugverspätung (f) | ta'aχχur ar riḥla (m) | تأخّر الرحلة |

Anzeigetafel (f)	lawḥat al ma'lūmāt (f)	لوحة المعلومات
Information (f)	isti'lāmāt (pl)	إستعلامات
ankündigen (vt)	a'lan	أعلن

Flug (m)	riḥla (f)	رحلة
Zollamt (n)	ʒamārik (pl)	جمارك
Zollbeamter (m)	muwazzaf al ʒamārik (m)	موظف الجمارك

Zolldeklaration (f)	taṣrīḥ ʒumrukiy (m)	تصريح جمركيّ
ausfüllen (vt)	mala'	ملأ
die Zollerklärung ausfüllen	mala' at taṣrīḥ	ملأ التصريح
Passkontrolle (f)	taftīʃ al ʒawāzāt (m)	تفتيش الجوازات

Gepäck (n)	aʃ ʃunaṭ (pl)	الشنط
Handgepäck (n)	ʃunaṭ al yad (pl)	شنط اليد
Kofferkuli (m)	'arabat ʃunaṭ (f)	عربة شنط

Landung (f)	hubūṭ (m)	هبوط
Landebahn (f)	mamarr al hubūṭ (m)	ممرّ الهبوط
landen (vi)	habaṭ	هبط
Fluggasttreppe (f)	sullam aṭ ṭā'ira (m)	سلّم الطائرة

Check-in (n)	tasʒīl (m)	تسجيل
Check-in-Schalter (m)	makān at tasʒīl (m)	مكان التسجيل
sich registrieren lassen	saʒʒal	سجّل
Bordkarte (f)	biṭāqat ṣu'ūd (f)	بطاقة صعود
Abfluggate (n)	bawwābat al muɣādara (f)	بوّابة المغادرة

Transit (m)	tranzīt (m)	ترانزيت
warten (vi)	intazar	إنتظر
Wartesaal (m)	qā'at al muɣādara (f)	قاعة المغادرة
begleiten (vt)	wadda'	ودّع
sich verabschieden	wadda'	ودّع

173. Fahrrad. Motorrad

Fahrrad (n)	darrāʒa (f)	درّاجة
Motorroller (m)	skutir (m)	سكوتر
Motorrad (n)	darrāʒa nāriyya (f)	درّاجة ناريّة

Rad fahren	rakib ad darrāʒa	ركب الدرّاجة
Lenkstange (f)	miqwad (m)	مقود
Pedal (n)	dawwāsa (f)	دوّاسة
Bremsen (pl)	farāmil (pl)	فرامل
Sattel (m)	maq'ad (m)	مقعد

Pumpe (f)	ṭulumba (f)	طلمبة
Gepäckträger (m)	raff al amti'a (m)	رفّ الأمتعة
Scheinwerfer (m)	miṣbāḥ (m)	مصباح
Helm (m)	xūða (f)	خوذة

Rad (n)	'aʒala (f)	عجلة
Schutzblech (n)	rafraf (m)	رفرف
Felge (f)	iṭār (m)	إطار
Speiche (f)	barmaq al 'aʒala (m)	برمق العجلة

Autos

174. Autotypen

Auto (n)	sayyāra (f)	سيّارة
Sportwagen (m)	sayyāra riyāḍiyya (f)	سيّارة رياضيّة
Limousine (f)	limuzīn (m)	ليموزين
Geländewagen (m)	sayyārat ṭuruq wa'ra (f)	سيّارة طرق وعرة
Kabriolett (n)	kabriulīh (m)	كابريوليه
Kleinbus (m)	mikrubāṣ (m)	ميكروباص
Krankenwagen (m)	is'āf (m)	إسعاف
Schneepflug (m)	ʒarrāfat θalʒ (f)	جرّافة ثلج
Lastkraftwagen (m)	ʃāḥina (f)	شاحنة
Tankwagen (m)	nāqilat bitrūl (f)	ناقلة بترول
Kastenwagen (m)	'arabat naql (f)	عربة نقل
Sattelzug (m)	ʒarrār (m)	جرّار
Anhänger (m)	maqṭūra (f)	مقطورة
komfortabel	murīḥ	مريح
gebraucht	musta'mal	مستعمل

175. Autos. Karosserie

Motorhaube (f)	kabbūt (m)	كبّوت
Kotflügel (m)	rafraf (m)	رفرف
Dach (n)	saqf (m)	سقف
Windschutzscheibe (f)	zuʒāʒ amāmiy (m)	زجاج أماميّ
Rückspiegel (m)	mir'āt dāḵiliyya (f)	مرآة داخليّة
Scheibenwaschanlage (f)	munaẓẓif az zuʒāʒ (m)	منظّف الزجاج
Scheibenwischer (m)	massāḥāt (pl)	مسّاحات
Seitenscheibe (f)	zuʒāʒ ʒānibiy (m)	زجاج جانبيّ
Fensterheber (m)	mākina zuʒāʒ (f)	ماكينة زجاج
Antenne (f)	hawā'iy (m)	هوائيّ
Schiebedach (n)	nāfiðat as saqf (f)	نافذة السقف
Stoßstange (f)	miṣadd as sayyāra (m)	مصدّ السيارة
Kofferraum (m)	ṣundūq as sayyāra (m)	صندوق السيّارة
Dachgepäckträger (m)	raff saqf as sayyāra (m)	رفّ سقف السيّارة
Wagenschlag (m)	bāb (m)	باب
Türgriff (m)	ukrat al bāb (f)	أوكرة الباب
Türschloss (n)	qifl al bāb (m)	قفل الباب
Nummernschild (n)	lawḥat raqm as sayyāra (f)	لوحة رقم السيارة
Auspufftopf (m)	kātim aṣ ṣawt (m)	كاتم الصوت

| Benzintank (m) | xazzān al banzīn (m) | خزّان البنزين |
| Auspuffrohr (n) | umbūb al 'ādim (m) | أنبوب العادم |

Gas (n)	yāz (m)	غاز
Pedal (n)	dawwāsa (f)	دوّاسة
Gaspedal (n)	dawwāsat al wuqūd (f)	دوّاسة الوقود

Bremse (f)	farāmil (pl)	فرامل
Bremspedal (n)	dawwāsat al farāmil (m)	دوّاسة الفرامل
bremsen (vi)	farmal	فرمل
Handbremse (f)	farmalat al yad (f)	فرملة اليد

Kupplung (f)	ta'ʃīq (m)	تعشيق
Kupplungspedal (n)	dawwāsat at ta'ʃīq (f)	دوّاسة التعشيق
Kupplungsscheibe (f)	qurṣ at ta'ʃīq (m)	قرص التعشيق
Stoßdämpfer (m)	mumtaṣṣ liṣ ṣadamāt (m)	ممتصّ الصدمات

Rad (n)	'aʒala (f)	عجلة
Reserverad (n)	'aʒala ihtiyāṭiyya (f)	عجلة احتياطيّة
Reifen (m)	iṭār (m)	إطار
Radkappe (f)	yitā' mihwar al 'aʒala (m)	غطاء محور العجلة

Triebräder (pl)	'aʒalāt al qiyāda (pl)	عجلات القيادة
mit Vorderantrieb	daf' amāmiy (m)	دفع أماميّ
mit Hinterradantrieb	daf' xalfiy (m)	دفع خلفيّ
mit Allradantrieb	daf' rubā'iy (m)	دفع رباعيّ

Getriebe (n)	ṣundūq at turūs (m)	صندوق التروس
Automatik-	utumatīkiy	أوتوماتيكيّ
Schalt-	yadawiy	يدويّ
Schalthebel (m)	nāqil as sur'a (m)	ناقل السرعة

| Scheinwerfer (m) | al miṣbāh al amāmiy (m) | المصباح الأماميّ |
| Scheinwerfer (pl) | al maṣābīh al amāmiyya (pl) | المصابيح الأماميّة |

Abblendlicht (n)	al anwār al munxafiḍa (pl)	الأنوار المنخفضة
Fernlicht (n)	al anwār al 'āliya (m)	الأنوار العالية
Stopplicht (n)	ḍū' al farāmil (m)	ضوء الفرامل

Standlicht (n)	aḍwā' ʒānibiyya (pl)	أضواء جانبيّة
Warnblinker (m)	aḍwā' at tahḏīr (pl)	أضواء التحذير
Nebelscheinwerfer (pl)	aḍwā' aḍ ḍabāb (pl)	أضواء الضباب
Blinker (m)	iʃārat al in'iṭāf (f)	إشارة الإنعطاف
Rückfahrscheinwerfer (m)	miṣbāh ar ruʒū' lil xalf (m)	مصباح الرجوع للخلف

176. Autos. Fahrgastraum

Wageninnere (n)	ṣālūn as sayyāra (m)	صالون السيّارة
Leder-	min al ʒild	من الجلد
aus Velours	min al muxmal	من المخمل
Polster (n)	tanʒīd (m)	تنجيد

| Instrument (n) | ʒihāz (m) | جهاز |
| Armaturenbrett (n) | lawhat at tahakkum (f) | لوحة التحكم |

| Tachometer (m) | ʿaddād surʿa (m) | عدّاد سرعة |
| Nadel (f) | muʾaʃʃir (m) | مؤشر |

Kilometerzähler (m)	ʿaddād al masāfāt (m)	عدّاد المسافات
Anzeige (Temperatur-)	ʿaddād (m)	عدّاد
Pegel (m)	mustawa (m)	مستوى
Kontrollleuchte (f)	lammbat inðār (f)	لمبة إنذار

Steuerrad (n)	miqwad (m)	مقود
Hupe (f)	zāmūr (m)	زامور
Knopf (m)	zirr (m)	زر
Umschalter (m)	nāqil, miftāḥ (m)	ناقل, مفتاح

Sitz (m)	maqʿad (m)	مقعد
Rückenlehne (f)	misnad aẓ ẓahr (m)	مسند الظهر
Kopfstütze (f)	masnad ar raʾs (m)	مسند الرأس
Sicherheitsgurt (m)	ḥizām al amn (m)	حزام الأمن
sich anschnallen	rabaṭ al ḥizām	ربط الحزام
Einstellung (f)	ḍabṭ (m)	ضبط

| Airbag (m) | wisāda hawāʾiyya (f) | وسادة هوائيّة |
| Klimaanlage (f) | takyīf (m) | تكييف |

Radio (n)	iðāʿa (f)	إذاعة
CD-Spieler (m)	muʃayyil sidi (m)	مشغّل سي دي
einschalten (vt)	fataḥ, ʃayyal	فتح, شغّل
Antenne (f)	hawāʾiy (m)	هوائيّ
Handschuhfach (n)	durჳ (m)	درج
Aschenbecher (m)	ṭaqṭūqa (f)	طقطوقة

177. Autos. Motor

Triebwerk (n)	muḥarrik (m)	محرّك
Motor (m)	mutūr (m)	موتور
Diesel-	dīzil	ديزل
Benzin-	ʿalal banzīn	على البنزين

Hubraum (m)	siʿat al muḥarrik (f)	سعة المحرّك
Leistung (f)	qudra (f)	قدرة
Pferdestärke (f)	ḥiṣān (m)	حصان
Kolben (m)	mikbas (m)	مكبس
Zylinder (m)	usṭuwāna (f)	أسطوانة
Ventil (n)	ṣimām (m)	صمام

Injektor (m)	ჳihāz baxxāx (f)	جهاز بخّاخ
Generator (m)	muwallid (m)	مولّد
Vergaser (m)	karburātir (m)	كاربراتير
Motoröl (n)	zayt al muḥarrik (m)	زيت المحرّك

Kühler (m)	mubarrid al muḥarrik (m)	مبرّد المحرّك
Kühlflüssigkeit (f)	mādda mubarrida (f)	مادّة مبرّدة
Ventilator (m)	mirwaḥa (f)	مروحة
Autobatterie (f)	baṭṭāriyya (f)	بطّارية
Anlasser (m)	miftāḥ at taʃɣīl (m)	مفتاح التشغيل

| Zündung (f) | niẓām tafɣīl (m) | نظام تشغيل |
| Zündkerze (f) | ʃamʿat al ihtirāq (f) | شمعة الاحتراق |

Klemme (f)	ṭaraf tawṣīl (m)	طرف توصيل
Pluspol (m)	ṭaraf mūʒab (m)	طرف موجب
Minuspol (m)	ṭaraf sālib (m)	طرف سالب
Sicherung (f)	fāṣima (f)	فاصمة

Luftfilter (m)	miṣfāt al hawā' (f)	مصفاة الهواء
Ölfilter (m)	miṣfāt az zayt (f)	مصفاة الزيت
Treibstofffilter (m)	miṣfāt al banzīn (f)	مصفاة البنزين

178. Autos. Unfall. Reparatur

Unfall (m)	ḥādiθ sayyāra (f)	حادث سيّارة
Verkehrsunfall (m)	ḥādiθ murūriy (m)	حادث مروري
fahren gegen ...	iṣṭadam	إصطدم
verunglücken (vi)	tahaṭṭam	تحطم
Schaden (m)	χasāra (f)	خسارة
heil (Adj)	salīm	سليم

| kaputtgehen (vi) | taʿaṭṭal | تعطّل |
| Abschleppseil (n) | ḥabl as saḥb (m) | حبل السحب |

Reifenpanne (f)	θuqb (m)	ثقب
platt sein	faʃʃ	فش
pumpen (vt)	nafaχ	نفخ
Reifendruck (m)	ḍaɣṭ (m)	ضغط
prüfen (vt)	iχtabar	إختبر

Reparatur (f)	iṣlāḥ (m)	إصلاح
Reparaturwerkstatt (f)	warʃat iṣlāḥ as sayyārāt (f)	ورشة إصلاح السيّارات
Ersatzteil (n)	qiṭʿat ɣiyār (f)	قطعة غيار
Einzelteil (n)	qiṭʿa (f)	قطعة

Bolzen (m)	mismār qalāwūz (m)	مسمار قلاووظ
Schraube (f)	burɣiy (m)	برغي
Schraubenmutter (f)	ṣamūla (f)	صامولة
Scheibe (f)	ḥalqa (f)	حلقة
Lager (n)	maḥmal (m)	محمل

Rohr (Abgas-)	umbūba (f)	أنبوبة
Dichtung (f)	ʿazaqa (f)	عزقة
Draht (m)	silk (m)	سلك

Wagenheber (m)	rāfiʿat sayyāra (f)	رافعة سيّارة
Schraubenschlüssel (m)	miftāḥ aṣ ṣawāmīl (m)	مفتاح الصواميل
Hammer (m)	miṭraqa (f)	مطرقة
Pumpe (f)	ṭulumba (f)	طلمبة
Schraubenzieher (m)	mifakk (m)	مفك

Feuerlöscher (m)	miṭfaʾat ḥarīq (f)	مطفأة حريق
Warndreieck (n)	muθallaθ taḥðīr (m)	مثلث تحذير
abwürgen (Motor)	tawaqqaf	توقّف

Anhalten (~ des Motors)	tawaqquf (m)	توقّف
kaputt sein	kān maksūran	كان مكسوراً

überhitzt werden (Motor)	saxan bi ʃidda	سخن بشدّة
verstopft sein	kān masdūdan	كان مسدوداً
einfrieren (Schloss, Rohr)	taʒammad	تجمّد
zerplatzen (vi)	infaʒar	إنفجر

Druck (m)	dayt (m)	ضغط
Pegel (m)	mustawa (m)	مستوى
schlaff (z.B. -e Riemen)	daʔif	ضعيف

Delle (f)	baʒa (f)	بعجة
Klopfen (n)	daqq (m)	دقّ
Riß (m)	ʃaqq (m)	شقّ
Kratzer (m)	xadʃ (m)	خدش

179. Autos. Straßen

Fahrbahn (f)	tarīq (m)	طريق
Schnellstraße (f)	tarīq sarīʔ (m)	طريق سريع
Autobahn (f)	tarīq sarīʔ (m)	طريق سريع
Richtung (f)	ittiʒāh (m)	إتّجاه
Entfernung (f)	masāfa (f)	مسافة

Brücke (f)	ʒisr (m)	جسر
Parkplatz (m)	mawqif as sayyārāt (m)	موقف السيّارات
Platz (m)	maydān (m)	ميدان
Autobahnkreuz (n)	taqātuʔ turuq (m)	تقاطع طرق
Tunnel (m)	nafaq (m)	نفق

Tankstelle (f)	mahattat banzīn (f)	محطّة بنزين
Parkplatz (m)	mawqif as sayyārāt (m)	موقف السيّارات
Zapfsäule (f)	midaxxat banzīn (f)	مضخّة بنزين
Reparaturwerkstatt (f)	warʃat islāh as sayyārāt (f)	ورشة إصلاح السيّارات
tanken (vt)	mala' bil wuqūd	ملأ بالوقود
Treibstoff (m)	wuqūd (m)	وقود
Kanister (m)	ʒirikan (m)	جركن

Asphalt (m)	asfalt (m)	أسفلت
Markierung (f)	ʔalāmāt at tarīq (pl)	علامات الطريق
Bordstein (m)	hāffat ar rasīf (f)	حافّة الرصيف
Leitplanke (f)	sūr (m)	سور
Graben (m)	qanāt (f)	قناة
Straßenrand (m)	hāffat at tarīq (f)	حافّة الطريق
Straßenlaterne (f)	ʔamūd nūr (m)	عمود نور

fahren (vt)	sāq	ساق
abbiegen (nach links ~)	in'ataf	إنعطف
umkehren (vi)	istadār lil xalf	إستدار للخلف
Rückwärtsgang (m)	haraka ilal warā' (f)	حركة إلى الوراء

hupen (vi)	zammar	زمّر
Hupe (f)	sawt az zāmūr (m)	صوت الزامور

stecken (im Schlamm ~)	waḥil	وحل
durchdrehen (Räder)	dawwar al 'aӡala	دوّر العجلة
abstellen (Motor ~)	awqaf	أوقف

Geschwindigkeit (f)	sur'a (f)	سرعة
Geschwindigkeit überschreiten	taӡāwaz as sur'a al quṣwa	تجاوز السرعة القصوى
bestrafen (vt)	faraḍ γarāma	فرض غرامة
Ampel (f)	iʃārāt al murūr (pl)	إشارات المرور
Führerschein (m)	ruxṣat al qiyāda (f)	رخصة قيادة

Bahnübergang (m)	ma'bar (m)	معبر
Straßenkreuzung (f)	taqāṭu' (m)	تقاطع
Fußgängerüberweg (m)	ma'bar al muʃāt (m)	معبر المشاة
Kehre (f)	mun'aṭif (m)	منعطف
Fußgängerzone (f)	makān muxaṣṣaṣ lil muʃāt (f)	مكان مخصّص للمشاة

180. Verkehrszeichen

Verkehrsregeln (pl)	qawā'id al murūr (pl)	قواعد المرور
Verkehrszeichen (n)	'alāma (f)	علامة
Überholen (n)	taӡāwuz (m)	تجاوز
Kurve (f)	mun'aṭif (m)	منعطف
Wende (f)	dawarān lil xalf (m)	دوران للخلف
Kreisverkehr (m)	dawarān murūriy (m)	دوران مروري

Einfahrt verboten	mamnū' ad duxūl	ممنوع الدخول
Verkehr verboten	mamnū' murūr as sayyārāt	ممنوع مرور السيارات
Überholverbot	mamnū' at taӡāwuz	ممنوع التجاوز
Parken verboten	mamnū' al wuqūf	ممنوع الوقوف
Halteverbot	mamnū' al wuqūf	ممنوع الوقوف

gefährliche Kurve (f)	mun'aṭaf xaṭir (m)	منعطف خطر
Gefälle (n)	munhadar xaṭar (m)	منحدر خطر
Einbahnstraße (f)	ṭarīq ittiӡāh wāḥid (m)	طريق إتجاه واحد
Fußgängerüberweg (m)	ma'bar al muʃāt (m)	معبر المشاة
Schleudergefahr	ṭarīq zaliq (m)	طريق زلق
Vorfahrt gewähren!	iʃārat waḍ'iyyat tark al awlawiyya	إشارة وضعيّة ترك الأولويّة

159

MENSCHEN. LEBENSEREIGNISSE

Lebensereignisse

181. Feiertage. Ereignis

Fest (n)	ʿīd (m)	عيد
Nationalfeiertag (m)	ʿīd waṭaniy (m)	عيد وطني
Feiertag (m)	yawm al ʿuṭla ar rasmiyya (m)	يوم العطلة الرسمية
feiern (vt)	iḥtafal	إحتفل
Ereignis (n)	ḥadaθ (m)	حدث
Veranstaltung (f)	munasaba (f)	مناسبة
Bankett (n)	walīma (f)	وليمة
Empfang (m)	ḥaflat istiqbāl (f)	حفلة إستقبال
Festmahl (n)	walīma (f)	وليمة
Jahrestag (m)	ðikra sanawiyya (f)	ذكرى سنوية
Jubiläumsfeier (f)	yubīl (m)	يوبيل
begehen (vt)	iḥtafal	إحتفل
Neujahr (n)	ra's as sana (m)	رأس السنة
Frohes Neues Jahr!	kull sana wa anta ṭayyib!	كلّ سنة وأنت طيّب!
Weihnachtsmann (m)	baba nuwīl (m)	بابا نويل
Weihnachten (n)	ʿīd al mīlād (m)	عيد الميلاد
Frohe Weihnachten!	ʿīd mīlād saʿīd!	عيد ميلاد سعيد!
Tannenbaum (m)	ʃaʒarat ra's as sana (f)	شجرة رأس السنة
Feuerwerk (n)	alʿāb nāriyya (pl)	ألعاب نارية
Hochzeit (f)	zifāf (m)	زفاف
Bräutigam (m)	ʿarīs (m)	عريس
Braut (f)	ʿarūsa (f)	عروسة
einladen (vt)	daʿa	دعا
Einladung (f)	biṭāqat daʿwa (f)	بطاقة دعوة
Gast (m)	ḍayf (m)	ضيف
besuchen (vt)	zār	زار
Gäste empfangen	istaqbal aḍ ḍuyūf	إستقبل الضيوف
Geschenk (n)	hadiyya (f)	هديّة
schenken (vt)	qaddam	قدّم
Geschenke bekommen	istalam al hadāya	إستلم الهدايا
Blumenstrauß (m)	bāqat zuhūr (f)	باقة زهور
Glückwunsch (m)	tahniʾa (f)	تهنئة
gratulieren (vi)	hanna'	هنّأ
Glückwunschkarte (f)	biṭāqat tahnīʾa (f)	بطاقة تهنئة

eine Karte abschicken	arsal biṭāqat tahni'a	أرسل بطاقة تهنئة
eine Karte erhalten	istalam biṭāqat tahnī'a	إستلم بطاقة تهنئة

Trinkspruch (m)	naχb (m)	نخب
anbieten (vt)	ḍayyaf	ضيّف
Champagner (m)	ʃambāniya (f)	شمبانيا

sich amüsieren	istamta'	إستمتع
Fröhlichkeit (f)	faraḥ (m)	فرح
Freude (f)	sa'āda (f)	سعادة

Tanz (m)	rāqiṣa (f)	رقصة
tanzen (vi, vt)	raqaṣ	رقص

Walzer (m)	vāls (m)	فالس
Tango (m)	tāngu (m)	تانجو

182. Bestattungen. Begräbnis

Friedhof (m)	maqbara (f)	مقبرة
Grab (n)	qabr (m)	قبر
Kreuz (n)	ṣalīb (m)	صليب
Grabstein (m)	ʃāhid al qabr (m)	شاهد القبر
Zaun (m)	sūr (m)	سور
Kapelle (f)	kanīsa saɣīra (f)	كنيسة صغيرة

Tod (m)	mawt (m)	موت
sterben (vi)	māt	مات
Verstorbene (m)	al mutawaffi (m)	المتوفّي
Trauer (f)	ḥidād (m)	حداد

begraben (vt)	dafan	دفن
Bestattungsinstitut (n)	bayt al ʒanāzāt (m)	بيت الجنازات
Begräbnis (n)	ʒanāza (f)	جنازة
Kranz (m)	iklīl (m)	إكليل
Sarg (m)	tābūt (m)	تابوت
Katafalk (m)	sayyārat naql al mawta (f)	سيّارة نقل الموتى
Totenhemd (n)	kafan (m)	كفن

Trauerzug (m)	ʒanāza (f)	جنازة
Urne (f)	qārūra li ḥifẓ ramād al mawta (f)	قارورة لحفظ رماد الموتى
Krematorium (n)	maḥraqat ʒuθaθ al mawta (f)	محرقة جثث الموتى

Nachruf (m)	na'iy (m)	نعيّ
weinen (vi)	baka	بكى
schluchzen (vi)	naḥab	نحب

183. Krieg. Soldaten

Zug (m)	faṣīla (f)	فصيلة
Kompanie (f)	sariyya (f)	سرية

Regiment (n)	fawӡ (m)	فوج
Armee (f)	ӡayʃ (m)	جيش
Division (f)	firqa (f)	فرقة

| Abteilung (f) | waḥda (f) | وحدة |
| Heer (n) | ӡayʃ (m) | جيش |

| Soldat (m) | ӡundiy (m) | جندي |
| Offizier (m) | ḍābiṭ (m) | ضابط |

Soldat (m)	ӡundiy (m)	جندي
Feldwebel (m)	raqīb (m)	رقيب
Leutnant (m)	mulāzim (m)	ملازم
Hauptmann (m)	naqīb (m)	نقيب
Major (m)	rā'id (m)	رائد
Oberst (m)	'aqīd (m)	عقيد
General (m)	ӡinirāl (m)	جنرال

Matrose (m)	baḥḥār (m)	بحّار
Kapitän (m)	qubṭān (m)	قبطان
Bootsmann (m)	raʾīs al baḥḥāra (m)	رئيس البحّارة

Artillerist (m)	madfaʿiy (m)	مدفعي
Fallschirmjäger (m)	ӡundiy al maẓallāt (m)	جندي المظلّات
Pilot (m)	ṭayyār (m)	طيّار
Steuermann (m)	mallāḥ (m)	ملّاح
Mechaniker (m)	mikanīkiy (m)	ميكانيكي

Pionier (m)	muhandis 'askariy (m)	مهندس عسكري
Fallschirmspringer (m)	miẓalliy (m)	مظلّي
Aufklärer (m)	mustakʃif (m)	مستكشف
Scharfschütze (m)	qannāṣ (m)	قنّاص

Patrouille (f)	dawriyya (f)	دوريّة
patrouillieren (vi)	qām bi dawriyya	قام بدوريّة
Wache (f)	ḥāris (m)	حارس

| Krieger (m) | muḥārib (m) | محارب |
| Patriot (m) | waṭaniy (m) | وطني |

| Held (m) | baṭal (m) | بطل |
| Heldin (f) | baṭala (f) | بطلة |

| Verräter (m) | χāʾin (m) | خائن |
| verraten (vt) | χān | خان |

| Deserteur (m) | hārib min al ӡayʃ (m) | هارب من الجيش |
| desertieren (vi) | harab min al ӡayʃ | هرب من الجيش |

Söldner (m)	maʾӡūr (m)	مأجور
Rekrut (m)	ӡundiy ӡadīd (m)	جندي جديد
Freiwillige (m)	mutaṭawwiʿ (m)	متطوّع

Getoetete (m)	qatīl (m)	قتيل
Verwundete (m)	ӡarīḥ (m)	جريح
Kriegsgefangene (m)	asīr (m)	أسير

184. Krieg. Militärische Aktionen. Teil 1

Krieg (m)	ḥarb (f)	حرب
Krieg führen	ḥārab	حارب
Bürgerkrieg (m)	ḥarb ahliyya (f)	حرب أهليّة
heimtückisch (Adv)	ɣadran	غدرًا
Kriegserklärung (f)	i'lān ḥarb (m)	إعلان حرب
erklären (den Krieg ~)	a'lan	أعلن
Aggression (f)	'udwān (m)	عدوان
einfallen (Staat usw.)	haʒam	هجم
einfallen (in ein Land ~)	iḥtall	إحتلّ
Invasoren (pl)	muḥtall (m)	محتلّ
Eroberer (m), Sieger (m)	fātiḥ (m)	فاتح
Verteidigung (f)	difā' (m)	دفاع
verteidigen (vt)	dāfa'	دافع
sich verteidigen	dāfa' 'an nafsih	دافع عن نفسه
Feind (m)	'aduww (m)	عدوّ
Gegner (m)	xaṣm (m)	خصم
Feind-	'aduww	عدوّ
Strategie (f)	istratiʒiyya (f)	إستراتيجيّة
Taktik (f)	taktīk (m)	تكتيك
Befehl (m)	amr (m)	أمر
Anordnung (f)	amr (m)	أمر
befehlen (vt)	amar	أمر
Auftrag (m)	muhimma (f)	مهمّة
geheim (Adj)	sirriy	سرّيّ
Schlacht (f)	ma'raka (f)	معركة
Kampf (m)	qitāl (m)	قتال
Angriff (m)	huʒūm (m)	هجوم
Sturm (m)	inqiḍāḍ (m)	إنقضاض
stürmen (vt)	inqaḍḍ	إنقضّ
Belagerung (f)	ḥiṣār (m)	حصار
Angriff (m)	huʒūm (m)	هجوم
angreifen (vt)	haʒam	هجم
Rückzug (m)	insiḥāb (m)	إنسحاب
sich zurückziehen	insaḥab	إنسحب
Einkesselung (f)	iḥāṭa (f)	إحاطة
einkesseln (vt)	aḥāṭ	أحاط
Bombenangriff (m)	qaṣf (m)	قصف
eine Bombe abwerfen	asqaṭ qumbula	أسقط قنبلة
bombardieren (vt)	qaṣaf	قصف
Explosion (f)	infiʒār (m)	إنفجار
Schuss (m)	ṭalaqa (f)	طلقة

schießen (vt)	aṭlaq an nār	أطلق النار
Schießerei (f)	iṭlāq an nār (m)	إطلاق النار

zielen auf ...	ṣawwab	صوّب
richten (die Waffe)	ṣawwab	صوّب
treffen (ins Schwarze ~)	aṣāb al hadaf	أصاب الهدف

versenken (vt)	aɣraq	أغرق
Loch (im Schiffsrumpf)	θuqb (m)	ثقب
versinken (Schiff)	ɣariq	غرق

Front (f)	ʒabha (f)	جبهة
Evakuierung (f)	iχlāʼ aṭ ṭawāri' (m)	إخلاء الطوارئ
evakuieren (vt)	aχla	أخلى

Schützengraben (m)	χandaq (m)	خندق
Stacheldraht (m)	aslāk ʃāʼika (pl)	أسلاك شائكة
Sperre (z.B. Panzersperre)	ḥāʒiz (m)	حاجز
Wachtturm (m)	burʒ muraqaba (m)	برج مراقبة

Lazarett (n)	mustaʃfa ʻaskariy (m)	مستشفى عسكريّ
verwunden (vt)	ʒaraḥ	جرح
Wunde (f)	ʒurḥ (m)	جرح
Verwundete (m)	ʒarīḥ (m)	جريح
verletzt sein	uṣīb bil ʒirāḥ	أصيب بالجراح
schwer (-e Verletzung)	χaṭīr	خطير

185. Krieg. Militärische Aktionen. Teil 2

Gefangenschaft (f)	asr (m)	أسر
gefangen nehmen (vt)	asar	أسر
in Gefangenschaft sein	kān asīran	كان أسيرًا
in Gefangenschaft geraten	waqaʻ fil asr	وقع في الأسر

Konzentrationslager (n)	muʻaskar iʻtiqāl (m)	معسكر إعتقال
Kriegsgefangene (m)	asīr (m)	أسير
fliehen (vi)	harab	هرب

verraten (vt)	χān	خان
Verräter (m)	χāʼin (m)	خائن
Verrat (m)	χiyāna (f)	خيانة

erschießen (vt)	aʻdam ramyan bir raṣāṣ	أعدم رميًا بالرصاص
Erschießung (f)	iʻdām ramyan bir raṣāṣ (m)	إعدام رميًا بالرصاص

Ausrüstung (persönliche ~)	al ʻitād al ʻaskariy (m)	العتاد العسكريّ
Schulterstück (n)	katāfa (f)	كتافة
Gasmaske (f)	qināʻ al ɣāz (m)	قناع الغاز

Funkgerät (n)	ʒihāz lāsilkiy (m)	جهاز لاسلكيّ
Chiffre (f)	ʃifra (f)	شفرة
Geheimhaltung (f)	sirriyya (f)	سرّيّة
Kennwort (n)	kalimat al murūr (f)	كلمة مرور
Mine (f)	laɣm (m)	لغم

| Minen legen | layyam | لغّم |
| Minenfeld (n) | ḥaql alɣām (m) | حقل ألغام |

Luftalarm (m)	inðār ʒawwiy (m)	إنذار جوّيّ
Alarm (m)	inðār (m)	إنذار
Signal (n)	iʃāra (f)	إشارة
Signalrakete (f)	iʃāra muḍī'a (f)	إشارة مضيئة

Hauptquartier (n)	maqarr (m)	مقرّ
Aufklärung (f)	kaʃʃāfat al istiṭlā' (f)	كشّافة الإستطلاع
Lage (f)	waḍ' (m)	وضع
Bericht (m)	taqrīr (m)	تقرير
Hinterhalt (m)	kamīn (m)	كمين
Verstärkung (f)	imdādāt 'askariyya (pl)	إمدادات عسكرية

Zielscheibe (f)	hadaf (m)	هدف
Schießplatz (m)	ḥaql taʒārib (m)	حقل تجارب
Manöver (n)	munāwarāt 'askariyya (pl)	مناورات عسكرية

Panik (f)	ðu'r (m)	ذعر
Verwüstung (f)	damār (m)	دمار
Trümmer (pl)	ḥiṭām (pl)	حطام
zerstören (vt)	dammar	دمّر

überleben (vi)	naʒa	نجا
entwaffnen (vt)	ʒarrad min as silāḥ	جرّد من السلاح
handhaben (vt)	ista'mal	إستعمل

| Stillgestanden! | intibāh! | إنتباه! |
| Rühren! | istariḥ! | إسترح! |

Heldentat (f)	ma'θara (f)	مأثرة
Eid (m), Schwur (m)	qasam (m)	قسم
schwören (vi, vt)	aqsam	أقسم

Lohn (Orden, Medaille)	wisām (m)	وسام
auszeichnen (mit Orden)	manaḥ	منح
Medaille (f)	midāliyya (f)	ميداليّة
Orden (m)	wisām 'askariy (m)	وسام عسكريّ

Sieg (m)	intiṣār - fawz (m)	إنتصار، فوز
Niederlage (f)	hazīma (f)	هزيمة
Waffenstillstand (m)	hudna (f)	هدنة

Fahne (f)	rāyat al ma'raka (f)	راية المعركة
Ruhm (m)	maʒd (m)	مجد
Parade (f)	isti'rāḍ 'askariy (m)	إستعراض عسكريّ
marschieren (vi)	sār	سار

186. Waffen

Waffe (f)	asliḥa (pl)	أسلحة
Schusswaffe (f)	asliḥa nāriyya (pl)	أسلحة ناريّة
blanke Waffe (f)	asliḥa bayḍā' (pl)	أسلحة بيضاء

chemischen Waffen (pl)	asliḥa kīmyā'iyya (pl)	أسلحة كيميائيّة
Kern-, Atom-	nawawiy	نووي
Kernwaffe (f)	asliḥa nawawiyya (pl)	أسلحة نوويّة

| Bombe (f) | qumbula (f) | قنبلة |
| Atombombe (f) | qumbula nawawiyya (f) | قنبلة نوويّة |

Pistole (f)	musaddas (m)	مسدّس
Gewehr (n)	bunduqiyya (f)	بندقيّة
Maschinenpistole (f)	bunduqiyya huʒūmiyya (f)	بندقيّة هجوميّة
Maschinengewehr (n)	raʃʃāʃ (m)	رشّاش

Mündung (f)	fūha (f)	فوهة
Lauf (Gewehr-)	sabṭāna (f)	سبطانة
Kaliber (n)	ʿiyār (m)	عيار

Abzug (m)	zinād (m)	زناد
Visier (n)	muṣawwib (m)	مصوّب
Magazin (n)	maxzan (m)	مخزن
Kolben (m)	ʿaqab al bunduqiyya (m)	عقب البندقيّة

| Handgranate (f) | qumbula yadawiyya (f) | قنبلة يدويّة |
| Sprengstoff (m) | mawādd mutafaʒʒira (pl) | موادّ متفجّرة |

Kugel (f)	ruṣāṣa (f)	رصاصة
Patrone (f)	xarṭūʃa (f)	خرطوشة
Ladung (f)	ḥaʃwa (f)	حشوة
Munition (f)	ðaxā'ir (pl)	ذخائر

Bomber (m)	qāðifat qanābil (f)	قاذفة قنابل
Kampfflugzeug (n)	ṭā'ira muqātila (f)	طائرة مقاتلة
Hubschrauber (m)	hiliukūbtir (m)	هليكوبتر

Flugabwehrkanone (f)	madfaθ muḍādd liṭ ṭa'irāṭ (m)	مدفع مضادّ للطائرات
Panzer (m)	dabbāba (f)	دبّابة
Panzerkanone (f)	madfaʿ ad dabbāba (m)	مدفع الدبّابة

Artillerie (f)	madfaʿiyya (f)	مدفعيّة
Kanone (f)	madfaʿ (m)	مدفع
richten (die Waffe)	ṣawwab	صوّب

Geschoß (n)	qaðīfa (f)	قذيفة
Wurfgranate (f)	qumbula hāwun (f)	قنبلة هاون
Granatwerfer (m)	hāwun (m)	هاون
Splitter (m)	ʃaẓiyya (f)	شظيّة

U-Boot (n)	ɣawwāṣa (f)	غوّاصة
Torpedo (m)	ṭurbīd (m)	طوربيد
Rakete (f)	ṣārūx (m)	صاروخ

laden (Gewehr)	ḥaʃa	حشا
schießen (vi)	aṭlaq an nār	أطلق النار
zielen auf ...	ṣawwab	صوّب
Bajonett (n)	ḥarba (f)	حربة
Degen (m)	ʃīʃ (m)	شيش
Säbel (m)	sayf munḥani (m)	سيف منحن

Speer (m)	rumḥ (m)	رمح
Bogen (m)	qaws (m)	قوس
Pfeil (m)	sahm (m)	سهم
Muskete (f)	muskīt (m)	مسكيت
Armbrust (f)	qaws musta'raḍ (m)	قوس مستعرض

187. Menschen der Antike

vorzeitlich	bidā'iy	بدائيّ
prähistorisch	ma qabl at tarīχ	ما قبل التاريخ
alt (antik)	qadīm	قديم

Steinzeit (f)	al 'aṣr al ḥaȝariy (m)	العصر الحجريّ
Bronzezeit (f)	al 'aṣr al brunziy (m)	العصر البرونزيّ
Eiszeit (f)	al 'aṣr al ȝalīdiy (m)	العصر الجليديّ

Stamm (m)	qabīla (f)	قبيلة
Kannibale (m)	'ākil laḥm al baʃar (m)	آكل لحم البشر
Jäger (m)	ṣayyād (m)	صيّاد
jagen (vi)	iṣṭād	إصطاد
Mammut (n)	mamūθ (m)	ماموث

Höhle (f)	kahf (m)	كهف
Feuer (n)	nār (f)	نار
Lagerfeuer (n)	nār muχayyam (m)	نار مخيّم
Höhlenmalerei (f)	rasm fil kahf (m)	رسم في الكهف

Werkzeug (n)	adāt (f)	أداة
Speer (m)	rumḥ (m)	رمح
Steinbeil (n), Steinaxt (f)	fa's ḥaȝariy (m)	فأس حجريّ

| Krieg führen | ḥārab | حارب |
| domestizieren (vt) | daȝȝan | دجن |

| Idol (n) | ṣanam (m) | صنم |
| anbeten (vt) | 'abad | عبد |

| Aberglaube (m) | χurāfa (f) | خرافة |
| Brauch (m), Ritus (m) | mansak (m) | منسك |

| Evolution (f) | taṭawwur (m) | تطوّر |
| Entwicklung (f) | numuww (m) | نموّ |

| Verschwinden (n) | iχtifā' (m) | إختفاء |
| sich anpassen | takayyaf | تكيّف |

Archäologie (f)	'ilm al 'āθār (m)	علم الآثار
Archäologe (m)	'ālim 'āθār (m)	عالم آثار
archäologisch	aθariy	أثريّ

Ausgrabungsstätte (f)	mawqi' ḥafr (m)	موقع حفر
Ausgrabungen (pl)	tanqīb (m)	تنقيب
Fund (m)	iktiʃāf (m)	إكتشاف
Fragment (n)	qiṭ'a (f)	قطعة

188. Mittelalter

Volk (n)	ʃaʿb (m)	شعب
Völker (pl)	ʃuʿūb (pl)	شعوب
Stamm (m)	qabīla (f)	قبيلة
Stämme (pl)	qabāʾil (pl)	قبائل
Barbaren (pl)	al barābira (pl)	البرابرة
Gallier (pl)	al ɣalyūn (pl)	الغاليون
Goten (pl)	al qūṭiyyūn (pl)	القوطيّون
Slawen (pl)	as silāf (pl)	السلاف
Wikinger (pl)	al vaykinɣ (pl)	الفايكينغ
Römer (pl)	ar rūmān (pl)	الرومان
römisch	rumāniy	روماني
Byzantiner (pl)	bizanṭiyyūn (pl)	بيزنطيّون
Byzanz (n)	bīzanṭa (f)	بيزنطة
byzantinisch	bizanṭiy	بيزنطي
Kaiser (m)	imbiraṭūr (m)	إمبراطور
Häuptling (m)	zaʿīm (m)	زعيم
mächtig (Kaiser usw.)	qawiy	قوي
König (m)	malik (m)	ملك
Herrscher (Monarch)	ḥākim (m)	حاكم
Ritter (m)	fāris (m)	فارس
Feudalherr (m)	iqṭāʿiy (m)	إقطاعي
feudal, Feudal-	iqṭāʿiy	إقطاعي
Vasall (m)	muqṭaʿ (m)	مقطع
Herzog (m)	dūq (m)	دوق
Graf (m)	īrl (m)	إيرل
Baron (m)	barūn (m)	بارون
Bischof (m)	usquf (m)	أسقف
Rüstung (f)	dirʿ (m)	درع
Schild (m)	turs (m)	ترس
Schwert (n)	sayf (m)	سيف
Visier (n)	ḥāffa amāmiyya lil χūða (f)	حافّة أماميّة للخوذة
Panzerhemd (n)	dirʿ az zarad (m)	درع الزرد
Kreuzzug (m)	ḥamla ṣalībiyya (f)	حملة صليبيّة
Kreuzritter (m)	ṣalībiy (m)	صليبي
Territorium (n)	arḍ (f)	أرض
einfallen (vt)	haʒam	هجم
erobern (vt)	fataḥ	فتح
besetzen (Land usw.)	iḥtall	إحتلّ
Belagerung (f)	ḥiṣār (m)	حصار
belagert	muḥāṣar	محاصر
belagern (vt)	ḥāṣar	حاصر
Inquisition (f)	maḥākim at taftīʃ (pl)	محاكم التفتيش
Inquisitor (m)	mufattiʃ (m)	مفتّش

Folter (f)	ta'ðīb (m)	تعذيب
grausam (-e Folter)	qãs	قاس
Häretiker (m)	hartūqiy (m)	هرطوقيّ
Häresie (f)	hartaqa (f)	هرطقة

Seefahrt (f)	as safar bil bahr (m)	السفر بالبحر
Seeräuber (m)	qursãn (m)	قرصان
Seeräuberei (f)	qarsana (f)	قرصنة
Enterung (f)	muhãʒmat safīna (f)	مهاجمة سفينة
Beute (f)	ɣanīma (f)	غنيمة
Schätze (pl)	kunūz (pl)	كنوز

Entdeckung (f)	iktiʃãf (m)	إكتشاف
entdecken (vt)	iktaʃaf	إكتشف
Expedition (f)	ba'θa (f)	بعثة

Musketier (m)	fãris (m)	فارس
Kardinal (m)	kardinãl (m)	كاردينال
Heraldik (f)	ʃi'ãrãt an nabãla (pl)	شعارات النبالة
heraldisch	χãss bi ʃi'ãrãt an nabãla	خاصّ بشعارات النبالة

189. Führungspersonen. Chef. Behörden

König (m)	malik (m)	ملك
Königin (f)	malika (f)	ملكة
königlich	malakiy	ملكيّ
Königreich (n)	mamlaka (f)	مملكة

| Prinz (m) | amīr (m) | أمير |
| Prinzessin (f) | amīra (f) | أميرة |

Präsident (m)	ra'īs (m)	رئيس
Vizepräsident (m)	nã'ib ar ra'īs (m)	نائب الرئيس
Senator (m)	'uḍw maʒlis aʃ ʃuyūχ (m)	عضو مجلس الشيوخ

Monarch (m)	'ãhil (m)	عاهل
Herrscher (m)	hãkim (m)	حاكم
Diktator (m)	diktatūr (m)	ديكتاتور
Tyrann (m)	tãɣiya (f)	طاغية
Magnat (m)	ra'smãliy kabīr (m)	رأسمالي كبير

Direktor (m)	mudīr (m)	مدير
Chef (m)	ra'īs (m)	رئيس
Leiter (einer Abteilung)	mudīr (m)	مدير
Boss (m)	ra'īs (m), mudīr (m)	رئيس، مدير
Eigentümer (m)	sãhib (m)	صاحب

Führer (m)	za'īm (m)	زعيم
Leiter (Delegations-)	ra'īs (m)	رئيس
Behörden (pl)	sulutãt (pl)	سلطات
Vorgesetzten (pl)	ru'asã' (pl)	رؤساء

| Gouverneur (m) | muhãfiz (m) | محافظ |
| Konsul (m) | qunsul (m) | قنصل |

Diplomat (m)	diblumāsiy (m)	دبلوماسيّ
Bürgermeister (m)	raʾīs al baladiyya (m)	رئيس البلديّة
Sheriff (m)	ʃarīf (m)	شريف

Kaiser (m)	imbiraṭūr (m)	إمبراطور
Zar (m)	qayṣar (m)	قيصر
Pharao (m)	firʾawn (m)	فرعون
Khan (m)	χān (m)	خان

190. Straße. Weg. Richtungen

| Fahrbahn (f) | ṭarīq (m) | طريق |
| Weg (m) | ṭarīq (m) | طريق |

Autobahn (f)	ṭarīq sarīʾ (m)	طريق سريع
Schnellstraße (f)	ṭarīq sarīʾ (m)	طريق سريع
Bundesstraße (f)	ṭarīq waṭaniy (m)	طريق وطنيّ

| Hauptstraße (f) | ṭarīq raʾīsiy (m) | طريق رئيسيّ |
| Feldweg (m) | ṭarīq turābiy (m) | طريق ترابيّ |

| Pfad (m) | mamarr (m) | ممرّ |
| Fußweg (m) | mamarr (m) | ممرّ |

Wo?	ayna?	أين؟
Wohin?	ila ayna?	إلى أين؟
Woher?	min ayna?	من أين؟

| Richtung (f) | ittiʒāh (m) | إتّجاه |
| zeigen (vt) | aʃār | أشار |

nach links	ilaʃ ʃimāl	إلى الشمال
nach rechts	ilal yamīn	إلى اليمين
geradeaus	ilal amām	إلى الأمام
zurück	ilal warāʾ	إلى الوراء

Kurve (f)	munʿaṭif (m)	منعطف
abbiegen (nach links ~)	inʿaṭaf	إنعطف
umkehren (vi)	istadār lil χalf	إستدار للخلف

| sichtbar sein | ẓahar | ظهر |
| erscheinen (vi) | ẓahar | ظهر |

Aufenthalt (m)	istirāḥa (f)	إستراحة
sich erholen	istarāḥ	إستراح
Erholung (f)	istirāḥa (f)	إستراحة

sich verirren	tāh	تاه
führen nach ... (Straße usw.)	adda ila ...	أدّى إلى...
ankommen in ...	waṣal ila ...	وصل إلى...
Strecke (f)	imtidād (m)	إمتداد

| Asphalt (m) | asfalt (m) | اسفلت |
| Bordstein (m) | ḥāffat ar raṣīf (f) | حافّة الرصيف |

Graben (m)	xandaq (m)	خندق
Gully (m)	fathat ad duxūl (f)	فتحة الدخول
Straßenrand (m)	hāffat aṭ ṭarīq (f)	حافة الطريق
Schlagloch (n)	hufra (f)	حفرة

| gehen (zu Fuß gehen) | maʃa | مشى |
| überholen (vt) | lahiq bi | لحق بـ |

| Schritt (m) | xaṭwa (f) | خطوة |
| zu Fuß | māʃiyan | ماشياً |

blockieren (Straße usw.)	sadd	سدّ
Schlagbaum (m)	hāʒiz ṭarīq (m)	حاجز طريق
Sackgasse (f)	ṭarīq masdūd (m)	طريق مسدود

191. Gesetzesverstoß Verbrecher. Teil 1

Bandit (m)	qāṭiʿ ṭarīq (m)	قاطع طريق
Verbrechen (n)	ʒarīma (f)	جريمة
Verbrecher (m)	muʒrim (m)	مجرم

Dieb (m)	sāriq (m)	سارق
stehlen (vt)	saraq	سرق
Diebstahl (m), Stehlen (n)	sirqa (f)	سرقة

kidnappen (vt)	xaṭaf	خطف
Kidnapping (n)	xaṭf (m)	خطف
Kidnapper (m)	xāṭif (m)	خاطف

| Lösegeld (n) | fidya (f) | فدية |
| Lösegeld verlangen | ṭalab fidya | طلب فدية |

rauben (vt)	nahab	نهب
Raub (m)	nahb (m)	نهب
Räuber (m)	nahhāb (m)	نهّاب

erpressen (vt)	balṭaʒ	بلطج
Erpresser (m)	balṭaʒiy (m)	بلطجي
Erpressung (f)	balṭaʒa (f)	بلطجة

morden (vt)	qatal	قتل
Mord (m)	qatl (m)	قتل
Mörder (m)	qātil (m)	قاتل

Schuss (m)	ṭalaqat nār (f)	طلقة نار
schießen (vt)	aṭlaq an nār	أطلق النار
erschießen (vt)	qatal bir ruṣāṣ	قتل بالرصاص
feuern (vi)	aṭlaq an nār	أطلق النار
Schießerei (f)	iṭlāq an nār (m)	إطلاق النار

Vorfall (m)	hādiθ (m)	حادث
Schlägerei (f)	ʿirāk (m)	عراك
Hilfe!	sāʿidni	ساعدني!
Opfer (n)	dahiyya (f)	ضحيّة

beschädigen (vt)	atlaf	أتلف
Schaden (m)	χasāra (f)	خسارة
Leiche (f)	ʒuθθa (f)	جثة
schwer (-es Verbrechen)	'anīf	عنيف

angreifen (vt)	haʒam	هجم
schlagen (vt)	ḍarab	ضرب
verprügeln (vt)	ḍarab	ضرب
wegnehmen (vt)	salab	سلب
erstechen (vt)	ṭa'an ḥatta al mawt	طعن حتى الموت
verstümmeln (vt)	ʃawwah	شوّه
verwunden (vt)	ʒaraḥ	جرح

Erpressung (f)	balṭaʒa (f)	بلطجة
erpressen (vt)	ibtazz	إبتزّ
Erpresser (m)	mubtazz (m)	مبتزّ

Schutzgelderpressung (f)	naṣb (m)	نصب
Erpresser (Racketeer)	naṣṣāb (m)	نصّاب
Gangster (m)	raʒul 'iṣāba (m)	رجل عصابة
Mafia (f)	māfia (f)	مافيا

Taschendieb (m)	naʃʃāl (m)	نشّال
Einbrecher (m)	liṣṣ buyūt (m)	لصّ بيوت
Schmuggel (m)	tahrīb (m)	تهريب
Schmuggler (m)	muharrib (m)	مهرّب

Fälschung (f)	tazwīr (m)	تزوير
fälschen (vt)	zawwar	زوّر
gefälscht	muzawwar	مزوّر

192. Gesetzesbruch. Verbrecher. Teil 2

Vergewaltigung (f)	iχtiṣāb (m)	إغتصاب
vergewaltigen (vt)	iχtaṣab	إغتصب
Gewalttäter (m)	muχtaṣib (m)	مغتصب
Besessene (m)	mahwūs (m)	مهووس

Prostituierte (f)	'āhira (f)	عاهرة
Prostitution (f)	da'āra (f)	دعارة
Zuhälter (m)	qawwād (m)	قوّاد

Drogenabhängiger (m)	mudmin muχaddirāt (m)	مدمن مخدّرات
Drogenhändler (m)	tāʒir muχaddirāt (m)	تاجر مخدّرات

sprengen (vt)	faʒʒar	فجّر
Explosion (f)	infiʒār (m)	إنفجار
in Brand stecken	aʃ'al an nār	أشعل النار
Brandstifter (m)	muʃ'il ḥarīq (m)	مشعل حريق

Terrorismus (m)	irhāb (m)	إرهاب
Terrorist (m)	irhābiy (m)	إرهابيّ
Geisel (m, f)	rahīna (m)	رهينة
betrügen (vt)	iḥtāl	إحتال

| Betrug (m) | iḥtiyāl (m) | إحتيال |
| Betrüger (m) | muḥtāl (m) | محتال |

bestechen (vt)	raʃa	رشا
Bestechlichkeit (f)	irtiʃā' (m)	إرتشاء
Bestechungsgeld (n)	raʃwa (f)	رشوة

Gift (n)	samm (m)	سمّ
vergiften (vt)	sammam	سمّم
sich vergiften	sammam nafsahu	سمّم نفسه

| Selbstmord (m) | intiḥār (m) | إنتحار |
| Selbstmörder (m) | muntaḥir (m) | منتحر |

drohen (vi)	haddad	هدّد
Drohung (f)	tahdīd (m)	تهديد
versuchen (vt)	ḥāwal iχtiyāl	حاول الإغتيال
Attentat (n)	muḥāwalat iχtiyāl (f)	محاولة إغتيال

| stehlen (Auto ~) | saraq | سرق |
| entführen (Flugzeug ~) | iχtaṭaf | إختطف |

| Rache (f) | intiqām (m) | إنتقام |
| sich rächen | intaqam | إنتقم |

foltern (vt)	'aððab	عذّب
Folter (f)	ta'ðīb (m)	تعذيب
quälen (vt)	'aððab	عذّب

Seeräuber (m)	qurṣān (m)	قرصان
Rowdy (m)	wabaʃ (m)	وبش
bewaffnet	musallaḥ	مسلّح
Gewalt (f)	'unf (m)	عنف
ungesetzlich	ɣayr qānūniy	غير قانونيّ

| Spionage (f) | taʒassas (m) | تجسّس |
| spionieren (vi) | taʒassas | تجسّس |

193. Polizei Recht. Teil 1

| Justiz (f) | qaḍā' (m) | قضاء |
| Gericht (n) | maḥkama (f) | محكمة |

Richter (m)	qāḍi (m)	قاض
Geschworenen (pl)	muḥallafūn (pl)	محلّفون
Geschworenengericht (n)	qaḍā' al muḥallafīn (m)	قضاء المحلّفين
richten (vt)	ḥakam	حكم

Rechtsanwalt (m)	muḥāmi (m)	محام
Angeklagte (m)	mudda'a 'alayh (m)	مدّعى عليه
Anklagebank (f)	qafṣ al ittihām (m)	قفص الإتّهام

| Anklage (f) | ittihām (m) | إتّهام |
| Beschuldigte (m) | muttaham (m) | متّهم |

173

Urteil (n)	ḥukm (m)	حكم
verurteilen (vt)	ḥakam	حكم

Schuldige (m)	muðnib (m)	مذنب
bestrafen (vt)	ʿāqab	عاقب
Strafe (f)	ʿuqūba (f), ʿiqāb (m)	عقوبة, عقاب

Geldstrafe (f)	ɣarāma (f)	غرامة
lebenslange Haft (f)	siʒn mada al ḥayāt (m)	سجن مدى الحياة
Todesstrafe (f)	ʿuqūbat ʾiʿdām (f)	عقوبة إعدام
elektrischer Stuhl (m)	kursiy kaharabāʾiy (m)	كرسيٌ كهربائيٌ
Galgen (m)	maʃnaqa (f)	مشنقة

hinrichten (vt)	aʿdam	أعدم
Hinrichtung (f)	iʿdām (m)	إعدام

Gefängnis (n)	siʒn (m)	سجن
Zelle (f)	zinzāna (f)	زنزانة

Eskorte (f)	ḥirāsa (f)	حراسة
Gefängniswärter (m)	ḥāris siʒn (m)	حارس سجن
Gefangene (m)	saʒīn (m)	سجين

Handschellen (pl)	aṣfād (pl)	أصفاد
Handschellen anlegen	ṣaffad	صفّد

Ausbruch (Flucht)	hurūb min as siʒn (m)	هروب من السجن
ausbrechen (vi)	harab	هرب
verschwinden (vi)	iχtafa	إختفى
aus ... entlassen	aχla sabīl	أخلى سبيل
Amnestie (f)	ʿafw ʿāmm (m)	عفو عامٌ

Polizei (f)	ʃurṭa (f)	شرطة
Polizist (m)	ʃurṭiy (m)	شرطيٌ
Polizeiwache (f)	qism ʃurṭa (m)	قسم شرطة
Gummiknüppel (m)	hirāwat aʃ ʃurṭiy (f)	هراوة الشرطيٌ
Sprachrohr (n)	būq (m)	بوق

Streifenwagen (m)	sayyārat dawrīyyāt (f)	سيّارة دوريّات
Sirene (f)	ṣaffārat inðār (f)	صفّارة إنذار
die Sirene einschalten	aṭlaq sirīna	أطلق سرينة
Sirenengeheul (n)	ṣawt sirīna (m)	صوت سرينة

Tatort (m)	masraḥ al ʒarīma (m)	مسرح الجريمة
Zeuge (m)	ʃāhid (m)	شاهد
Freiheit (f)	ḥurriyya (f)	حرّيّة
Komplize (m)	ʃarīk fil ʒarīma (m)	شريك في الجريمة
verschwinden (vi)	harab	هرب
Spur (f)	aθar (m)	أثر

194. Polizei. Recht. Teil 2

Fahndung (f)	baḥθ (m)	بحث
suchen (vt)	baḥaθ	بحث

Verdacht (m)	ʃubha (f)	شبهة
verdächtig (Adj)	maʃbūh	مشبوه
anhalten (Polizei)	awqaf	أوقف
verhaften (vt)	iʻtaqal	إعتقل

Fall (m), Klage (f)	qaḍiyya (f)	قضيّة
Untersuchung (f)	tahqīq (m)	تحقيق
Detektiv (m)	muḥaqqiq (m)	محقّق
Ermittlungsrichter (m)	mufattiʃ (m)	مفتّش
Version (f)	riwāya (f)	رواية

Motiv (n)	dāfiʻ (m)	دافع
Verhör (n)	istiʒwāb (m)	إستجواب
verhören (vt)	istaʒwab	إستجوب
vernehmen (vt)	istanṭaq	إستنطق
Kontrolle (Personen-)	faḥṣ (m)	فحص

Razzia (f)	ʒamʻ (m)	جمع
Durchsuchung (f)	taftīʃ (m)	تفتيش
Verfolgung (f)	muṭārada (f)	مطاردة
nachjagen (vi)	ṭārad	طارد
verfolgen (vt)	tābaʻ	تابع

Verhaftung (f)	iʻtiqāl (m)	إعتقال
verhaften (vt)	iʻtaqal	إعتقل
fangen (vt)	qabaḍ	قبض
Festnahme (f)	qabḍ (m)	قبض

Dokument (n)	waθīqa (f)	وثيقة
Beweis (m)	dalīl (m)	دليل
beweisen (vt)	aθbat	أثبت
Fußspur (f)	baṣma (f)	بصمة
Fingerabdrücke (pl)	baṣamāt al aṣābiʻ (pl)	بصمات الأصابع
Beweisstück (n)	dalīl (m)	دليل

Alibi (n)	dafʻ bil ɣayba (f)	دفع بالغيبة
unschuldig	barīʔ	بريء
Ungerechtigkeit (f)	ẓulm (m)	ظلم
ungerecht	ɣayr ʻādil	غير عادل

Kriminal-	iʒrāmiy	إجراميّ
beschlagnahmen (vt)	ṣādar	صادر
Droge (f)	muxaddirāt (pl)	مخدّرات
Waffe (f)	silāḥ (m)	سلاح
entwaffnen (vt)	ʒarrad min as silāḥ	جرّد من السلاح
befehlen (vt)	amar	أمر
verschwinden (vi)	ixtafa	إختفى

Gesetz (n)	qānūn (m)	قانون
gesetzlich	qānūniy, ʃarʻiy	قانونيّ، شرعيّ
ungesetzlich	ɣayr qanūny, ɣayr ʃarʻi	غير قانونيّ، غير شرعيّ

| Verantwortlichkeit (f) | masʔūliyya (f) | مسؤوليّة |
| verantwortlich | masʔūl (m) | مسؤول |

NATUR

Die Erde. Teil 1

195. Weltall

Kosmos (m)	faḍā' (m)	فضاء
kosmisch, Raum-	faḍā'iy	فضائيّ
Weltraum (m)	faḍā' (m)	فضاء
All (n)	'ālam (m)	عالم
Universum (n)	al kawn (m)	الكون
Galaxie (f)	al maӡarra (f)	المجرّة

Stern (m)	naӡm (m)	نجم
Gestirn (n)	burӡ (m)	برج
Planet (m)	kawkab (m)	كوكب
Satellit (m)	qamar ṣinā'iy (m)	قمر صناعيّ

Meteorit (m)	haӡar nayzakiy (m)	حجر نيزكيّ
Komet (m)	muðannab (m)	مذنّب
Asteroid (m)	kuwaykib (m)	كويكب

Umlaufbahn (f)	madār (m)	مدار
sich drehen	dār	دار
Atmosphäre (f)	al ɣilāf al ӡawwiy (m)	الغلاف الجوّيّ

Sonne (f)	aʃʃams (f)	الشمس
Sonnensystem (n)	al maӡmū'a aʃʃamsiyya (f)	المجموعة الشمسيّة
Sonnenfinsternis (f)	kusūf aʃʃams (m)	كسوف الشمس

| Erde (f) | al arḍ (f) | الأرض |
| Mond (m) | al qamar (m) | القمر |

Mars (m)	al mirrīχ (m)	المرّيخ
Venus (f)	az zahra (f)	الزهرة
Jupiter (m)	al muʃtari (m)	المشتري
Saturn (m)	zuhal (m)	زحل

Merkur (m)	'aṭārid (m)	عطارد
Uran (m)	urānus (m)	اورانوس
Neptun (m)	nibtūn (m)	نبتون
Pluto (m)	blūtu (m)	بلوتو

Milchstraße (f)	darb at tabbāna (m)	درب التّبانة
Der Große Bär	ad dubb al akbar (m)	الدبّ الأكبر
Polarstern (m)	naӡm al 'quṭb (m)	نجم القطب

| Marsbewohner (m) | sākin al mirrīχ (m) | ساكن المرّيخ |
| Außerirdischer (m) | faḍā'iy (m) | فضائيّ |

außerirdisches Wesen (n)	faḍā'iy (m)	فضائيّ
fliegende Untertasse (f)	ṭabaq ṭā'ir (m)	طبق طائر
Raumschiff (n)	markaba faḍā'iyya (f)	مركبة فضائيّة
Raumstation (f)	maḥaṭṭat faḍā' (f)	محطّة فضاء
Raketenstart (m)	intilāq (m)	إنطلاق
Triebwerk (n)	mutūr (m)	موتور
Düse (f)	manfaθ (m)	منفث
Treibstoff (m)	wuqūd (m)	وقود
Kabine (f)	kabīna (f)	كابينة
Antenne (f)	hawā'iy (m)	هوائيّ
Bullauge (n)	kuwwa mustadīra (f)	كوّة مستديرة
Sonnenbatterie (f)	lawḥ ʃamsiy (m)	لوح شمسيّ
Raumanzug (m)	baðlat al faḍā' (f)	بذلة الفضاء
Schwerelosigkeit (f)	in'idām al wazn (m)	إنعدام الوزن
Sauerstoff (m)	uksiʒīn (m)	أكسجين
Ankopplung (f)	rasw (m)	رسو
koppeln (vi)	rasa	رسا
Observatorium (n)	marṣad (m)	مرصد
Teleskop (n)	tiliskūp (m)	تلسكوب
beobachten (vt)	rāqab	راقب
erforschen (vt)	istakʃaf	إستكشف

196. Die Erde

Erde (f)	al arḍ (f)	الأرض
Erdkugel (f)	al kura al arḍiyya (f)	الكرة الأرضيّة
Planet (m)	kawkab (m)	كوكب
Atmosphäre (f)	al ɣilāf al ʒawwiy (m)	الغلاف الجويّ
Geographie (f)	ʒuɣrāfiya (f)	جغرافيا
Natur (f)	ṭabī'a (f)	طبيعة
Globus (m)	namūðaʒ lil kura al arḍiyya (m)	نموذج للكرة الأرضيّة
Landkarte (f)	χarīṭa (f)	خريطة
Atlas (m)	aṭlas (m)	أطلس
Europa (n)	urūbba (f)	أوروبّا
Asien (n)	'āsiya (f)	آسيا
Afrika (n)	afrīqiya (f)	أفريقيا
Australien (n)	usturāliya (f)	أستراليا
Amerika (n)	amrīka (f)	أمريكا
Nordamerika (n)	amrīka aʃ ʃimāliyya (f)	أمريكا الشماليّة
Südamerika (n)	amrīka al ʒanūbiyya (f)	أمريكا الجنوبيّة
Antarktis (f)	al quṭb al ʒanūbiy (m)	القطب الجنوبيّ
Arktis (f)	al quṭb aʃ ʃimāliy (m)	القطب الشماليّ

197. Himmelsrichtungen

Norden (m)	ʃimāl (m)	شمال
nach Norden	ilaʃ ʃimāl	إلى الشمال
im Norden	fiʃ ʃimāl	في الشمال
nördlich	ʃimāliy	شماليّ
Süden (m)	ʒanūb (m)	جنوب
nach Süden	ilal ʒanūb	إلى الجنوب
im Süden	fil ʒanūb	في الجنوب
südlich	ʒanūbiy	جنوبيّ
Westen (m)	ɣarb (m)	غرب
nach Westen	ilal ɣarb	إلى الغرب
im Westen	fil ɣarb	في الغرب
westlich, West-	ɣarbiy	غربيّ
Osten (m)	ʃarq (m)	شرق
nach Osten	ilaʃ ʃarq	إلى الشرق
im Osten	fiʃ ʃarq	في الشرق
östlich	ʃarqiy	شرقيّ

198. Meer. Ozean

Meer (n), See (f)	baḥr (m)	بحر
Ozean (m)	muḥīṭ (m)	محيط
Golf (m)	xalīʒ (m)	خليج
Meerenge (f)	maḍīq (m)	مضيق
Festland (n)	barr (m)	برّ
Kontinent (m)	qārra (f)	قارّة
Insel (f)	ʒazīra (f)	جزيرة
Halbinsel (f)	ʃibh ʒazīra (f)	شبه جزيرة
Archipel (m)	maʒmūʿat ʒuzur (f)	مجموعة جزر
Bucht (f)	xalīʒ (m)	خليج
Hafen (m)	mīnā' (m)	ميناء
Lagune (f)	buḥayra ʃāṭi'a (f)	بحيرة شاطئة
Kap (n)	ra's (m)	رأس
Atoll (n)	ʒazīra marʒāniyya istiwā'iyya (f)	جزيرة مرجانيّة إستوائيّة
Riff (n)	ʃiʿāb (pl)	شعاب
Koralle (f)	murʒān (m)	مرجان
Korallenriff (n)	ʃiʿāb marʒāniyya (pl)	شعاب مرجانيّة
tief (Adj)	ʿamīq	عميق
Tiefe (f)	ʿumq (m)	عمق
Abgrund (m)	mahwāt (f)	مهواة
Graben (m)	xandaq (m)	خندق
Strom (m)	tayyār (m)	تيّار
umspülen (Vt)	aḥāṭ	أحاط

| Ufer (n) | sāḥil (m) | ساحل |
| Küste (f) | sāḥil (m) | ساحل |

Flut (f)	madd (m)	مدّ
Ebbe (f)	ӡazr (m)	جزر
Sandbank (f)	miyāh ḍaḥla (f)	مياه ضحلة
Boden (m)	qā' (m)	قاع

Welle (f)	mawӡa (f)	موجة
Wellenkamm (m)	qimmat mawӡa (f)	قمّة موجة
Schaum (m)	zabad al baḥr (m)	زبد البحر

Sturm (m)	'āṣifa (f)	عاصفة
Orkan (m)	i'ṣār (m)	إعصار
Tsunami (m)	tsunāmi (m)	تسونامي
Windstille (f)	hudū' (m)	هدوء
ruhig	hādi'	هادئ

| Pol (m) | quṭb (m) | قطب |
| Polar- | quṭby | قطبيّ |

Breite (f)	'arḍ (m)	عرض
Länge (f)	ṭūl (m)	طول
Breitenkreis (m)	mutawāzi (m)	متواز
Äquator (m)	xaṭṭ al istiwā' (m)	خط الإستواء

Himmel (m)	samā' (f)	سماء
Horizont (m)	ufuq (m)	أفق
Luft (f)	hawā' (m)	هواء

Leuchtturm (m)	manāra (f)	منارة
tauchen (vi)	ɣāṣ	غاص
versinken (vi)	ɣariq	غرق
Schätze (pl)	kunūz (pl)	كنوز

199. Namen der Meere und Ozeane

Atlantischer Ozean (m)	al muḥīṭ al aṭlasiy (m)	المحيط الأطلسيّ
Indischer Ozean (m)	al muḥīṭ al hindiy (m)	المحيط الهنديّ
Pazifischer Ozean (m)	al muḥīṭ al hādi' (m)	المحيط الهادئ
Arktischer Ozean (m)	al muḥīṭ il mutaӡammid aʃ ʃimāliy (m)	المحيط المتجمّد الشماليّ

Schwarzes Meer (n)	al baḥr al aswad (m)	البحر الأسود
Rotes Meer (n)	al baḥr al aḥmar (m)	البحر الأحمر
Gelbes Meer (n)	al baḥr al aṣfar (m)	البحر الأصفر
Weißes Meer (n)	al baḥr al abyaḍ (m)	البحر الأبيض

Kaspisches Meer (n)	baḥr qazwīn (m)	بحر قزوين
Totes Meer (n)	al baḥr al mayyit (m)	البحر الميّت
Mittelmeer (n)	al baḥr al abyaḍ al mutawassiṭ (m)	البحر الأبيض المتوسّط

| Ägäisches Meer (n) | baḥr īӡah (m) | بحر إيجة |
| Adriatisches Meer (n) | al baḥr al adriyatīkiy (m) | البحر الأدرياتيكيّ |

Arabisches Meer (n)	bahr al 'arab (m)	بحر العرب
Japanisches Meer (n)	bahr al yabān (m)	بحر اليابان
Beringmeer (n)	bahr birinȝ (m)	بحر بيرينغ
Südchinesisches Meer (n)	bahr aṣ ṣīn al ȝanūbiy (m)	بحر الصين الجنوبيّ

Korallenmeer (n)	bahr al marȝān (m)	بحر المرجان
Tasmansee (f)	bahr tasmān (m)	بحر تسمان
Karibisches Meer (n)	al bahr al karībiy (m)	البحر الكاريبيّ

| Barentssee (f) | bahr barints (m) | بحر بارينس |
| Karasee (f) | bahr kara (m) | بحر كارا |

Nordsee (f)	bahr aʃʃimāl (m)	بحر الشمال
Ostsee (f)	al bahr al balṭīq (m)	البحر البلطيق
Nordmeer (n)	bahr an narwīȝ (m)	بحر النرويج

200. Berge

Berg (m)	ȝabal (m)	جبل
Gebirgskette (f)	silsilat ȝibāl (f)	سلسلة جبال
Bergrücken (m)	qimam ȝabaliyya (pl)	قمم جبليّة

Gipfel (m)	qimma (f)	قمّة
Spitze (f)	qimma (f)	قمّة
Bergfuß (m)	asfal (m)	أسفل
Abhang (m)	munhadar (m)	منحدر

Vulkan (m)	burkān (m)	بركان
tätiger Vulkan (m)	burkān naʃiṭ (m)	بركان نشط
schlafender Vulkan (m)	burkān χāmid (m)	بركان خامد

Ausbruch (m)	θawrān (m)	ثوران
Krater (m)	fūhat al burkān (f)	فوهة البركان
Magma (n)	māɣma (f)	ماغما
Lava (f)	humam burkāniyya (pl)	حمم بركانيّة
glühend heiß (-e Lava)	munṣahira	منصهرة

Cañon (m)	tal'a (m)	تلعة
Schlucht (f)	wādi ḍayyiq (m)	واد ضيّق
Spalte (f)	ʃaqq (m)	شقّ
Abgrund (m) (steiler ~)	hāwiya (f)	هاوية

Gebirgspass (m)	mamarr ȝabaliy (m)	ممرّ جبليّ
Plateau (n)	haḍba (f)	هضبة
Fels (m)	ȝurf (m)	جرف
Hügel (m)	tall (m)	تلّ

Gletscher (m)	nahr ȝalīdiy (m)	نهر جليديّ
Wasserfall (m)	ʃallāl (m)	شلّال
Geiser (m)	fawwāra hārra (m)	فوّارة حارّة
See (m)	buhayra (f)	بحيرة

| Ebene (f) | sahl (m) | سهل |
| Landschaft (f) | manẓar ṭabīʿiy (m) | منظر طبيعيّ |

Echo (n)	ṣada (m)	صدى
Bergsteiger (m)	mutasalliq al ʒibāl (m)	متسلّق الجبال
Kletterer (m)	mutasalliq ṣuҳūr (m)	متسلّق صفور
bezwingen (vt)	taɣallab 'ala	تغلّب على
Aufstieg (m)	tasalluq (m)	تسلّق

201. Namen der Berge

Alpen (pl)	ʒibāl al alb (pl)	جبال الألب
Montblanc (m)	mūn blūn (m)	مون بلون
Pyrenäen (pl)	ʒibāl al barānis (pl)	جبال البرانس
Karpaten (pl)	ʒibāl al karbāt (pl)	جبال الكاربات
Uralgebirge (n)	ʒibāl al 'ūrāl (pl)	جبال الأورال
Kaukasus (m)	ʒibāl al qawqāz (pl)	جبال القوقاز
Elbrus (m)	ʒabal ilbrūs (m)	جبل إلبروس
Altai (m)	ʒibāl altāy (pl)	جبال ألتاي
Tian Shan (m)	ʒibāl tian ʃan (pl)	جبال تيان شان
Pamir (m)	ʒibāl bamīr (pl)	جبال بامير
Himalaja (m)	himalāya (pl)	هيمالايا
Everest (m)	ʒabal ivirist (m)	جبل افرست
Anden (pl)	ʒibāl al andīz (pl)	جبال الأنديز
Kilimandscharo (m)	ʒabal kilimanʒāru (m)	جبل كليمنجارو

202. Flüsse

Fluss (m)	nahr (m)	نهر
Quelle (f)	'ayn (m)	عين
Flussbett (n)	maʒra an nahr (m)	مجرى النهر
Stromgebiet (n)	ḥawḍ (m)	حوض
einmünden in ...	ṣabb fi ...	صبّ في...
Nebenfluss (m)	rāfid (m)	رافد
Ufer (n)	ḍiffa (f)	ضفّة
Strom (m)	tayyār (m)	تيّار
stromabwärts	f ittiʒāh maʒra an nahr	في إتجاه مجرى النهر
stromaufwärts	ḍidd at tayyār	ضدّ التيّار
Überschwemmung (f)	ɣamr (m)	غمر
Hochwasser (n)	fayaḍān (m)	فيضان
aus den Ufern treten	fāḍ	فاض
überfluten (vt)	ɣamar	غمر
Sandbank (f)	miyāh ḍaḥla (f)	مياه ضحلة
Stromschnelle (f)	munḥadar an nahr (m)	منحدر النهر
Damm (m)	sadd (m)	سدّ
Kanal (m)	qanāt (f)	قناة
Stausee (m)	ҳazzān mā'iy (m)	خزّان مائيّ

Schleuse (f)	hawīs (m)	هويس
Gewässer (n)	masṭaḥ mā'iy (m)	مسطح مائيّ
Sumpf (m), Moor (n)	mustanqa' (m)	مستنقع
Marsch (f)	mustanqa' (m)	مستنقع
Strudel (m)	dawwāma (f)	دوّامة

Bach (m)	ӡadwal mā'iy (m)	جدول مائيّ
Trink- (z.B. Trinkwasser)	aʃ ʃurb	الشرب
Süß- (Wasser)	'aðb	عذب

| Eis (n) | ӡalīd (m) | جليد |
| zufrieren (vi) | taӡammad | تجمّد |

203. Namen der Flüsse

| Seine (f) | nahr as sīn (m) | نهر السين |
| Loire (f) | nahr al lua:r (m) | نهر اللوار |

Themse (f)	nahr at tīmz (m)	نهر التيمز
Rhein (m)	nahr ar rayn (m)	نهر الراين
Donau (f)	nahr ad danūb (m)	نهر الدانوب

Wolga (f)	nahr al vulɣa (m)	نهر الفولغا
Don (m)	nahr ad dūn (m)	نهر الدون
Lena (f)	nahr līna (m)	نهر لينا

Gelber Fluss (m)	an nahr al aṣfar (m)	النهر الأصفر
Jangtse (m)	nahr al yanɣtsi (m)	نهر اليانغتسي
Mekong (m)	nahr al mikunɣ (m)	نهر الميكونغ
Ganges (m)	nahr al ɣānӡ (m)	نهر الغانج

Nil (m)	nahr an nīl (m)	نهر النيل
Kongo (m)	nahr al kunɣu (m)	نهر الكونغو
Okavango (m)	nahr ukavanӡu (m)	نهر اوكافانجو
Sambesi (m)	nahr az zambizi (m)	نهر الزمبيزي
Limpopo (m)	nahr limbubu (m)	نهر ليمبوبو
Mississippi (m)	nahr al mississibbi (m)	نهر الميسيسيبي

204. Wald

| Wald (m) | ɣāba (f) | غابة |
| Wald- | ɣāba | غابة |

Dickicht (n)	ɣāba kaθīfa (f)	غابة كثيفة
Gehölz (n)	ɣāba ṣaɣīra (f)	غابة صغيرة
Lichtung (f)	minṭaqa uzīlat minha al aʃӡar (f)	منطقة أزيلت منها الأشجار

Dickicht (n)	aӡama (f)	أجمة
Gebüsch (n)	ʃuӡayrāt (pl)	شجيرات
Fußweg (m)	mamarr (m)	ممرّ
Erosionsrinne (f)	wādi ḍayyiq (m)	واد ضيّق

Baum (m)	ʃaӡara (f)	شجرة
Blatt (n)	waraqa (f)	ورقة
Laub (n)	waraq (m)	ورق

Laubfall (m)	tasāquṭ al awrāq (m)	تساقط الأوراق
fallen (Blätter)	saqaṭ	سقط
Wipfel (m)	ra's (m)	رأس

Zweig (m)	ɣuṣn (m)	غصن
Ast (m)	ɣuṣn (m)	غصن
Knospe (f)	bur'um (m)	برعم
Nadel (f)	ʃawka (f)	شوكة
Zapfen (m)	kūz aṣ ṣanawbar (m)	كوز الصنوبر

Höhlung (f)	ӡawf (m)	جوف
Nest (n)	'uʃʃ (m)	عش
Höhle (f)	ӡuhr (m)	جحر

Stamm (m)	ӡiðʿ (m)	جذع
Wurzel (f)	ӡiðr (m)	جذر
Rinde (f)	liḥā' (m)	لحاء
Moos (n)	ṭuḥlub (m)	طحلب

entwurzeln (vt)	iqtalaʿ	إقتلع
fällen (vt)	qaṭaʿ	قطع
abholzen (vt)	azāl al ɣābāt	أزال الغابات
Baumstumpf (m)	ӡiðʿ aʃ ʃaӡara (m)	جذع الشجرة

Lagerfeuer (n)	nār muxayyam (m)	نار مخيّم
Waldbrand (m)	ḥarīq ɣāba (m)	حريق غابة
löschen (vt)	aṭfa'	أطفأ

Förster (m)	ḥāris al ɣāba (m)	حارس الغابة
Schutz (m)	ḥimāya (f)	حماية
beschützen (vt)	ḥama	حمى
Wilddieb (m)	sāriq aṣ ṣayd (m)	سارق الصيد
Falle (f)	maṣyada (f)	مصيدة

sammeln, pflücken (vt)	ӡamaʿ	جمع
sich verirren	tāh	تاه

205. natürliche Lebensgrundlagen

Naturressourcen (pl)	θarawāt ṭabīʿiyya (pl)	ثروات طبيعيّة
Bodenschätze (pl)	ma'ādin (pl)	معادن
Vorkommen (n)	makāmin (pl)	مكامن
Feld (Ölfeld usw.)	ḥaql (m)	حقل

gewinnen (vt)	istaxraӡ	إستخرج
Gewinnung (f)	istixrāӡ (m)	إستخراج
Erz (n)	xām (m)	خام
Bergwerk (n)	manӡam (m)	منجم
Schacht (m)	manӡam (m)	منجم
Bergarbeiter (m)	'āmil manӡam (m)	عامل منجم

| Erdgas (n) | ɣāz (m) | غاز |
| Gasleitung (f) | χaṭṭ anābīb ɣāz (m) | خط أنابيب غاز |

Erdöl (n)	naft (m)	نفط
Erdölleitung (f)	anābīb an naft (pl)	أنابيب النفط
Ölquelle (f)	bi'r an naft (m)	بئر النفط
Bohrturm (m)	ḥaffāra (f)	حفّارة
Tanker (m)	nāqilat an naft (f)	ناقلة النفط

Sand (m)	raml (m)	رمل
Kalkstein (m)	ḥaȝar kalsiy (m)	حجر كلسيّ
Kies (m)	ḥaṣa (m)	حصى
Torf (m)	χaθθ faḥm nabātiy (m)	خثّ فحم نباتيّ
Ton (m)	ṭīn (m)	طين
Kohle (f)	faḥm (m)	فحم

Eisen (n)	ḥadīd (m)	حديد
Gold (n)	ðahab (m)	ذهب
Silber (n)	fiḍḍa (f)	فضّة
Nickel (n)	nikil (m)	نيكل
Kupfer (n)	nuḥās (m)	نحاس

Zink (n)	zink (m)	زنك
Mangan (n)	manɣanīz (m)	منغنيز
Quecksilber (n)	zi'baq (m)	زئبق
Blei (n)	ruṣāṣ (m)	رصاص

Mineral (n)	ma'dan (m)	معدن
Kristall (m)	ballūra (f)	بلّورة
Marmor (m)	ruχām (m)	رخام
Uran (n)	yurānuim (m)	يورانيوم

Die Erde. Teil 2

206. Wetter

Wetter (n)	ṭaqs (m)	طقس
Wetterbericht (m)	naʃra ӡawwiyya (f)	نشرة جوّيّة
Temperatur (f)	ḥarāra (f)	حرارة
Thermometer (n)	tirmūmitr (m)	ترمومتر
Barometer (n)	barūmitr (m)	بارومتر
feucht	raṭib	رطب
Feuchtigkeit (f)	ruṭūba (f)	رطوبة
Hitze (f)	ḥarāra (f)	حرارة
glutheiß	ḥārr	حارّ
ist heiß	al ӡaww ḥārr	الجوّ حارّ
ist warm	al ӡaww dāfi'	الجوّ دافئ
warm (Adj)	dāfi'	دافئ
ist kalt	al ӡaww bārid	الجوّ بارد
kalt (Adj)	bārid	بارد
Sonne (f)	ʃams (f)	شمس
scheinen (vi)	aḍā'	أضاء
sonnig (Adj)	muʃmis	مشمس
aufgehen (vi)	ʃaraq	شرق
untergehen (vi)	ɣarab	غرب
Wolke (f)	saḥāba (f)	سحابة
bewölkt, wolkig	ɣā'im	غائم
Regenwolke (f)	saḥābat maṭar (f)	سحابة مطر
trüb (-er Tag)	ɣā'im	غائم
Regen (m)	maṭar (m)	مطر
Es regnet	innaha tamṭur	إنّها تمطر
regnerisch (-er Tag)	mumṭir	ممطر
nieseln (vi)	raðð	رذّ
strömender Regen (m)	maṭar munhamir (f)	مطر منهمر
Regenschauer (m)	maṭar ɣazīr (m)	مطر غزير
stark (-er Regen)	ʃadīd	شديد
Pfütze (f)	birka (f)	بركة
nass werden (vi)	ibtall	إبتلّ
Nebel (m)	ḍabāb (m)	ضباب
neblig (-er Tag)	muḍabbab	مضبّب
Schnee (m)	θalӡ (m)	ثلج
Es schneit	innaha taθluӡ	إنّها تثلج

207. Unwetter Naturkatastrophen

Gewitter (n)	'āṣifa ra'diyya (f)	عاصفة رعدية
Blitz (m)	barq (m)	برق
blitzen (vi)	baraq	برق
Donner (m)	ra'd (m)	رعد
donnern (vi)	ra'ad	رعد
Es donnert	tar'ad as samā'	ترعد السماء
Hagel (m)	maṭar bard (m)	مطر برد
Es hagelt	tamṭur as samā' bardan	تمطر السماء بردًا
überfluten (vt)	ɣamar	غمر
Überschwemmung (f)	fayaḍān (m)	فيضان
Erdbeben (n)	zilzāl (m)	زلزال
Erschütterung (f)	hazza arḍiyya (f)	هزة أرضية
Epizentrum (n)	markaz az zilzāl (m)	مركز الزلزال
Ausbruch (m)	θawrān (m)	ثوران
Lava (f)	ḥumam burkāniyya (pl)	حمم بركانية
Wirbelsturm (m), Tornado (m)	i'ṣār (m)	إعصار
Taifun (m)	ṭūfān (m)	طوفان
Orkan (m)	i'ṣār (m)	إعصار
Sturm (m)	'āṣifa (f)	عاصفة
Tsunami (m)	tsunāmi (m)	تسونامي
Zyklon (m)	i'ṣār (m)	إعصار
Unwetter (n)	ṭaqs sayyi' (m)	طقس سيّء
Brand (m)	ḥarīq (m)	حريق
Katastrophe (f)	kāriθa (f)	كارثة
Meteorit (m)	ḥaʒar nayzakiy (m)	حجر نيزكيّ
Lawine (f)	inhiyār θalʒiy (m)	إنهيار ثلجيّ
Schneelawine (f)	inhiyār θalʒiy (m)	إنهيار ثلجيّ
Schneegestöber (n)	'āṣifa θalʒiyya (f)	عاصفة ثلجية
Schneesturm (m)	'āṣifa θalʒiyya (f)	عاصفة ثلجية

208. Geräusche. Klänge

Stille (f)	ṣamt (m)	صمت
Laut (m)	ṣawt (m)	صوت
Lärm (m)	ḍawḍā' (f)	ضوضاء
lärmen (vi)	'amal aḍ ḍawḍā'	عمل الضوضاء
lärmend (Adj)	muz'iʒ	مزعج
laut (in lautemTon)	bi ṣawt 'āli	بصوت عال
laut (eine laute Stimme)	'āli	عال
ständig (Adj)	mustamirr	مستمرّ
Schrei (m)	ṣarχa (f)	صرخة

schreien (vi)	ṣaraẖ	صرخ
Flüstern (n)	hamsa (f)	همسة
flüstern (vt)	hamas	همس
Gebell (n)	nubāḥ (m)	نباح
bellen (vi)	nabaḥ	نبح
Stöhnen (n)	anīn (m)	أنين
stöhnen (vi)	anna	أنّ
Husten (m)	su'āl (m)	سعال
husten (vi)	sa'al	سعل
Pfiff (m)	taṣfīr (m)	تصفير
pfeifen (vi)	ṣaffar	صفَر
Klopfen (n)	ṭarq, daqq (m)	طرق، دقّ
klopfen (vi)	daqq	دقّ
krachen (Laut)	farqaʿ	فرقع
Krachen (n)	farqaʿa (f)	فرقعة
Sirene (f)	ṣaffārat inðār (f)	صفّارة إنذار
Pfeife (Zug usw.)	ṣafīr (m)	صفير
pfeifen (vi)	ṣaffar	صفَر
Hupe (f)	tazmīr (m)	تزمير
hupen (vi)	zammar	زمر

209. Winter

Winter (m)	ʃitāʾ (m)	شتاء
Winter-	ʃitawiy	شتويّ
im Winter	fiʃ ʃitāʾ	في الشتاء
Schnee (m)	θalʒ (m)	ثلج
Es schneit	innaha taθluʒ	إنّها تثلج
Schneefall (m)	tasāquṭ aθ θulūʒ (m)	تساقط الثلوج
Schneewehe (f)	rukma θalʒiyya (f)	ركمة ثلجيّة
Schneeflocke (f)	nudfat θalʒ (f)	ندفة ثلج
Schneeball (m)	kurat θalʒ (f)	كرة ثلج
Schneemann (m)	raʒul θalʒ (m)	رجل ثلج
Eiszapfen (m)	qiṭʿat ʒalīd (f)	قطعة جليد
Dezember (m)	disimbar (m)	ديسمبر
Januar (m)	yanāyir (m)	يناير
Februar (m)	fibrāyir (m)	فبراير
Frost (m)	ṣaqīʿ (m)	صقيع
frostig, Frost-	ṣāqiʿ	صاقع
unter Null	taḥt aṣ ṣifr	تحت الصفر
leichter Frost (m)	ṣaqīʿ (m)	صقيع
Reif (m)	ṣaqīʿ (m)	صقيع
Kälte (f)	bard (m)	برد
Es ist kalt	al ʒaww bārid	الجوّ بارد

Pelzmantel (m)	mi'taf farw (m)	معطف فرو
Fausthandschuhe (pl)	quffāz muɣlaq (m)	قفاز مغلق
erkranken (vi)	maraḍ	مرض
Erkältung (f)	bard (m)	برد
sich erkälten	aṣābahu al bard	أصابه البرد
Eis (n)	ʒalīd (m)	جليد
Glatteis (n)	ʒalīd (m)	جليد
zufrieren (vi)	taʒammad	تجمّد
Eisscholle (f)	ṭāfiya ʒalīdiyya (f)	طافية جليديّة
Ski (pl)	zallāʒāt (pl)	زلّاجات
Skiläufer (m)	mutazalliʒ bil iski (m)	متزلّج بالإسكي
Ski laufen	tazallaʒ	تزلّج
Schlittschuh laufen	tazaḥlaq 'alal ʒalīd	تزحلق على الجليد

Fauna

210. Säugetiere. Raubtiere

Raubtier (n)	ḥayawān muftaris (m)	حيوان مفترس
Tiger (m)	namir (m)	نمر
Löwe (m)	asad (m)	أسد
Wolf (m)	ði'b (m)	ذئب
Fuchs (m)	θa'lab (m)	ثعلب
Jaguar (m)	namir amrīkiy (m)	نمر أمريكيّ
Leopard (m)	fahd (m)	فهد
Gepard (m)	namir ṣayyād (m)	نمر صيّاد
Panther (m)	namir aswad (m)	نمر أسود
Puma (m)	būma (m)	بوما
Schneeleopard (m)	namir aθ θulūʒ (m)	نمر الثلوج
Luchs (m)	waʃaq (m)	وشق
Kojote (m)	qayūṭ (m)	قيوط
Schakal (m)	ibn 'āwa (m)	ابن آوى
Hyäne (f)	ḍabu' (m)	ضبع

211. Tiere in freier Wildbahn

Tier (n)	ḥayawān (m)	حيوان
Bestie (f)	ḥayawān (m)	حيوان
Eichhörnchen (n)	sinʒāb (m)	سنجاب
Igel (m)	qumfuð (m)	قنفذ
Hase (m)	arnab barriy (m)	أرنب برّيّ
Kaninchen (n)	arnab (m)	أرنب
Dachs (m)	ɣarīr (m)	غرير
Waschbär (m)	rākūn (m)	راكون
Hamster (m)	qidād (m)	قداد
Murmeltier (n)	marmuṭ (m)	مرموط
Maulwurf (m)	χuld (m)	خلد
Maus (f)	fa'r (m)	فأر
Ratte (f)	ʒurað (m)	جرذ
Fledermaus (f)	χuffāʃ (m)	خفّاش
Hermelin (n)	qāqum (m)	قاقم
Zobel (m)	sammūr (m)	سمّور
Marder (m)	dalaq (m)	دلق
Wiesel (n)	ibn 'irs (m)	إبن عرس
Nerz (m)	mink (m)	منك

Biber (m)	qundus (m)	قندس
Fischotter (m)	quḏā'a (f)	قضاعة
Pferd (n)	ḥiṣān (m)	حصان
Elch (m)	mūz (m)	موظ
Hirsch (m)	ayyil (m)	أيّل
Kamel (n)	ʒamal (m)	جمل
Bison (m)	bisūn (m)	بيسون
Wisent (m)	θawr barriy (m)	ثور بريّ
Büffel (m)	ʒāmūs (m)	جاموس
Zebra (n)	ḥimār zarad (m)	حمار زرد
Antilope (f)	ẓabiy (m)	ظبي
Reh (n)	yaḥmūr (m)	يحمور
Damhirsch (m)	ayyil asmar urubbiy (m)	أيّل أسمر أوروبيّ
Gämse (f)	ʃamwāh (f)	شامواه
Wildschwein (n)	xinzīr barriy (m)	خنزير بريّ
Wal (m)	ḥūt (m)	حوت
Seehund (m)	fuqma (f)	فقمة
Walroß (n)	faẓẓ (m)	فظّ
Seebär (m)	fuqmat al firā' (f)	فقمة الفراء
Delfin (m)	dilfīn (m)	دلفين
Bär (m)	dubb (m)	دبّ
Eisbär (m)	dubb quṭbiy (m)	دبّ قطبيّ
Panda (m)	bānda (m)	باندا
Affe (m)	qird (m)	قرد
Schimpanse (m)	ʃimbanzi (m)	شيمبانزي
Orang-Utan (m)	urangutān (m)	أورنغوتان
Gorilla (m)	ɣurīlla (f)	غوريلا
Makak (m)	qird al makāk (m)	قرد المكاك
Gibbon (m)	ʒibbūn (m)	جيبون
Elefant (m)	fīl (m)	فيل
Nashorn (n)	xartīt (m)	خرتيت
Giraffe (f)	zarāfa (f)	زرافة
Flusspferd (n)	faras an nahr (m)	فرس النهر
Känguru (n)	kanɣar (m)	كنغر
Koala (m)	kuala (m)	كوالا
Manguste (f)	nims (m)	نمس
Chinchilla (n)	ʃinʃīla (f)	شنشيلة
Stinktier (n)	ẓaribān (m)	ظربان
Stachelschwein (n)	nīṣ (m)	نيص

212. Haustiere

Katze (f)	qiṭṭa (f)	قطة
Kater (m)	ðakar al qiṭṭ (m)	ذكر القطّ
Hund (m)	kalb (m)	كلب

Pferd (n)	ḥiṣān (m)	حصان
Hengst (m)	faḥl al χayl (m)	فحل الخيل
Stute (f)	unθa al faras (f)	أنثى الفرس

Kuh (f)	baqara (f)	بقرة
Stier (m)	θawr (m)	ثور
Ochse (m)	θawr (m)	ثور

Schaf (n)	χarūf (f)	خروف
Widder (m)	kabʃ (m)	كبش
Ziege (f)	mā'iz (m)	ماعز
Ziegenbock (m)	ðakar al mā'ið (m)	ذكر الماعز

| Esel (m) | ḥimār (m) | حمار |
| Maultier (n) | baγl (m) | بغل |

Schwein (n)	χinzīr (m)	خنزير
Ferkel (n)	χannūṣ (m)	خنّوص
Kaninchen (n)	arnab (m)	أرنب

| Huhn (n) | daʒāʒa (f) | دجاجة |
| Hahn (m) | dīk (m) | ديك |

Ente (f)	baṭṭa (f)	بطّة
Enterich (m)	ðakar al baṭṭ (m)	ذكر البطّ
Gans (f)	iwazza (f)	إوزّة

| Puter (m) | dīk rūmiy (m) | ديك رومي |
| Pute (f) | daʒāʒ rūmiy (m) | دجاج رومي |

Haustiere (pl)	ḥayawānāt dawāʒin (pl)	حيوانات دواجن
zahm	alīf	أليف
zähmen (vt)	allaf	ألّف
züchten (vt)	rabba	ربى

Farm (f)	mazra'a (f)	مزرعة
Geflügel (n)	ṭuyūr dāʒina (pl)	طيور داجنة
Vieh (n)	māʃiya (f)	ماشية
Herde (f)	qaṭī' (m)	قطيع

Pferdestall (m)	isṭabl χayl (m)	إسطبل خيل
Schweinestall (m)	ḥazīrat al χanāzīr (f)	حظيرة الخنازير
Kuhstall (m)	zirībat al baqar (f)	زريبة البقر
Kaninchenstall (m)	qunn al arānib (m)	قنّ الأرانب
Hühnerstall (m)	qunn ad daʒāʒ (m)	قن الدجاج

213. Hunde. Hunderassen

Hund (m)	kalb (m)	كلب
Schäferhund (m)	kalb ra'y (m)	كلب رعي
Deutsche Schäferhund (m)	kalb ar rā'i al almāniy (m)	كلب الراعي الألماني
Pudel (m)	būdli (m)	بودل
Dachshund (m)	daʃhund (m)	دشهند
Bulldogge (f)	bulduγ (m)	بلدغ

Boxer (m)	buksir (m)	بوكسر
Mastiff (m)	mastīf (m)	ماستيف
Rottweiler (m)	rut vāylir (m)	روت فايلر
Dobermann (m)	dubirmān (m)	دوبرمان

Basset (m)	bāsit (m)	باسيت
Bobtail (m)	bubteyl (m)	بوبتيل
Dalmatiner (m)	kalb dalmāsiy (m)	كلب دلماسي
Cocker-Spaniel (m)	kukkir spaniil (m)	كوكر سبانييل

| Neufundländer (m) | nyu faundland (m) | نيوفاوندلاند |
| Bernhardiner (m) | san birnār (m) | سنبرنار |

Eskimohund (m)	haski (m)	هاسكي
Chow-Chow (m)	tʃaw tʃaw (m)	تشاوتشاو
Spitz (m)	ʃbītz (m)	شبيتز
Mops (m)	bāk (m)	باك

214. Tierlaute

Gebell (n)	nubāḥ (m)	نباح
bellen (vi)	nabaḥ	نبح
miauen (vi)	mā'	ماء
schnurren (Katze)	χarχar	خرخر

muhen (vi)	χār	خار
brüllen (Stier)	χār	خار
knurren (Hund usw.)	damdam	دمدم

Heulen (n)	'uwā' (m)	عواء
heulen (vi)	'awa	عوى
winseln (vi)	'awa	عوى

meckern (Ziege)	ma'ma'	مأمأ
grunzen (vi)	qaba'	قبع
kreischen (vi)	ṣāḥ	صاح

quaken (vi)	naqq	نقّ
summen (Insekt)	ṭann	طنّ
zirpen (vi)	zaqzaq	زقزق

215. Jungtiere

Tierkind (n)	ʒarw (m)	جرو
Kätzchen (n)	qiṭṭa ṣaɣīra (f)	قطّة صغيرة
Mausjunge (n)	fa'r ṣaɣīr (m)	فأر صغير
Hündchen (n), Welpe (m)	ʒarw (m)	جرو

Häschen (n)	χirniq (m)	خرنق
Kaninchenjunge (n)	arnab ṣaɣīr (m)	أرنب صغير
Wolfsjunge (n)	daɣfal ṣaɣīr að ði'ab (m)	دغفل صغير الذئب
Fuchsjunge (n)	haʒras ṣaɣīr aθ θa'lab (m)	هجرس صغير الثعلب

Bärenjunge (n)	daysam ṣaɣīr ad dubb (m)	ديسم صغير الدبّ
Löwenjunge (n)	ʃibl al asad (m)	شبل الأسد
junger Tiger (m)	ʃibl an namir (m)	شبل النمر
Elefantenjunge (n)	saɣīr al fīl (m)	صغير الفيل

Ferkel (n)	χannūṣ (m)	خنّوص
Kalb (junge Kuh)	ʿiʒl (m)	عجل
Ziegenkitz (n)	ʒaday (m)	جدي
Lamm (n)	ḥaml (m)	حمل
Hirschkalb (n)	raʃaʾ ṣaɣīr al ayyil (m)	رشأ صغير الأيّل
Kamelfohlen (n)	ṣaɣīr al ʒamal (m)	صغير الجمل

| junge Schlange (f) | ṣaɣīr aθ θuʿbān (m) | صغير الثعبان |
| Fröschlein (n) | ḍifḍaʿ saɣīr (m) | ضفدع صغير |

junger Vogel (m)	farχ (m)	فرخ
Küken (n)	katkūt (m)	كتكوت
Entlein (n)	faraχ baṭṭ (m)	فرخ بطّ

216. Vögel

Vogel (m)	ṭāʾir (m)	طائر
Taube (f)	ḥamāma (f)	حمامة
Spatz (m)	ʿuṣfūr (m)	عصفور
Meise (f)	qurquf (m)	قرقف
Elster (f)	ʿaqʾaq (m)	عقعق

Rabe (m)	ɣurāb aswad (m)	غراب أسود
Krähe (f)	ɣurāb (m)	غراب
Dohle (f)	zāɣ (m)	زاغ
Saatkrähe (f)	ɣurāb al qayẓ (m)	غراب القيظ

Ente (f)	baṭṭa (f)	بطّة
Gans (f)	iwazza (f)	إوزّة
Fasan (m)	tadarruʒ (m)	تدرج

Adler (m)	nasr (m)	نسر
Habicht (m)	bāz (m)	باز
Falke (m)	ṣaqr (m)	صقر
Greif (m)	raχam (m)	رخم
Kondor (m)	kundūr (m)	كندور

Schwan (m)	timma (m)	تمّ
Kranich (m)	kurkiy (m)	كركي
Storch (m)	laqlaq (m)	لقلق

Papagei (m)	babaɣāʾ (m)	ببغاء
Kolibri (m)	ṭannān (m)	طنّان
Pfau (m)	ṭāwūs (m)	طاووس

Strauß (m)	naʿāma (f)	نعامة
Reiher (m)	balaʃūn (m)	بلشون
Flamingo (m)	nuḥām wardiy (m)	نحام ورديّ
Pelikan (m)	baʒaʿa (f)	بجعة

| Nachtigall (f) | bulbul (m) | بلبل |
| Schwalbe (f) | sunūnū (m) | سنونو |

Drossel (f)	sumna (m)	سمنة
Singdrossel (f)	summuna muɣarrida (m)	سمنة مغرّدة
Amsel (f)	ʃahrūr aswad (m)	شحرور أسود

Segler (m)	samāma (m)	سمامة
Lerche (f)	qubbara (f)	قبّرة
Wachtel (f)	sammān (m)	سمّان

Specht (m)	naqqār al xaʃab (m)	نقّار الخشب
Kuckuck (m)	waqwāq (m)	وقواق
Eule (f)	būma (f)	بومة
Uhu (m)	būm urāsiy (m)	بوم أوراسيّ
Auerhahn (m)	dīk il xalanʒ (m)	ديك الخلنج
Birkhahn (m)	ṭayhūʒ aswad (m)	طيهوج أسود
Rebhuhn (n)	haʒal (m)	حجل

Star (m)	zurzūr (m)	زرزور
Kanarienvogel (m)	kanāriy (m)	كناريّ
Haselhuhn (n)	ṭayhūʒ il bunduq (m)	طيهوج البندق
Buchfink (m)	ʃurʃūr (m)	شرشور
Gimpel (m)	diɣnāʃ (m)	دغناش

Möwe (f)	nawras (m)	نورس
Albatros (m)	al qaṭras (m)	القطرس
Pinguin (m)	biṭrīq (m)	بطريق

217. Vögel. Gesang und Laute

singen (vt)	ɣanna	غنّى
schreien (vi)	nāda	نادى
kikeriki schreien	ṣāh	صاح
kikeriki	kukukuku	كوكوكوكو

gackern (vi)	qaraq	قرق
krächzen (vi)	naʿaq	نعق
schnattern (Ente)	baṭbaṭ	بطبط
piepsen (vi)	ṣaʿṣaʾ	صأصأ
zwitschern (vi)	zaqzaq	زقزق

218. Fische. Meerestiere

Brachse (f)	abramīs (m)	أبراميس
Karpfen (m)	ʃabbūṭ (m)	شبّوط
Barsch (m)	farx (m)	فرخ
Wels (m)	qarmūṭ (m)	قرموط
Hecht (m)	samak al karāki (m)	سمك الكراكي

| Lachs (m) | salmūn (m) | سلمون |
| Stör (m) | hafʃ (m) | حفش |

Hering (m)	rinʒa (f)	رنجة
atlantische Lachs (m)	salmūn aṭlasiy (m)	سلمون أطلسيّ
Makrele (f)	usqumriy (m)	أسقمريّ
Scholle (f)	samak mufalṭaḥ (f)	سمك مفلطح

Zander (m)	samak sandar (m)	سمك سندر
Dorsch (m)	qudd (m)	قدّ
Tunfisch (m)	tūna (f)	تونة
Forelle (f)	salmūn muraqqaṭ (m)	سلمون مرقّط

Aal (m)	ḥankalīs (m)	حنكليس
Zitterrochen (m)	ra''ād (m)	رعّاد
Muräne (f)	murāy (m)	موراي
Piranha (m)	birāna (f)	بيرانا

Hai (m)	qirʃ (m)	قرش
Delfin (m)	dilfīn (m)	دلفين
Wal (m)	ḥūt (m)	حوت

Krabbe (f)	salṭaʻūn (m)	سلطعون
Meduse (f)	qindīl al baḥr (m)	قنديل البحر
Krake (m)	uxṭubūṭ (m)	أخطبوط

Seestern (m)	naʒmat al baḥr (f)	نجمة البحر
Seeigel (m)	qumfuð al bahr (m)	قنفذ البحر
Seepferdchen (n)	ḥiṣān al baḥr (m)	فرس البحر

Auster (f)	maḥār (m)	محار
Garnele (f)	ʒambari (m)	جمبريّ
Hummer (m)	istakūza (f)	إستكوزا
Languste (f)	karkand ʃāik (m)	كركند شائك

219. Amphibien Reptilien

| Schlange (f) | θuʻbān (m) | ثعبان |
| Gift-, giftig | sāmm | سامّ |

Viper (f)	afʻa (f)	أفعى
Kobra (f)	kūbra (m)	كوبرا
Python (m)	biθūn (m)	بيثون
Boa (f)	buwā' (f)	بواء

Ringelnatter (f)	θuʻbān al ʻuʃb (m)	ثعبان العشب
Klapperschlange (f)	afʻa al ʒalʒala (f)	أفعى الجلجلة
Anakonda (f)	anakūnda (f)	أناكوندا

Eidechse (f)	siḥliyya (f)	سحليّة
Leguan (m)	iɣwāna (f)	إغوانة
Waran (m)	waral (m)	ورل
Salamander (m)	samandar (m)	سمندر
Chamäleon (n)	ḥirbā' (f)	حرباء
Skorpion (m)	ʻaqrab (m)	عقرب
Schildkröte (f)	sulaḥfāt (f)	سلحفاة
Frosch (m)	ḍifḍaʻ (m)	ضفدع

| Kröte (f) | ḍifḍaʿ aṭ ṭīn (m) | ضفدع الطين |
| Krokodil (n) | timsāḥ (m) | تمساح |

220. Insekten

Insekt (n)	ḥaʃara (f)	حشرة
Schmetterling (m)	farāʃa (f)	فراشة
Ameise (f)	namla (f)	نملة
Fliege (f)	ðubāba (f)	ذبابة
Mücke (f)	namūsa (f)	ناموسة
Käfer (m)	xunfusa (f)	خنفسة

Wespe (f)	dabbūr (m)	دبّور
Biene (f)	naḥla (f)	نحلة
Hummel (f)	naḥla ṭannāna (f)	نحلة طنّانة
Bremse (f)	naʿra (f)	نعرة

| Spinne (f) | ʿankabūt (m) | عنكبوت |
| Spinnennetz (n) | nasīʒ ʿankabūt (m) | نسيج عنكبوت |

Libelle (f)	yaʿsūb (m)	يعسوب
Grashüpfer (m)	ʒarād (m)	جراد
Schmetterling (m)	ʿitta (f)	عتّة

Schabe (f)	ṣurṣūr (m)	صرصور
Zecke (f)	qurāda (f)	قرادة
Floh (m)	buryūθ (m)	برغوث
Kriebelmücke (f)	baʿūḍa (f)	بعوضة

Heuschrecke (f)	ʒarād (m)	جراد
Schnecke (f)	ḥalzūn (m)	حلزون
Heimchen (n)	ṣarrār al layl (m)	صرّار الليل
Leuchtkäfer (m)	yarāʿa muḍīʿa (f)	يراعة مضيئة
Marienkäfer (m)	daʿsūqa (f)	دعسوقة
Maikäfer (m)	xunfusa kabīra (f)	خنفسة كبيرة

Blutegel (m)	ʿalaqa (f)	علقة
Raupe (f)	yasrūʿ (m)	يسروع
Wurm (m)	dūda (f)	دودة
Larve (f)	yaraqa (f)	يرقة

221. Tiere. Körperteile

Schnabel (m)	minqār (m)	منقار
Flügel (pl)	aʒniḥa (pl)	أجنحة
Fuß (m)	riʒl (f)	رجل
Gefieder (n)	rīʃ (m)	ريش
Feder (f)	rīʃa (f)	ريشة
Haube (f)	tāʒ (m)	تاج

| Kiemen (pl) | xayāʃīm (pl) | خياشيم |
| Laich (m) | bayḍ as samak (pl) | بيض السمك |

Larve (f)	yaraqa (f)	يرقة
Flosse (f)	zi'nifa (f)	زعنفة
Schuppe (f)	ḥarāfiʃ (pl)	حرافش

Stoßzahn (m)	nāb (m)	ناب
Pfote (f)	qadam (f)	قدم
Schnauze (f)	χaṭm (m)	خطم
Rachen (m)	fam (m)	فم
Schwanz (m)	ðayl (m)	ذيل
Barthaar (n)	ʃawārib (pl)	شوارب

| Huf (m) | ḥāfir (m) | حافر |
| Horn (n) | qarn (m) | قرن |

Panzer (m)	dirʻ (m)	درع
Muschel (f)	maḥāra (f)	محارة
Schale (f)	qiʃrat bayḍa (f)	قشرة بيضة

| Fell (n) | ʃaʻr (m) | شعر |
| Haut (f) | ʒild (m) | جلد |

222. Tierverhalten

| fliegen (vi) | ṭār | طار |
| herumfliegen (vi) | ḥallaq | حلّق |

| wegfliegen (vi) | ṭār | طار |
| schlagen (mit den Flügeln ~) | rafraf | رفرف |

| picken (vt) | naqar | نقر |
| bebrüten (vt) | qaʻad ʻalal bayḍ | قعد على البيض |

| ausschlüpfen (vi) | faqas | فقس |
| ein Nest bauen | bana ʻiʃʃa | بنى عشّة |

kriechen (vi)	zaḥaf	زحف
stechen (Insekt)	lasaʻ	لسع
beißen (vt)	ʻaḍḍ	عضّ

schnüffeln (vt)	taʃammam	تشمّم
bellen (vi)	nabaḥ	نبح
zischen (vi)	hashas	هسهس

| erschrecken (vt) | χawwaf | خوّف |
| angreifen (vt) | haʒam | هجم |

nagen (vi)	qaraḍ	قرض
kratzen (vt)	χadaʃ	خدش
sich verstecken	istaχbaʼ	إختبأ

spielen (vi)	laʻib	لعب
jagen (vi)	iṣṭād	إصطاد
Winterschlaf halten	kān di subāt aʃ ʃitāʼ	كان في سبات الشتاء
aussterben (vi)	inqaraḍ	إنقرض

223. Tiere. Lebensräume

Lebensraum (f)	mawṭin (m)	موطن
Wanderung (f)	hiʒra (f)	هجرة
Berg (m)	ʒabal (m)	جبل
Riff (n)	ʃiʿāb (pl)	شعاب
Fels (m)	ʒurf (m)	جرف
Wald (m)	ɣāba (f)	غابة
Dschungel (m, n)	adɣāl (pl)	أدغال
Savanne (f)	savānna (f)	سافانا
Tundra (f)	tundra (f)	تندرا
Steppe (f)	sahb (m)	سهب
Wüste (f)	ṣaḥrā' (f)	صحراء
Oase (f)	wāḥa (f)	واحة
Meer (n), See (f)	baḥr (m)	بحر
See (m)	buḥayra (f)	بحيرة
Ozean (m)	muḥīṭ (m)	محيط
Sumpf (m)	mustanqaʿ (m)	مستنقع
Süßwasser-	al miyāh al ʿaðba	المياه العذبة
Teich (m)	birka (f)	بركة
Fluss (m)	nahr (m)	نهر
Höhle (f), Bau (m)	wakr (m)	وكر
Nest (n)	ʿuʃʃ (m)	عش
Höhlung (f)	ʒawf (m)	جوف
Loch (z.B. Wurmloch)	ʒuḥr (m)	جحر
Ameisenhaufen (m)	ʿuʃʃ naml (m)	عش نمل

224. Tierpflege

Zoo (m)	ḥadīqat al ḥayawān (f)	حديقة حيوان
Schutzgebiet (n)	maḥmiyya ṭabiʿiyya (f)	محميّة طبيعيّة
Zucht (z.B. Hunde~)	murabba (m)	مربّى
Freigehege (n)	qafṣ fil hawā' aṭ ṭalq (m)	قفص في الهواء الطلق
Käfig (m)	qafṣ (m)	قفص
Hundehütte (f)	bayt al kalb (m)	بيت الكلب
Taubenschlag (m)	burʒ al ḥamām (m)	برج الحمام
Aquarium (n)	ḥawḍ samak (m)	حوض سمك
Delphinarium (n)	ḥawḍ dilfīn (m)	حوض دلفين
züchten (vt)	rabba	ربّى
Wurf (m)	ðurriyya (f)	ذريّة
zähmen (vt)	allaf	ألّف
dressieren (vt)	darrab	درّب
Futter (n)	ʿalaf (m)	علف
füttern (vt)	aṭʿam	أطعم

Zoohandlung (f)	mahall hayawānāt (m)	محلّ حيوانات
Maulkorb (m)	kimāma (f)	كمامة
Halsband (n)	tawq (m)	طوق
Rufname (m)	ism (m)	إسم
Stammbaum (m)	silsilat an nasab (f)	سلسلة النسب

225. Tiere. Verschiedenes

Rudel (Wölfen)	qatīʿ (m)	قطيع
Vogelschwarm (m)	sirb (m)	سرب
Schwarm (~ Heringe usw.)	sirb (m)	سرب
Pferdeherde (f)	qatīʿ (m)	قطيع

Männchen (n)	ðakar (m)	ذكر
Weibchen (n)	unθa (f)	أنثى

hungrig	ʒawʿān	جوعان
wild	barriy	برّي
gefährlich	xatīr	خطير

226. Pferde

Pferd (n)	hisān (m)	حصان
Rasse (f)	sulāla (f)	سلالة

Fohlen (n)	muhr (m)	مهر
Stute (f)	unθa al faras (f)	أنثى الفرس

Mustang (m)	mustān (m)	موستان
Pony (n)	hisān qazam (m)	حصان قزم
schweres Zugpferd (n)	hisān an naql (m)	حصان النقل

Mähne (f)	ʿurf (m)	عرف
Schwanz (m)	ðayl (m)	ذيل

Huf (m)	hāfir (m)	حافر
Hufeisen (n)	naʿl (m)	نعل
beschlagen (vt)	naʿʿal	نعّل
Schmied (m)	haddād (m)	حدّاد

Sattel (m)	sarʒ (m)	سرج
Steigbügel (m)	rikāb (m)	ركاب
Zaum (m)	liʒām (m)	لجام
Zügel (pl)	ʿinān (m)	عنان
Peitsche (f)	kurbāʒ (m)	كرباج

Reiter (m)	fāris (m)	فارس
satteln (vt)	asraʒ	أسرج
besteigen (vt)	rakib hisān	جلس على سرج

Galopp (m)	rimāha (f)	رماحة
galoppieren (vi)	ʿada bil hisān	عدا بالحصان

199

Trab (m)	χabab (m)	خبب
im Trab	χābban	خابًا
traben (vi)	inṭalaq rākiḍan	إنطلق راكضا

| Rennpferd (n) | ḥiṣān sibāq (m) | حصان سباق |
| Rennen (n) | sibāq al χayl (m) | سباق الخيل |

Pferdestall (m)	isṭabl χayl (m)	إسطبل خيل
füttern (vt)	aṭ'am	أطعم
Heu (n)	qaʃʃ (m)	قش
tränken (vt)	saqa	سقى
striegeln (vt)	nazzaf	نظف

Pferdewagen (m)	'arabat χayl (f)	عربة خيل
weiden (vi)	irta'a	إرتعى
wiehern (vi)	ṣahal	صهل
ausschlagen (Pferd)	rafas	رفس

Flora

227. Bäume

Deutsch	Transkription	العربية
Baum (m)	ʃaʒara (f)	شجرة
Laub-	nafḍiyya	نفضيّة
Nadel-	ṣanawbariyya	صنوبريّة
immergrün	dā'imat al xuḍra	دائمة الخضرة
Apfelbaum (m)	ʃaʒarat tuffāḥ (f)	شجرة تفّاح
Birnbaum (m)	ʃaʒarat kummaθra (f)	شجرة كمّثرى
Kirschbaum (m)	ʃaʒarat karaz (f)	شجرة كرز
Pflaumenbaum (m)	ʃaʒarat barqūq (f)	شجرة برقوق
Birke (f)	batūla (f)	بتولا
Eiche (f)	ballūṭ (f)	بلّوط
Linde (f)	ʃaʒarat zayzafūn (f)	شجرة زيزفون
Espe (f)	ḥawr raʒrāʒ (m)	حور رجراج
Ahorn (m)	qayqab (f)	قيقب
Fichte (f)	ratinaʒ (f)	راتينج
Kiefer (f)	ṣanawbar (f)	صنوبر
Lärche (f)	arziyya (f)	أرزيّة
Tanne (f)	tannūb (f)	تنّوب
Zeder (f)	arz (f)	أرز
Pappel (f)	ḥawr (f)	حور
Vogelbeerbaum (m)	ɣubayrā' (f)	غبيراء
Weide (f)	ṣafṣāf (f)	صفصاف
Erle (f)	ʒār il mā' (m)	جار الماء
Buche (f)	zān (m)	زان
Ulme (f)	dardār (f)	دردار
Esche (f)	marān (f)	مران
Kastanie (f)	kastanā' (f)	كستناء
Magnolie (f)	maɣnūliya (f)	مغنوليا
Palme (f)	naxla (f)	نخلة
Zypresse (f)	sarw (f)	سرو
Mangrovenbaum (m)	ayka sāḥiliyya (f)	أيكة ساحليّة
Baobab (m)	bāubāb (f)	باوباب
Eukalyptus (m)	ukaliptus (f)	أوكاليبتوس
Mammutbaum (m)	siqūya (f)	سيكويا

228. Büsche

Deutsch	Transkription	العربية
Strauch (m)	ʃuʒayra (f)	شجيرة
Gebüsch (n)	ʃuʒayrāt (pl)	شجيرات

| Weinstock (m) | karma (f) | كرمة |
| Weinberg (m) | karam (m) | كرم |

Himbeerstrauch (m)	tūt al ʻullayq al aḥmar (m)	توت العليق الأحمر
rote Johannisbeere (f)	kiʃmiʃ aḥmar (m)	كشمش أحمر
Stachelbeerstrauch (m)	ʻinab aθ θaʻlab (m)	عنب الثعلب

Akazie (f)	sanṭ (f)	سنط
Berberitze (f)	amīr barīs (m)	أمير باريس
Jasmin (m)	yāsmīn (m)	ياسمين

Wacholder (m)	ʻarʻar (m)	عرعر
Rosenstrauch (m)	ʃuʒayrat ward (f)	شجيرة ورد
Heckenrose (f)	ward ʒabaliy (m)	ورد جبلي

229. Pilze

Pilz (m)	fuṭr (f)	فطر
essbarer Pilz (m)	fuṭr ṣāliḥ lil akl (m)	فطر صالح للأكل
Giftpilz (m)	fuṭr sāmm (m)	فطر سام
Hut (m)	ṭarbūʃ al fuṭr (m)	طربوش الفطر
Stiel (m)	sāq al fuṭr (m)	ساق الفطر

Steinpilz (m)	fuṭr bullīt maʼkūl (m)	فطر بوليط مأكول
Rotkappe (f)	fuṭr aḥmar (m)	فطر أحمر
Birkenpilz (m)	fuṭr bullīt (m)	فطر بوليط
Pfifferling (m)	fuṭr kwīzi (m)	فطر كويزي
Täubling (m)	fuṭr russūla (m)	فطر روسولا

Morchel (f)	fuṭr al ɣūʃna (m)	فطر الغوشنة
Fliegenpilz (m)	fuṭr amānīt aṭ ṭāʼir as sāmm (m)	فطر أمانيت الطائر السام
Grüner Knollenblätterpilz	fuṭr amānīt falusyāniy as sāmm (m)	فطر أمانيت فالوسياني السام

230. Obst. Beeren

Frucht (f)	θamra (f)	ثمرة
Früchte (pl)	θamr (m)	ثمر
Apfel (m)	tuffāḥa (f)	تفاحة
Birne (f)	kummaθra (f)	كمثرى
Pflaume (f)	barqūq (m)	برقوق

Erdbeere (f)	farawla (f)	فراولة
Kirsche (f)	karaz (m)	كرز
Weintrauben (pl)	ʻinab (m)	عنب

Himbeere (f)	tūt al ʻullayq al aḥmar (m)	توت العليق الأحمر
schwarze Johannisbeere (f)	ʻinab aθ θaʻlab al aswad (m)	عنب الثعلب الأسود
rote Johannisbeere (f)	kiʃmiʃ aḥmar (m)	كشمش أحمر
Stachelbeere (f)	ʻinab aθ θaʻlab (m)	عنب الثعلب
Moosbeere (f)	tūt aḥmar barriy (m)	توت أحمر بري

Apfelsine (f)	burtuqāl (m)	برتقال
Mandarine (f)	yūsufiy (m)	يوسفي
Ananas (f)	ananās (m)	أناناس
Banane (f)	mawz (m)	موز
Dattel (f)	tamr (m)	تمر

Zitrone (f)	laymūn (m)	ليمون
Aprikose (f)	miʃmiʃ (f)	مشمش
Pfirsich (m)	durrāq (m)	دراق
Kiwi (f)	kiwi (m)	كيوي
Grapefruit (f)	zinbāʿ (m)	زنباع

Beere (f)	ḥabba (f)	حبّة
Beeren (pl)	ḥabbāt (pl)	حبّات
Preiselbeere (f)	ʿinab aθ θawr (m)	عنب الثور
Walderdbeere (f)	farāwla barriyya (f)	فراولة برّية
Heidelbeere (f)	ʿinab al aḥrāʒ (m)	عنب الأحراج

231. Blumen. Pflanzen

Blume (f)	zahra (f)	زهرة
Blumenstrauß (m)	bāqat zuhūr (f)	باقة زهور

Rose (f)	warda (f)	وردة
Tulpe (f)	tulīb (f)	توليب
Nelke (f)	qurumful (m)	قرنفل
Gladiole (f)	dalbūθ (f)	دلبوث

Kornblume (f)	turunʃāh (m)	ترنشاه
Glockenblume (f)	ʒarīs (m)	جريس
Löwenzahn (m)	hindibāʾ (f)	هندباء
Kamille (f)	babunʒ (m)	بابونج

Aloe (f)	aluwwa (m)	ألوَة
Kaktus (m)	ṣabbār (m)	صبّار
Gummibaum (m)	tīn (m)	تين

Lilie (f)	sawsan (m)	سوسن
Geranie (f)	ibrat ar rāʿi (f)	إبرة الراعي
Hyazinthe (f)	zanbaq (f)	زنبق

Mimose (f)	mimūza (f)	ميموزا
Narzisse (f)	narʒis (f)	نرجس
Kapuzinerkresse (f)	abu xanʒar (f)	أبو خنجر

Orchidee (f)	saḥlab (f)	سحلب
Pfingstrose (f)	fawniya (f)	فاونيا
Veilchen (n)	banafsaʒ (f)	بنفسج

Stiefmütterchen (n)	banafsaʒ muθallaθ (m)	بنفسج مثلّث
Vergissmeinnicht (n)	ʾāðān al faʾr (pl)	آذان الفأر
Gänseblümchen (n)	uqhuwān (f)	أقحوان
Mohn (m)	xaʃxāʃ (f)	خشخاش
Hanf (m)	qinnab (m)	قنب

203

Minze (f)	na'nā' (m)	نعناع
Maiglöckchen (n)	sawsan al wādi (m)	سوسن الوادي
Schneeglöckchen (n)	zahrat al laban (f)	زهرة اللبن
Brennnessel (f)	qarrāṣ (m)	قرّاص
Sauerampfer (m)	ḥammāḍ (m)	حمّاض
Seerose (f)	nilūfar (m)	نيلوفر
Farn (m)	saraxs (m)	سرخس
Flechte (f)	uʃna (f)	أشنة
Gewächshaus (n)	dafī'a (f)	دفيئة
Rasen (m)	'uʃb (m)	عشب
Blumenbeet (n)	ʒunaynat zuhūr (f)	جنينة زهور
Pflanze (f)	nabāt (m)	نبات
Gras (n)	'uʃb (m)	عشب
Grashalm (m)	'uʃba (f)	عشبة
Blatt (n)	waraqa (f)	ورقة
Blütenblatt (n)	waraqat az zahra (f)	ورقة الزهرة
Stiel (m)	sāq (f)	ساق
Knolle (f)	darnat nabāt (f)	درنة نبات
Jungpflanze (f)	nabta saɣīra (f)	نبتة صغيرة
Dorn (m)	ʃawka (f)	شوكة
blühen (vi)	nawwar	نوّر
welken (vi)	ðabal	ذبل
Geruch (m)	rā'iḥa (f)	رائحة
abschneiden (vt)	qaṭa'	قطع
pflücken (vt)	qaṭaf	قطف

232. Getreide, Körner

Getreide (n)	ḥubūb (pl)	حبوب
Getreidepflanzen (pl)	maḥāṣīl al ḥubūb (pl)	محاصيل الحبوب
Ähre (f)	sumbula (f)	سنبلة
Weizen (m)	qamḥ (m)	قمح
Roggen (m)	ʒāwdār (m)	جاودار
Hafer (m)	ʃūfān (m)	شوفان
Hirse (f)	duxn (m)	دخن
Gerste (f)	ʃaʿīr (m)	شعير
Mais (m)	ðura (f)	ذرّة
Reis (m)	urz (m)	أرز
Buchweizen (m)	ḥinṭa sawdā' (f)	حنطة سوداء
Erbse (f)	bisilla (f)	بسلّة
weiße Bohne (f)	faṣūliya (f)	فاصوليا
Sojabohne (f)	fūl aṣ ṣūya (m)	فول الصويا
Linse (f)	'adas (m)	عدس
Bohnen (pl)	fūl (m)	فول

233. Gemüse. Grünzeug

| Gemüse (n) | χuḍār (pl) | خضار |
| grünes Gemüse (pl) | χuḍrawāt waraqiyya (pl) | خضروات ورقيّة |

Tomate (f)	ṭamāṭim (f)	طماطم
Gurke (f)	χiyār (m)	خيار
Karotte (f)	ӡazar (m)	جزر
Kartoffel (f)	baṭāṭis (f)	بطاطس
Zwiebel (f)	baṣal (m)	بصل
Knoblauch (m)	θūm (m)	ثوم

Kohl (m)	kurumb (m)	كرنب
Blumenkohl (m)	qarnabīṭ (m)	قرنبيط
Rosenkohl (m)	kurumb brūksil (m)	كرنب بروكسل
Brokkoli (m)	brūkuli (m)	بروكلي

Rote Bete (f)	banӡar (m)	بنجر
Aubergine (f)	bātinӡān (m)	باذنجان
Zucchini (f)	kūsa (f)	كوسة
Kürbis (m)	qarʿ (m)	قرع
Rübe (f)	lift (m)	لفت

Petersilie (f)	baqdūnis (m)	بقدونس
Dill (m)	ʃabat (m)	شبت
Kopf Salat (m)	χass (m)	خسّ
Sellerie (m)	karafs (m)	كرفس
Spargel (m)	halyūn (m)	هليون
Spinat (m)	sabāniχ (m)	سبانخ

Erbse (f)	bisilla (f)	بسلّة
Bohnen (pl)	fūl (m)	فول
Mais (m)	ðura (f)	ذرّة
weiße Bohne (f)	faṣūliya (f)	فاصوليا

Pfeffer (m)	filfil (m)	فلفل
Radieschen (n)	fiӡl (m)	فجل
Artischocke (f)	χurʃūf (m)	خرشوف

REGIONALE GEOGRAPHIE

Länder. Nationalitäten

234. Westeuropa

Europa (n)	urūbba (f)	أوروبا
Europäische Union (f)	al ittiḥād al urubbiy (m)	الإتحاد الأوروبي
Europäer (m)	urūbbiy (m)	أوروبي
europäisch	urūbbiy	أوروبي
Österreich	an nimsa (f)	النمسا
Österreicher (m)	nimsāwy (m)	نمساوي
Österreicherin (f)	nimsāwiyya (f)	نمساوية
österreichisch	nimsāwiy	نمساوي
Großbritannien	briṭāniya al ʿuẓma (f)	بريطانيا العظمى
England	inʒiltirra (f)	إنجلترا
Brite (m)	briṭāniy (m)	بريطاني
Britin (f)	briṭāniyya (f)	بريطانية
englisch	inʒlīziy	إنجليزي
Belgien	balʒīka (f)	بلجيكا
Belgier (m)	balʒīkiy (m)	بلجيكي
Belgierin (f)	balʒīkiyya (f)	بلجيكية
belgisch	balʒīkiy	بلجيكي
Deutschland	almāniya (f)	ألمانيا
Deutsche (m)	almāniy (m)	ألماني
Deutsche (f)	almāniyya (f)	ألمانية
deutsch	almāniy	ألماني
Niederlande (f)	hulanda (f)	هولندا
Holland (n)	hulanda (f)	هولندا
Holländer (m)	hulandiy (m)	هولندي
Holländerin (f)	hulandiyya (f)	هولندية
holländisch	hulandiy	هولندي
Griechenland	al yūnān (f)	اليونان
Grieche (m)	yunāniy (m)	يوناني
Griechin (f)	yunāniyya (f)	يونانية
griechisch	yunāniy	يوناني
Dänemark	ad danimārk (f)	الدانمارك
Däne (m)	danimārkiy (m)	دانماركي
Dänin (f)	dānimarkiyya (f)	دانماركية
dänisch	danimārkiy	دانماركي
Irland	irlanda (f)	أيرلندا
Ire (m)	irlandiy (m)	أيرلندي

| Irin (f) | irlandiyya (f) | أيرلنديّة |
| irisch | irlandiy | أيرلنديّ |

Island	'āyslanda (f)	آيسلندا
Isländer (m)	'āyslandiy (m)	آيسلنديّ
Isländerin (f)	'āyslandiyya (f)	آيسلنديّة
isländisch	'āyslandiy	آيسلنديّ

Spanien	isbāniya (f)	إسبانيا
Spanier (m)	isbāniy (m)	إسبانيّ
Spanierin (f)	isbāniyya (f)	إسبانيّة
spanisch	isbāniy	إسبانيّ

Italien	iṭāliya (f)	إيطاليا
Italiener (m)	iṭāliy (m)	إيطاليّ
Italienerin (f)	iṭāliyya (f)	إيطاليّة
italienisch	iṭāliy	إيطاليّ

Zypern	qubruṣ (f)	قبرص
Zypriot (m)	qubruṣiy (m)	قبرصيّ
Zypriotin (f)	qubruṣiyya (f)	قبرصيّة
zyprisch	qubruṣiy	قبرصيّ

Malta	malṭa (f)	مالطا
Malteser (m)	mālṭiy (m)	مالطيّ
Malteserin (f)	malṭiyya (f)	مالطيّة
maltesisch	mālṭiy	مالطيّ

Norwegen	an nirwīʒ (f)	النرويج
Norweger (m)	nurwīʒiy (m)	نرويجي
Norwegerin (f)	nurwīʒiyya (f)	نرويجية
norwegisch	nurwīʒiy	نرويجي

Portugal	al burtuɣāl (f)	البرتغال
Portugiese (m)	burtuɣāliy (m)	برتغاليّ
Portugiesin (f)	burtuɣāliyya (f)	برتغاليّة
portugiesisch	burtuɣāliy	برتغاليّ

Finnland	finlanda (f)	فنلندا
Finne (m)	finlandiy (m)	فنلنديّ
Finnin (f)	finlandiyya (f)	فنلنديّة
finnisch	finlandiy	فنلنديّ

Frankreich	faransa (f)	فرنسا
Franzose (m)	faransiy (m)	فرنسيّ
Französin (f)	faransiyya (f)	فرنسيّة
französisch	faransiy	فرنسيّ

Schweden	as suwayd (f)	السويد
Schwede (m)	suwaydiy (m)	سويديّ
Schwedin (f)	suwaydiyya (f)	سويديّة
schwedisch	suwaydiy	سويديّ

Schweiz (f)	swīsra (f)	سويسرا
Schweizer (m)	swisriy (m)	سويسريّ
Schweizerin (f)	swisriyya (f)	سويسرية

schweizerisch	swisriy	سويسري
Schottland	iskutlanda (f)	اسكتلندا
Schotte (m)	iskutlandiy (m)	اسكتلندي
Schottin (f)	iskutlandiyya (f)	اسكتلندية
schottisch	iskutlandiy	اسكتلندي

Vatikan (m)	al vatikān (m)	الفاتيكان
Liechtenstein	liʃtinʃtāyn (m)	ليشتنشتاين
Luxemburg	luksimburɣ (f)	لوكسمبورغ
Monaco	munāku (f)	موناكو

235. Mittel- und Osteuropa

Albanien	albāniya (f)	ألبانيا
Albaner (m)	albāniy (m)	ألباني
Albanerin (f)	albāniyya (f)	ألبانية
albanisch	albāniy	ألباني

Bulgarien	bulɣāriya (f)	بلغاريا
Bulgare (m)	bulɣāriy (m)	بلغاري
Bulgarin (f)	bulɣāriyya (f)	بلغارية
bulgarisch	bulɣāriy	بلغاري

Ungarn	al maʒar (f)	المجر
Ungar (m)	maʒariy (m)	مجري
Ungarin (f)	maʒariyya (f)	مجرية
ungarisch	maʒariy	مجري

Lettland	lātviya (f)	لاتفيا
Lette (m)	lātviy (m)	لاتفي
Lettin (f)	lātviyya (f)	لاتفية
lettisch	lātviy	لاتفي

Litauen	litwāniya (f)	ليتوانيا
Litauer (m)	litwāniy (m)	ليتواني
Litauerin (f)	litwāniyya (f)	ليتوانية
litauisch	litwāny	ليتواني

Polen	bulanda (f)	بولندا
Pole (m)	bulandiy (m)	بولندي
Polin (f)	bulandiyya (f)	بولندية
polnisch	bulandiy	بولندي

Rumänien	rumāniya (f)	رومانيا
Rumäne (m)	rumāniy (m)	روماني
Rumänin (f)	rumāniyya (f)	رومانية
rumänisch	rumāniy	روماني

Serbien	ṣirbiya (f)	صربيا
Serbe (m)	ṣirbiy (m)	صربي
Serbin (f)	ṣirbiyya (f)	صربية
serbisch	ṣirbiy	صربي
Slowakei (f)	sluvākiya (f)	سلوفاكيا
Slowake (m)	sluvākiy (m)	سلوفاكي

| Slowakin (f) | sluvākiyya (f) | سلوفاكية |
| slowakisch | sluvākiy | سلوفاكي |

Kroatien	kruātiya (f)	كرواتيا
Kroate (m)	kruātiy (m)	كرواتي
Kroatin (f)	kruātiyya (f)	كرواتية
kroatisch	kruātiy	كرواتي

Tschechien	atʃ tʃīk (f)	التشيك
Tscheche (m)	tʃīkiy (m)	تشيكي
Tschechin (f)	tʃīkiyya (f)	تشيكية
tschechisch	tʃīkiy	تشيكي

Estland	istūniya (f)	إستونيا
Este (m)	istūniy (m)	إستوني
Estin (f)	istūniyya (f)	إستونية
estnisch	istūniy	إستوني

Bosnien und Herzegowina	al busna wal hirsuk (f)	البوسنة والهرسك
Makedonien	maqdūniya (f)	مقدونيا
Slowenien	sluvīniya (f)	سلوفينيا
Montenegro	al ʒabal al aswad (m)	الجبل الأسود

236. Frühere UdSSR Republiken

Aserbaidschan	aðarbiʒān (m)	أذربيجان
Aserbaidschaner (m)	aðarbiʒāniy (m)	أذربيجاني
Aserbaidschanerin (f)	aðarbiʒāniyya (f)	أذربيجانية
aserbaidschanisch	aðarbiʒāniy	أذربيجاني

Armenien	armīniya (f)	أرمينيا
Armenier (m)	armaniy (m)	أرمني
Armenierin (f)	armaniyya (f)	أرمنية
armenisch	armaniy	أرمني

Weißrussland	bilarūs (f)	بيلاروس
Weißrusse (m)	bilarūsiy (m)	بيلاروسي
Weißrussin (f)	bilārūsiyya (f)	بيلاروسية
weißrussisch	bilarūsiy	بيلاروسي

Georgien	ʒūrʒiya (f)	جورجيا
Georgier (m)	ʒurʒiy (m)	جورجي
Georgierin (f)	ʒurʒiyya (f)	جورجية
georgisch	ʒurʒiy	جورجي

Kasachstan	kazaχstān (f)	كازاخستان
Kasache (m)	kazaχstāniy (m)	كازاخستاني
Kasachin (f)	kazaχstāniyya (f)	كازاخستانية
kasachisch	kazaχstāniy	كازاخستاني

Kirgisien	qirɣizistān (f)	قيرغيزستان
Kirgise (m)	qirɣizistāny (m)	قيرغيزستاني
Kirgisin (f)	qirɣizistāniyya (f)	قيرغيزستانية
kirgisisch	qirɣizistāniy	قيرغيزستاني

Moldawien	muldāviya (f)	مولدافيا
Moldauer (m)	muldāviy (m)	مولدافي
Moldauerin (f)	muldāviyya (f)	مولدافية
moldauisch	muldāviy	مولدافي

Russland	rūsiya (f)	روسيا
Russe (m)	rūsiy (m)	روسي
Russin (f)	rūsiyya (f)	روسية
russisch	rūsiy	روسي

Tadschikistan	ṭaʒīkistān (f)	طاجيكستان
Tadschike (m)	ṭaʒīkiy (m)	طاجيكي
Tadschikin (f)	ṭaʒīkiyya (f)	طاجيكية
tadschikisch	ṭaʒīkiy	طاجيكي

Turkmenistan	turkmānistān (f)	تركمانستان
Turkmene (m)	turkmāniy (m)	تركماني
Turkmenin (f)	turkmāniyya (f)	تركمانية
turkmenisch	turkmāniy	تركماني

Usbekistan	uzbikistān (f)	أوزبكستان
Usbeke (m)	uzbikiy (m)	أوزبكي
Usbekin (f)	uzbikiyya (f)	أوزبكية
usbekisch	uzbikiy	أوزبكي

Ukraine (f)	ukrāniya (f)	أوكرانيا
Ukrainer (m)	ukrāniy (m)	أوكراني
Ukrainerin (f)	ukrāniyya (f)	أوكرانية
ukrainisch	ukrāniy	أوكراني

237. Asien

| Asien | ʾāsiya (f) | آسيا |
| asiatisch | ʾāsyawiy | آسيوي |

Vietnam	vitnām (f)	فيتنام
Vietnamese (m)	vitnāmiy (m)	فيتنامي
Vietnamesin (f)	vitnāmiyya (f)	فيتنامية
vietnamesisch	vitnāmiy	فيتنامي

Indien	al hind (f)	الهند
Inder (m)	hindiy (m)	هندي
Inderin (f)	hindiyya (f)	هندية
indisch	hindiy	هندي

Israel	isrāʾīl (f)	إسرائيل
Israeli (m)	israʾīliy (m)	إسرائيلي
Israeli (f)	isrāʾīliyya (f)	إسرائيلية
israelisch	isrāʾīliy	إسرائيلي

Jude (m)	yahūdiy (m)	يهودي
Jüdin (f)	yahūdiyya (f)	يهودية
jüdisch	yahūdiy	يهودي
China	aṣ ṣīn (f)	الصين

Chinese (m)	šīniy (m)	صيني
Chinesin (f)	šīniyya (f)	صينية
chinesisch	šīniy	صيني

Koreaner (m)	kūriy (m)	كوري
Koreanerin (f)	kuriyya (f)	كورية
koreanisch	kūriy	كوري

Libanon (m)	lubnān (f)	لبنان
Libanese (m)	lubnāniy (m)	لبناني
Libanesin (f)	lubnāniyya (f)	لبنانية
libanesisch	lubnāniy	لبناني

Mongolei (f)	manɣūliya (f)	منغوليا
Mongole (m)	manɣūliy (m)	منغولي
Mongolin (f)	manɣūliyya (f)	منغولية
mongolisch	manɣūliy	منغولي

Malaysia	malīziya (f)	ماليزيا
Malaie (m)	malīziy (m)	ماليزي
Malaiin (f)	malīziyya (f)	ماليزية
malaiisch	malīziy	ماليزي

Pakistan	bakistān (f)	باكستان
Pakistaner (m)	bakistāniy (m)	باكستاني
Pakistanerin (f)	bakistāniyya (f)	باكستانية
pakistanisch	bakistāniy	باكستاني

Saudi-Arabien	as sa'ūdiyya (f)	السعودية
Araber (m)	'arabiy (m)	عربي
Araberin (f)	'arabiyya (f)	عربية
arabisch	'arabiy	عربي

Thailand	taylānd (f)	تايلاند
Thailänder (m)	taylāndiy (m)	تايلاندي
Thailänderin (f)	taylandiyya (f)	تايلاندية
thailändisch	taylāndiy	تايلاندي

Taiwan	taywān (f)	تايوان
Taiwaner (m)	taywāniy (m)	تايواني
Taiwanerin (f)	taywāniyya (f)	تايوانية
taiwanisch	taywāniy	تايواني

Türkei (f)	turkiya (f)	تركيا
Türke (m)	turkiy (m)	تركي
Türkin (f)	turkiyya (f)	تركية
türkisch	turkiy	تركي

Japan	al yabān (f)	اليابان
Japaner (m)	yabāniy (m)	ياباني
Japanerin (f)	yabāniyya (f)	يابانية
japanisch	yabāniy	ياباني

Afghanistan	afɣanistān (f)	أفغانستان
Bangladesch	banʒladīʃ (f)	بنجلاديش
Indonesien	indunīsiya (f)	إندونيسيا

211

Jordanien	al urdun (m)	الأردن
Irak	al 'irāq (m)	العراق
Iran	'īrān (f)	إيران
Kambodscha	kambūdya (f)	كمبوديا
Kuwait	al kuwayt (f)	الكويت

Laos	lawus (f)	لاوس
Myanmar	myanmār (f)	ميانمار
Nepal	nibāl (f)	نيبال
Vereinigten Arabischen	al imārāt al 'arabiyya	الإمارات العربيّة المتّحدة
Emirate	al muttahida (pl)	

Syrien	sūriya (f)	سوريا
Palästina	filisṭīn (f)	فلسطين
Südkorea	kuriya al ʒanūbiyya (f)	كوريا الجنوبيّة
Nordkorea	kūria aʃ ʃimāliyya (f)	كوريا الشماليّة

238. Nordamerika

Die Vereinigten Staaten	al wilāyāt al muttahida al amrīkiyya (pl)	الولايات المتّحدة الأمريكيّة
Amerikaner (m)	amrīkiy (m)	أمريكيّ
Amerikanerin (f)	amrīkiyya (f)	أمريكيّة
amerikanisch	amrīkiy	أمريكيّ

Kanada	kanada (f)	كندا
Kanadier (m)	kanadiy (m)	كنديّ
Kanadierin (f)	kanadiyya (f)	كنديّة
kanadisch	kanadiy	كنديّ

Mexiko	al maksīk (f)	المكسيك
Mexikaner (m)	maksīkiy (m)	مكسيكيّ
Mexikanerin (f)	maksīkiyya (f)	مكسيكيّة
mexikanisch	maksīkiy	مكسيكيّ

239. Mittel- und Südamerika

Argentinien	arʒantīn (f)	الأرجنتين
Argentinier (m)	arʒantīniy (m)	أرجنتينيّ
Argentinierin (f)	arʒantīniyya (f)	أرجنتينيّة
argentinisch	arʒantīniy	أرجنتينيّ

Brasilien	al brazīl (f)	البرازيل
Brasilianer (m)	brazīliy (m)	برازيليّ
Brasilianerin (f)	brazīliyya (f)	برازيليّة
brasilianisch	brazīliy	برازيليّ

Kolumbien	kulumbiya (f)	كولومبيا
Kolumbianer (m)	kulumbiy (m)	كولومبيّ
Kolumbianerin (f)	kulumbiyya (f)	كولومبيّة
kolumbianisch	kulumbiy	كولومبيّ
Kuba	kūba (f)	كوبا

Kubaner (m)	kūbiy (m)	كوبيّ
Kubanerin (f)	kūbiyya (f)	كوبيّة
kubanisch	kūbiy	كوبيّ

Chile	tʃīli (f)	تشيلي
Chilene (m)	tʃīliy (m)	تشيليّ
Chilenin (f)	tʃīliyya (f)	تشيليّة
chilenisch	tʃīliy	تشيليّ

Bolivien	bulīviya (f)	بوليفيا
Venezuela	vinizwiyla (f)	فنزويلا
Paraguay	baraɣwāy (f)	باراغواي
Peru	biru (f)	بيرو
Suriname	surinām (f)	سورينام
Uruguay	uruɣwāy (f)	الأوروغواي
Ecuador	al iqwadūr (f)	الإكوادور

Die Bahamas	ʒuzur bahāmas (pl)	جزر باهاماس
Haiti	haīti (f)	هايتي
Dominikanische Republik	ʒumhūriyyat ad duminikan (f)	جمهوريّة الدومينيكان
Panama	banama (f)	بنما
Jamaika	ʒamāyka (f)	جامايكا

240. Afrika

Ägypten	miṣr (f)	مصر
Ägypter (m)	miṣriy (m)	مصريّ
Ägypterin (f)	miṣriyya (f)	مصريّة
ägyptisch	miṣriy	مصريّ

Marokko	al maɣrib (m)	المغرب
Marokkaner (m)	maɣribiy (m)	مغربيّ
Marokkanerin (f)	maɣribiyya (f)	مغربيّة
marokkanisch	maɣribiy	مغربيّ

Tunesien	tūnis (f)	تونس
Tunesier (m)	tūnisiy (m)	تونسيّ
Tunesierin (f)	tūnisiyya (f)	تونسيّة
tunesisch	tūnisiy	تونسيّ

Ghana	ɣāna (f)	غانا
Sansibar	zanʒibār (f)	زنجبار
Kenia	kiniya (f)	كينيا
Libyen	lībiya (f)	ليبيا
Madagaskar	madaɣaʃqar (f)	مدغشقر

Namibia	namībiya (f)	ناميبيا
Senegal	as siniɣāl (f)	السنغال
Tansania	tanzāniya (f)	تنزانيا
Republik Südafrika	ʒumhūriyyat afrīqiya al ʒanūbiyya (f)	جمهوريّة أفريقيا الجنوبيّة

Afrikaner (m)	afrīqiy (m)	أفريقيّ
Afrikanerin (f)	afrīqiyya (f)	أفريقيّة
afrikanisch	afrīqiy	أفريقيّ

241. Australien. Ozeanien

Australien	usturāliya (f)	أستراليا
Australier (m)	usturāliy (m)	أستراليّ
Australierin (f)	usturāliyya (f)	أستراليّة
australisch	usturāliy	أستراليّ
Neuseeland	nyu zilanda (f)	نيوزيلندا
Neuseeländer (m)	nyu zilandiy (m)	نيوزيلنديّ
Neuseeländerin (f)	nyu zilandiyya (f)	نيوزيلنديّة
neuseeländisch	nyu zilandiy	نيوزيلنديّ
Tasmanien	tasmāniya (f)	تاسمانيا
Französisch-Polynesien	bulinīziya al faransiyya (f)	بولينزيا الفرنسيّة

242. Städte

Amsterdam	amstirdām (f)	أمستردام
Ankara	anqara (f)	أنقرة
Athen	aθīna (f)	أثينا
Bagdad	baydād (f)	بغداد
Bangkok	bankūk (f)	بانكوك
Barcelona	barʃalūna (f)	برشلونة
Beirut	bayrūt (f)	بيروت
Berlin	birlīn (f)	برلين
Bombay	bumbāy (f)	بومباى
Bonn	būn (f)	بون
Bordeaux	burdu (f)	بوردو
Bratislava	bratislāva (f)	براتيسلافا
Brüssel	brūksil (f)	بروكسل
Budapest	budabist (f)	بودابست
Bukarest	buxarist (f)	بوخارست
Chicago	ʃikāyu (f)	شيكاغو
Daressalam	dar as salām (f)	دار السلام
Delhi	dilhi (f)	دلهي
Den Haag	lahāy (f)	لاهاى
Dubai	dibay (f)	دبي
Dublin	dablin (f)	دبلن
Düsseldorf	dusildurf (f)	دوسلدورف
Florenz	flurinsa (f)	فلورنسا
Frankfurt	frankfurt (f)	فرانكفورت
Genf	ʒinīv (f)	جنيف
Hamburg	hambury (m)	هامبورغ
Hanoi	hanuy (f)	هانوى
Havanna	havāna (f)	هافانا
Helsinki	hilsinki (f)	هلسنكي
Hiroshima	hiruʃīma (f)	هيروشيما
Hongkong	huny kuny (f)	هونغ كونغ

Istanbul	isṭanbūl (f)	إسطنبول
Jerusalem	al quds (f)	القدس
Kairo	al qāhira (f)	القاهرة
Kalkutta	kalkutta (f)	كلكتا
Kiew	kiyiv (f)	كييف
Kopenhagen	kubinhāʒin (f)	كوبنهاجن
Kuala Lumpur	kuala lumpur (f)	كوالالمبور
Lissabon	liʃbūna (f)	لشبونة
London	lundun (f)	لندن
Los Angeles	lus anʒilis (f)	لوس أنجلوس
Lyon	liyūn (f)	ليون
Madrid	madrīd (f)	مدريد
Marseille	marsīliya (f)	مرسيليا
Mexiko-Stadt	madīnat maksiku (f)	مدينة مكسيكو
Miami	mayāmi (f)	ميامي
Montreal	muntriyāl (f)	مونتريال
Moskau	musku (f)	موسكو
München	myūniχ (f)	ميونخ
Nairobi	nayrūbi (f)	نيروبي
Neapel	nabuli (f)	نابولي
New York	nyu yūrk (f)	نيويورك
Nizza	nīs (f)	نيس
Oslo	uslu (f)	أوسلو
Ottawa	uttawa (f)	أوتاوا
Paris	barīs (f)	باريس
Peking	bikīn (f)	بيكين
Prag	brāχ (f)	براغ
Rio de Janeiro	riu di ʒaniyru (f)	ريو دي جانيرو
Rom	rūma (f)	روما
Sankt Petersburg	sant bitirsburχ (f)	سانت بطرسبرغ
Schanghai	ʃanχhāy (f)	شانغهاي
Seoul	siūl (f)	سيول
Singapur	sinχafūra (f)	سنغافورة
Stockholm	stukhūlm (f)	ستوكهولم
Sydney	sidniy (f)	سيدني
Taipeh	taybay (f)	تايبيه
Tokio	ṭukyu (f)	طوكيو
Toronto	turūntu (f)	تورونتو
Venedig	al bunduqiyya (f)	البندقيّة
Warschau	warsaw (f)	وارسو
Washington	wāʃinṭun (f)	واشنطن
Wien	vyīna (f)	فيينا

243. Politik. Regierung. Teil 1

Politik (f)	siyāsa (f)	سياسة
politisch	siyāsiy	سياسيّ

Politiker (m)	siyāsiy (m)	سياسيّ
Staat (m)	dawla (f)	دولة
Bürger (m)	muwāṭin (m)	مواطن
Staatsbürgerschaft (f)	ʒinsiyya (f)	جنسيّة

Staatswappen (n)	ʃiʿār waṭaniy (m)	شعار وطنيّ
Nationalhymne (f)	naʃīd waṭaniy (m)	نشيد وطنيّ

Regierung (f)	ḥukūma (f)	حكومة
Staatschef (m)	ra's ad dawla (m)	رأس الدولة
Parlament (n)	barlamān (m)	برلمان
Partei (f)	ḥizb (m)	حزب

Kapitalismus (m)	ra'smāliyya (f)	رأسماليّة
kapitalistisch	ra'smāliy	رأسماليّ

Sozialismus (m)	iʃtirākiyya (f)	إشتراكيّة
sozialistisch	iʃtirākiy	إشتراكيّ

Kommunismus (m)	ʃuyūʿiyya (f)	شيوعيّة
kommunistisch	ʃuyūʿiy	شيوعيّ
Kommunist (m)	ʃuyūʿiy (m)	شيوعيّ

Demokratie (f)	dimuqraṭiyya (f)	ديموقراطيّة
Demokrat (m)	dimuqrāṭiy (m)	ديموقراطيّ
demokratisch	dimuqrāṭiy	ديموقراطيّ
demokratische Partei (f)	al ḥizb ad dimukrāṭiy (m)	الحزب الديموقراطيّ

Liberale (m)	libirāliy (m)	ليبراليّ
liberal	libirāliy	ليبراليّ
Konservative (m)	muḥāfiẓ (m)	محافظ
konservativ	muḥāfiẓ	محافظ

Republik (f)	ʒumhūriyya (f)	جمهوريّة
Republikaner (m)	ʒumhūriy (m)	جمهوريّ
Republikanische Partei (f)	al ḥizb al ʒumhūriy (m)	الحزب الجمهوريّ

Wahlen (pl)	intiχābāt (pl)	إنتخابات
wählen (vt)	intaχab	إنتخب
Wähler (m)	nāχib (m)	ناخب
Wahlkampagne (f)	ḥamla intiχābiyya (f)	حملة إنتخابيّة

Abstimmung (f)	taṣwīt (m)	تصويت
abstimmen (vi)	ṣawwat	صوّت
Abstimmungsrecht (n)	ḥaqq al intiχāb (m)	حقّ الإنتخاب

Kandidat (m)	muraʃʃaḥ (m)	مرشّح
kandidieren (vi)	raʃʃaḥ nafsahu	رشّح نفسه
Kampagne (f)	ḥamla (f)	حملة

Oppositions-	muʿāriḍ	معارض
Opposition (f)	muʿāraḍa (f)	معارضة

Besuch (m)	ziyāra (f)	زيارة
Staatsbesuch (m)	ziyāra rasmiyya (f)	زيارة رسميّة
international	duwaliy	دوليّ

| Verhandlungen (pl) | mubāḥaθāt (pl) | مباحثات |
| verhandeln (vi) | aʒra mubāḥaθāt | أجرى مباحثات |

244. Politik. Regierung. Teil 2

Gesellschaft (f)	muʒtamaʿ (m)	مجتمع
Verfassung (f)	dustūr (m)	دستور
Macht (f)	sulṭa (f)	سلطة
Korruption (f)	fasād (m)	فساد

| Gesetz (n) | qānūn (m) | قانون |
| gesetzlich (Adj) | qānūniy | قانوني |

| Gerechtigkeit (f) | ʿadāla (f) | عدالة |
| gerecht | ʿādil | عادل |

Komitee (n)	laʒna (f)	لجنة
Gesetzentwurf (m)	maʃrūʿ qānūn (m)	مشروع قانون
Budget (n)	mīzāniyya (f)	ميزانية
Politik (f)	siyāsa (f)	سياسة
Reform (f)	iṣlāḥ (m)	إصلاح
radikal	radikāliy	راديكالي

Macht (f)	quwwa (f)	قوّة
mächtig (Adj)	qawiy	قوي
Anhänger (m)	muʾayyid (m)	مؤيد
Einfluss (m)	taʾθīr (m)	تأثير

Regime (n)	niẓām ḥukm (m)	نظام حكم
Konflikt (m)	χilāf (m)	خلاف
Verschwörung (f)	muʾāmara (f)	مؤامرة
Provokation (f)	istifzāz (m)	إستفزاز

stürzen (vt)	asqaṭ	أسقط
Sturz (m)	isqāṭ (m)	إسقاط
Revolution (f)	θawra (f)	ثورة

| Staatsstreich (m) | inqilāb (m) | إنقلاب |
| Militärputsch (m) | inqilāb ʿaskariy (m) | انقلاب عسكري |

Krise (f)	azma (f)	أزمة
Rezession (f)	rukūd iqtiṣādiy (m)	ركود إقتصادي
Demonstrant (m)	mutaẓāhir (m)	متظاهر
Demonstration (f)	muẓāhara (f)	مظاهرة
Ausnahmezustand (m)	al aḥkām al ʿurfiyya (pl)	الأحكام العرفية
Militärbasis (f)	qaʿida ʿaskariyya (f)	قاعدة عسكرية

| Stabilität (f) | istiqrār (m) | إستقرار |
| stabil | mustaqirr | مستقرّ |

Ausbeutung (f)	istiɣlāl (m)	إستغلال
ausbeuten (vt)	istaɣall	إستغلّ
Rassismus (m)	ʿunṣuriyya (f)	عنصرية
Rassist (m)	ʿunṣuriy (m)	عنصري

| Faschismus (m) | fāʃiyya (f) | فاشيّة |
| Faschist (m) | fāʃiy (m) | فاشيّ |

245. Länder. Verschiedenes

Ausländer (m)	aʒnabiy (m)	أجنبيّ
ausländisch	aʒnabiy	أجنبيّ
im Ausland	fil χāriʒ	في الخارج

Auswanderer (m)	nāziḥ (m)	نازح
Auswanderung (f)	nuziḥ (m)	نزوح
auswandern (vi)	nazūḥ	نزح

Westen (m)	al ɣarb (m)	الغرب
Osten (m)	aʃ ʃarq (m)	الشرق
Ferner Osten (m)	aʃ ʃarq al aqṣa (m)	الشرق الأقصى

Zivilisation (f)	ḥaḍāra (f)	حضارة
Menschheit (f)	al baʃariyya (f)	البشريّة
Welt (f)	al 'ālam (m)	العالم
Frieden (m)	salām (m)	سلام
Welt-	'ālamiy	عالميّ

Heimat (f)	waṭan (m)	وطن
Volk (n)	ʃa'b (m)	شعب
Bevölkerung (f)	sukkān (pl)	سكّان
Leute (pl)	nās (pl)	ناس
Nation (f)	umma (f)	أمّة
Generation (f)	ʒīl (m)	جيل
Territorium (n)	arḍ (f)	أرض
Region (f)	mintaqa (f)	منطقة
Staat (z.B. ~ Alaska)	wilāya (f)	ولاية

Tradition (f)	taqlīd (m)	تقليد
Brauch (m)	'āda (f)	عادة
Ökologie (f)	'ilm al bī'a (m)	علم البيئة

Indianer (m)	hindiy aḥmar (m)	هنديّ أحمر
Zigeuner (m)	ɣaʒariy (m)	غجريّ
Zigeunerin (f)	ɣaʒariyya (f)	غجريّة
Zigeuner-	ɣaʒariy	غجريّ

Reich (n)	imbiraṭuriyya (f)	امبراطوريّة
Kolonie (f)	musta'mara (f)	مستعمرة
Sklaverei (f)	'ubūdiyya (f)	عبوديّة
Einfall (m)	ɣazw (m)	غزو
Hunger (m)	maʒā'a (f)	مجاعة

246. Wichtige Religionsgruppen. Konfessionen

| Religion (f) | dīn (m) | دين |
| religiös | dīniy | دينيّ |

Glaube (m)	ʾīmān (m)	إيمان
glauben (vt)	ʾāman	آمن
Gläubige (m)	muʾmin (m)	مؤمن
Atheismus (m)	al ilḥād (m)	الإلحاد
Atheist (m)	mulḥid (m)	ملحد
Christentum (n)	al masīḥiyya (f)	المسيحيّة
Christ (m)	masīḥiy (m)	مسيحيّ
christlich	masīḥiy	مسيحيّ
Katholizismus (m)	al kaθūlikiyya (f)	الكاثوليكيّة
Katholik (m)	kaθulīkiy (m)	كاثوليكيّ
katholisch	kaθulīkiy	كاثوليكيّ
Protestantismus (m)	al brutistantiyya (f)	البروتستانتية
Protestantische Kirche (f)	al kanīsa al brutistantiyya (f)	الكنيسة البروتستانتيّة
Protestant (m)	brutistantiy (m)	بروتستانتيّ
Orthodoxes Christentum (n)	urθuðuksiyya (f)	الأرثوذكسيّة
Orthodoxe Kirche (f)	al kanīsa al urθuðuksiyya (f)	الكنيسة الأرثوذكسيّة
orthodoxer Christ (m)	urθuðuksiy (m)	أرثوذكسيّ
Presbyterianismus (m)	maʃīxiyya (f)	المشيخيّة
Presbyterianische Kirche (f)	al kanīsa al maʃīxiyya (f)	الكنيسة المشيخيّة
Presbyterianer (m)	maʃīxiy (m)	مشيخيّ
Lutherische Kirche (f)	al kanīsa al luθiriyya (f)	الكنيسة اللوثريّة
Lutheraner (m)	luθiriy (m)	لوثريّ
Baptismus (m)	al kanīsa al maʿmadāniyya (f)	الكنيسة المعمدانيّة
Baptist (m)	maʿmadāniy (m)	معمدانيّ
Anglikanische Kirche (f)	al kanīsa al anʒlikāniyya (f)	الكنيسة الإنجليكانيّة
Anglikaner (m)	anʒlikāniy (m)	أنجليكانيّ
Mormonismus (m)	al murumūniyya (f)	المورمونيّة
Mormone (m)	masīḥiy murmūn (m)	مسيحيّ مرمون
Judentum (n)	al yahūdiyya (f)	اليهودية
Jude (m)	yahūdiy (m)	يهوديّ
Buddhismus (m)	al būðiyya (f)	البوذيّة
Buddhist (m)	būðiy (m)	بوذيّ
Hinduismus (m)	al hindūsiyya (f)	الهندوسيّة
Hindu (m)	hindūsiy (m)	هندوسيّ
Islam (m)	al islām (m)	الإسلام
Moslem (m)	muslim (m)	مسلم
moslemisch	islāmiy	إسلاميّ
Schiismus (m)	al maðhab aʃ ʃiʿiy (m)	المذهب الشيعيّ
Schiit (m)	ʃiʿiy (m)	شيعيّ
Sunnismus (m)	al maðhab as sunniy (m)	المذهب السنّيّ
Sunnit (m)	sunniy (m)	سنّيّ

247. Religionen. Priester

Priester (m)	qissīs (m), kāhin (m)	قسّيس, كاهن
Papst (m)	al bāba (m)	البابا
Mönch (m)	rāhib (m)	راهب
Nonne (f)	rāhiba (f)	راهبة
Pfarrer (m)	qissīs (m)	قسّيس
Abt (m)	raʾīs ad dayr (m)	رئيس الدير
Vikar (m)	viqār (m)	فيقار
Bischof (m)	usquf (m)	أسقف
Kardinal (m)	kardināl (m)	كاردينال
Prediger (m)	tabʃīr (m)	تبشير
Predigt (f)	χutba (f)	خطبة
Gemeinde (f)	raʿiyyat al abraʃiyya (f)	رعية الأبرشيّة
Gläubige (m)	mu'min (m)	مؤمن
Atheist (m)	mulḥid (m)	ملحد

248. Glauben. Christentum. Islam

Adam	ʾādam (m)	آدم
Eva	ḥawāʾ (f)	حوّاء
Gott (m)	allah (m)	الله
Herr (m)	ar rabb (m)	الربّ
Der Allmächtige	al qadīr (m)	القدير
Sünde (f)	ðamb (m)	ذنب
sündigen (vi)	aðnab	أذنب
Sünder (m)	muðnib (m)	مذنب
Sünderin (f)	muðniba (f)	مذنبة
Hölle (f)	al ʒahīm (f)	الجحيم
Paradies (n)	al ʒanna (f)	الجنّة
Jesus	yasūʿ (m)	يسوع
Jesus Christus	yasūʿ al masīḥ (m)	يسوع المسيح
der Heiliger Geist	ar rūḥ al qudus (m)	الروح القدس
der Erlöser	al masīḥ (m)	المسيح
die Jungfrau Maria	maryam al ʿaðrāʾ (f)	مريم العذراء
Teufel (m)	aʃ ʃaytān (m)	الشيطان
teuflisch	ʃaytāniy	شيطانيّ
Satan (m)	aʃ ʃaytān (m)	الشيطان
satanisch	ʃaytāniy	شيطانيّ
Engel (m)	malāk (m)	ملاك
Schutzengel (m)	malāk ḥāris (m)	ملاك حارس
Engel(s)-	malāʾikiy	ملائكيّ

Apostel (m)	rasūl (m)	رسول
Erzengel (m)	al malak ar raʾīsiy (m)	الملك الرئيسي
Antichrist (m)	al masīḥ ad daǯǯāl (m)	المسيح الدجّال
Kirche (f)	al kanīsa (f)	الكنيسة
Bibel (f)	al kitāb al muqaddas (m)	الكتاب المقدّس
biblisch	tawrātiy	توراتي
Altes Testament (n)	al ʿahd al qadīm (m)	العهد القديم
Neues Testament (n)	al ʿahd al ǯadīd (m)	العهد الجديد
Evangelium (n)	inǯīl (m)	إنجيل
Heilige Schrift (f)	al kitāb al muqaddas (m)	الكتاب المقدّس
Himmelreich (n)	al ǯanna (f)	الجنّة
Gebot (n)	waṣiyya (f)	وصيّة
Prophet (m)	nabiy (m)	نبيّ
Prophezeiung (f)	nubū̉a (f)	نبوءة
Allah	allah (m)	الله
Mohammed	muḥammad (m)	محمّد
Koran (m)	al qurʾān (m)	القرآن
Moschee (f)	masǯid (m)	مسجد
Mullah (m)	mulla (m)	مَلّا
Gebet (n)	ṣalāt (f)	صلاة
beten (vi)	ṣalla	صلّى
Wallfahrt (f)	ḥaǯǯ (m)	حجّ
Pilger (m)	ḥāǯǯ (m)	حاجّ
Mekka (n)	makka al mukarrama (f)	مكّة المكرّمة
Kirche (f)	kanīsa (f)	كنيسة
Tempel (m)	maʿbad (m)	معبد
Kathedrale (f)	katidrāʾiyya (f)	كاتدرائيّة
gotisch	qūṭiy	قوطي
Synagoge (f)	kanīs maʿbad yahūdiy (m)	كنيس معبد يهوديّ
Moschee (f)	masǯid (m)	مسجد
Kapelle (f)	kanīsa saɣīra (f)	كنيسة صغيرة
Abtei (f)	dayr (m)	دير
Nonnenkloster (n)	dayr (m)	دير
Mönchskloster (n)	dayr (m)	دير
Glocke (f)	ǯaras (m)	جرس
Glockenturm (m)	burǯ al ǯaras (m)	برج الجرس
läuten (Glocken)	daqq	دقّ
Kreuz (n)	ṣalīb (m)	صليب
Kuppel (f)	qubba (f)	قبّة
Ikone (f)	ʾīkūna (f)	ايقونة
Seele (f)	nafs (f)	نفس
Schicksal (n)	maṣīr (m)	مصير
das Böse	ʃarr (m)	شرّ
Gute (n)	χayr (m)	خير
Vampir (m)	maṣṣāṣ dimā̉ (m)	مصّاص دماء

Hexe (f)	sāḥira (f)	ساحرة
Dämon (m)	ʃayṭān (m)	شيطان
Geist (m)	rūḥ (m)	روح

Sühne (f)	takfīr (m)	تكفير
sühnen (vt)	kaffar 'an	كفّر عن

Gottesdienst (m)	qaddās (m)	قدّاس
die Messe lesen	alqa ҳuṭba bil kanīsa	ألقى خطبة بالكنيسة
Beichte (f)	i'tirāf (m)	إعتراف
beichten (vi)	i'taraf	إعترف

Heilige (m)	qiddīs (m)	قدّيس
heilig	muqaddas (m)	مقدّس
Weihwasser (n)	mā' muqaddas (m)	ماء مقدّس

Ritual (n)	ṭuqūs (pl)	طقوس
rituell	ṭuqūsiy	طقوسيّ
Opfer (n)	ðabīḥa (f)	ذبيحة

Aberglaube (m)	ҳurāfa (f)	خرافة
abergläubisch	mu'min bil ҳurāfāt (m)	مؤمن بالخرافات
Nachleben (n)	al 'āҳira (f)	الآخرة
ewiges Leben (n)	al ḥayāt al abadiyya (f)	الحياة الأبدية

VERSCHIEDENES

249. Verschiedene nützliche Wörter

Anfang (m)	bidāya (f)	بداية
Anstrengung (f)	ӡuhd (m)	جهد
Anteil (m)	ӡuz' (m)	جزء
Art (Typ, Sorte)	naw' (m)	نوع
Auswahl (f)	iҳtiyār (m)	إختيار
Barriere (f)	ḥāӡiz (m)	حاجز
Basis (f)	asās (m)	أساس
Beispiel (n)	miθāl (m)	مثال
bequem (gemütlich)	murīḥ	مريح
Bilanz (f)	tawāzun (m)	توازن
Ding (n)	ʃay' (m)	شيء
dringend (Adj)	'āӡil	عاجل
dringend (Adv)	'āӡilan	عاجلا
Effekt (m)	ta'θīr (m)	تأثير
Eigenschaft (Werkstoff~)	ҳaṣṣa (f)	خاصّة
Element (n)	'unṣur (m)	عنصر
Ende (n)	nihāya (f)	نهاية
Entwicklung (f)	tanmiya (f)	تنمية
Fachwort (n)	muṣṭalaḥ (m)	مصطلح
Fehler (m)	ҳaṭa' (m)	خطأ
Form (z.B. Kugel-)	ʃakl (m)	شكل
Fortschritt (m)	taqaddum (m)	تقدّم
Gegenstand (m)	mawḍū' (m)	موضوع
Geheimnis (n)	sirr (m)	سرّ
Grad (Ausmaß)	daraӡa (f)	درجة
Halt (m), Pause (f)	istirāḥa (f)	إستراحة
häufig (Adj)	mutakarrir (m)	متكرّر
Hilfe (f)	musā'ada (f)	مساعدة
Hindernis (n)	'aqba (f)	عقبة
Hintergrund (m)	ҳalfiyya (f)	خلفيّة
Ideal (n)	miθāl (m)	مثال
Kategorie (f)	fi'a (f)	فئة
Kompensation (f)	ta'wīḍ (m)	تعويض
Labyrinth (n)	tayh (m)	تيه
Lösung (Problem usw.)	ḥall (m)	حلّ
Moment (m)	laḥza (f)	لحظة
Nutzen (m)	manfa'a (f)	منفعة
Original (Schriftstück)	aṣl (m)	أصل
Pause (kleine ~)	istirāḥa (f)	إستراحة

Position (f)	mawqif (m)	موقف
Prinzip (n)	mabda' (m)	مبدأ
Problem (n)	muʃkila (f)	مشكلة
Prozess (m)	'amaliyya (f)	عمليّة

Reaktion (f)	radd fi'l (m)	ردّ فعل
Reihe (Sie sind an der ~)	dawr (m)	دور
Risiko (n)	muχāṭara (f)	مخاطرة
Serie (f)	silsila (f)	سلسلة

Situation (f)	ḥāla (f), waḍ' (m)	حالة, وضع
Standard-	qiyāsiy	قياسي
Standard (m)	qiyās (m)	قياس
Stil (m)	uslūb (m)	أسلوب

System (n)	niẓām (m)	نظام
Tabelle (f)	ʒadwal (m)	جدول
Tatsache (f)	ḥaqīqa (f)	حقيقة
Teilchen (n)	ʒuz' (m)	جزء
Tempo (n)	sur'a (f)	سرعة

Typ (m)	naw' (m)	نوع
Unterschied (m)	farq (m)	فرق
Ursache (z.B. Todes-)	sabab (m)	سبب
Variante (f)	ʃakl muχtalif (m)	شكل مختلف
Vergleich (m)	muqārana (f)	مقارنة

Wachstum (n)	numuww (m)	نمَو
Wahrheit (f)	ḥaqīqa (f)	حقيقة
Weise (Weg, Methode)	ṭarīqa (f)	طريقة
Zone (f)	mintaqa (f)	منطقة
Zufall (m)	ṣudfa (f)	صدفة

250. Bestimmungswörter. Adjektive. Teil 1

abgemagert	nahīf	نحيف
ähnlich	ʃabīh	شبيه
alt (z.B. die -en Griechen)	qadīm	قديم
alt, betagt	qadīm	قديم
andauernd	mumtadd	ممتد

angenehm	laṭīf	لطيف
arm	faqīr	فقير
ausgezeichnet	mumtāz	ممتاز
ausländisch, Fremd-	aʒnabiy	أجنبي
Außen-, äußer	χāriʒiy	خارجي

bedeutend	muhimm	مهمّ
begrenzt	maḥdūd	محدود
beständig	dā'im	دائم
billig	raχīṣ	رخيص

bitter	murr	مرّ
blind	a'ma	أعمى

brauchbar	ṣāliḥ	صالح
breit (Straße usw.)	wāsiʻ	واسع
bürgerlich	madaniy	مدني

dankbar	ʃākir	شاكر
das wichtigste	ahamm	أهمّ
der letzte	ʼāχir	آخر
dicht (-er Nebel)	kaθīf	كثيف
dick (-e Mauer usw.)	θaχīn	ثخين

dick (-er Nebel)	kaθīf	كثيف
dumm	ɣabiy	غبيّ
dunkel (Raum usw.)	muẓlim	مظلم
dunkelhäutig	asmar	أسمر

durchsichtig	ʃaffāf	شفّاف
düster	muẓlim	مظلم
einfach	basīṭ	بسيط
einfach (Problem usw.)	sahl	سهل

einzigartig (einmalig)	farīd	فريد
eng, schmal (Straße usw.)	ḍayyiq	ضيّق
ergänzend	iḍāfiy	إضافيّ
ermüdend (Arbeit usw.)	mutʻib	متعب
feindlich	muʻādin	معاد

fern (weit entfernt)	baʻīd	بعيد
fern (weit)	baʻīd	بعيد
fett (-es Essen)	dasim	دسم
feucht	raṭib	رطب
flüssig	sāʼil	سائل

frei (-er Eintritt)	ḥurr	حرّ
frisch (Brot usw.)	ṭāziʒ	طازج
froh	farḥān	فرحان
fruchtbar (-er Böden)	χaṣib	خصب

früher (-e Besitzer)	māḍi	ماض
ganz (komplett)	kāmil	كامل
gebraucht	mustaʻmal	مستعمل
gebräunt (sonnen-)	asmar	أسمر
gedämpft, matt (Licht)	bāhit	باهت

gefährlich	χaṭīr	خطير
gegensätzlich	muqābil	مقابل
gegenwärtig	ḥāḍir	حاضر
gemeinsam	muʃtarak	مشترك
genau, pünktlich	daqīq	دقيق

gerade, direkt	mustaqīm	مستقيم
geräumig (Raum)	wāsiʻ	واسع
geschlossen	muɣlaq	مغلق
gesetzlich	qānūniy, ʃarʻiy	قانونيّ، شرعيّ
gewöhnlich	ʼādiy	عاديّ
glatt (z.B. poliert)	amlas	أملس
glatt, eben	musaṭṭaḥ	مسطّح

gleich (z.B. ~ groß)	mumāθil	مماثل
glücklich	saʿīd	سعيد
groß	kabīr	كبير
gut (das Buch ist ~)	ȝayyid	جيد
gut (gütig)	ṭayyib	طيب
hart (harter Stahl)	ȝāmid	جامد
Haupt-	raʾīsi	رئيسي
hauptsächlich	asāsiy	أساسي
Heimat-	aṣliy	أصلي
heiß	sāxin	ساخن
Hinter-	xalfiy	خلفي
höchst	aʿla	أعلى
höflich	muʾaddab	مؤدب
hungrig	ȝawʿān	جوعان
in Armut lebend	muʿdim	معدم
innen-	dāxiliy	داخلي
jung	ʃābb	شاب
kalt (Getränk usw.)	bārid	بارد
Kinder-	lil aṭfāl	للأطفال
klar (deutlich)	wāḍiḥ	واضح
klein	ṣayīr	صغير
klug, clever	ðakiy	ذكي
knapp (Kleider, zu eng)	ḍayyiq	ضيق
kompatibel	mutawāfiq	متوافق
kostenlos, gratis	maȝȝāniy	مجاني
krank	marīḍ	مريض
kühl (-en morgen)	qarīr	قرير
künstlich	ṣināʿiy	صناعي
kurz (räumlich)	qaṣīr	قصير
kurz (zeitlich)	qaṣīr	قصير
kurzsichtig	qaṣīr an naẓar	قصير النظر

251. Bestimmungswörter. Adjektive. Teil 2

lang (langwierig)	ṭawīl	طويل
laut (-e Stimme)	ʿāli	عال
lecker	laðīð	لذيذ
leer (kein Inhalt)	xāli	خال
leicht (wenig Gewicht)	xafīf	خفيف
leise (~ sprechen)	munxafiḍ	منخفض
licht (Farbe)	fātiḥ	فاتح
link (-e Seite)	al yasār	اليسار
mager, dünn	naḥīf	نحيف
matt (Lack usw.)	muntafiʾ	منطفئ
möglich	mumkin	ممكن
müde (erschöpft)	taʿbān	تعبان

Nachbar-	muʒāwir	مجاور
nachlässig	muhmil	مهمل

nächst	aqrab	أقرب
nächst (am -en Tag)	muqbil	مقبل
nah	qarīb	قريب
nass (-e Kleider)	mablūl	مبلول

negativ	salbiy	سلبيّ
nervös	'aṣabiy	عصبي
nett (freundlich)	laṭīf	لطيف
neu	ʒadīd	جديد
nicht groß	ɣayr kabīr	غير كبير

nicht schwierig	ɣayr ṣa'b	غير صعب
normal	'ādiy	عاديّ
nötig	lāzim	لازم
notwendig	ḍarūriy	ضروريّ

obligatorisch, Pflicht-	ḍarūriy	ضروريّ
offen	maftūḥ	مفتوح
öffentlich	'āmm	عامّ
original (außergewöhnlich)	aṣliy	أصليّ

persönlich	ʃaxṣiy	شخصيّ
platt (flach)	musaṭṭaḥ	مسطّح
privat (in Privatbesitz)	ʃaxṣiy	شخصيّ
pünktlich (Ich bin gerne ~)	daqīq	دقيق
rätselhaft	ɣarīb	غريب

recht (-e Hand)	al yamīn	اليمين
reif (Frucht usw.)	nāḍiʒ	ناضج
richtig	ṣaḥīḥ	صحيح
riesig	ḍaxm	ضخم
riskant	xaṭir	خطر

roh (nicht gekocht)	nayy	نيّ
ruhig	hādi'	هادئ
salzig	māliḥ	مالح
sauber (rein)	naẓīf	نظيف
sauer	ḥāmiḍ	حامض

scharf (-e Messer usw.)	ḥādd	حادّ
schlecht	sayyi'	سيّئ
schmutzig	wasix	وسخ
schnell	sarī'	سريع
schön (-es Mädchen)	ʒamīl	جميل

schön (-es Schloß usw.)	ʒamīl	جميل
schwer (~ an Gewicht)	taqīl	ثقيل
schwierig	ṣa'b	صعب
schwierig (-es Problem)	ṣa'b	صعب
seicht (nicht tief)	ḍaḥl	ضحل

selten	nādir	نادر
sicher (nicht gefährlich)	'āmin	آمن

sonnig	muʃmis	مشمس
sorgfältig	mutqan	متقن
sorgsam	muhtamm	مهتمّ
speziell, Spezial-	xāṣṣ	خاصّ
stark (-e Konstruktion)	matīn	متين
stark (kräftig)	qawiy	قويّ
still, ruhig	hādi'	هادئ
süß	musakkar	مسكّر
Süß- (Wasser)	'aðb	عذب
teuer	ɣāli	غال
tiefgekühlt	muʒammad	مجمّد
tot	mayyit	ميّت
traurig	ḥazīn	حزين
traurig, unglücklich	ḥazīn	حزين
trocken (Klima)	ʒāff	جافّ
übermäßig	mufriṭ	مفرط
unbedeutend	ɣayr muhimm	غير مهمّ
unbeweglich	θābit	ثابت
undeutlich	ɣayr wāḍiḥ	غير واضح
unerfahren	qalīl al xibra	قليل الخبرة
unmöglich	mustaḥīl	مستحيل
Untergrund- (geheim)	sirriy	سرّيّ
unterschiedlich	muxtalif	مختلف
ununterbrochen	mutawāṣil	متواصل
unverständlich	ɣayr wāḍiḥ	غير واضح
vergangen	māḍi	ماض
verschieden	muxtalif	مختلف
voll (gefüllt)	malyān	مليان
vorig (in der -en Woche)	māḍi	ماض
vorzüglich	mumtāz	ممتاز
wahrscheinlich	muhtamal	محتمل
warm (mäßig heiß)	dāfi'	دافئ
weich (-e Wolle)	ṭariy	طريّ
wichtig	muhimm	مهمّ
wolkenlos	ṣāfi	صاف
zärtlich	ḥanūn	حنون
zentral (in der Mitte)	markaziy	مركزيّ
zerbrechlich (Porzellan usw.)	haʃʃ	هشّ
zufrieden	rāḍi	راض
zufrieden (glücklich und ~)	rāḍi	راض

500 WICHTIGE VERBEN

252. Verben A-D

abbiegen (vi)	inʿaṭaf	إنعطف
abhacken (vt)	qaṭaʿ	قطع
abhängen von ...	taʿallaq bi ...	تعلّق بـ...
ablegen (Schiff)	aqlaʿ	أقلع
abnehmen (vt)	nazaʿ	نزع
abreißen (vt)	qaṭaʿ	قطع
absagen (vt)	rafaḍ	رفض
abschicken (vt)	arsal	أرسل
abschneiden (vt)	qaṭaʿ	قطع
adressieren (an ...)	χāṭab	خاطب
ähnlich sein	kān ʃabīhan	كان شبيهًا
amputieren (vt)	batar	بتر
amüsieren (vt)	salla	سلّى
anbinden (vt)	rabaṭ bi ...	ربط بـ...
ändern (vt)	γayyar	غيّر
andeuten (vt)	lamaḥ	لمح
anerkennen (vt)	ʿaraf	عرف
anflehen (vt)	tawassal	توسّل
Angst haben (vor ...)	χāf	خاف
anklagen (vt)	ittaham	إتهم
anklopfen (vi)	daqq	دقَّ
ankommen (der Zug)	waṣal	وصل
anlegen (Schiff)	rasa	رسا
anstecken (~ mit ...)	aʿda	أعدى
anstreben (vt)	saʿa	سعى
antworten (vi)	aʒāb	أجاب
anzünden (vt)	aʃʿal	أشعل
applaudieren (vi)	ṣaffaq	صفّق
arbeiten (vi)	ʿamal	عمل
ärgern (vt)	azʿal	أزعل
assistieren (vi)	sāʿad	ساعد
atmen (vi)	tanaffas	تنفّس
attackieren (vt)	haʒam	هجم
auf ... zählen	iʿtamad ʿala ...	إعتمد على...
auf jmdn böse sein	zaʿal	زعل
aufbringen (vt)	azʿaʒ	أزعج
aufräumen (vt)	rattab	رتّب
aufschreiben (vt)	katab	كتب

229

aufseufzen (vi)	tanahhad	تنهّد
aufstehen (vi)	qām	قام
auftauchen (U-Boot)	ṣa'id ilas saṭḥ	صعد إلى السطح

ausdrücken (vt)	'abbar	عبّر
ausgehen (vi)	χaraʒ	خرج
aushalten (vt)	taḥammal	تحمّل
ausradieren (vt)	masaḥ	مسح

ausreichen (vi)	kafa	كفى
ausschalten (vt)	aṭfa'	أطفأ
ausschließen (vt)	faṣal	فصل
aussprechen (vt)	naṭaq	نطق

austeilen (vt)	wazza' 'ala	وزّع على
auswählen (vt)	iχtār	إختار
auszeichnen (mit Orden)	manaḥ	منح
baden (vt)	ḥammam	حمّم
bedauern (vt)	nadim	ندم

bedeuten (bezeichnen)	'ana	عنى
bedienen (vt)	χadam	خدم
beeinflussen (vt)	aθθar	أثّر
beenden (vt)	atamm	أتمّ
befehlen (vt)	amar	أمر

befestigen (vt)	'azzaz	عزّز
befreien (vt)	ḥarrar	حرّر
befriedigen (vt)	arḍa	أرضى
begießen (vt)	saqa	سقى

beginnen (vt)	bada'	بدأ
begleiten (vt)	rāfaq	رافق
begrenzen (vt)	ḥaddad	حدّد
begrüßen (vt)	sallam 'ala	سلّم على

behalten (alte Briefe)	iḥtafaẓ	إحتفظ
behandeln (vt)	'ālaʒ	عالج
behaupten (vt)	aṣarr	أصرّ
bekannt machen	'arraf	عرّف
belauschen (Gespräch)	tanaṣṣat	تنصّت

beleidigen (vt)	asā'	أساء
beleuchten (vt)	aḍā'	أضاء
bemerken (vt)	lāḥaẓ	لاحظ
beneiden (vt)	ḥasad	حسد

benennen (vt)	samma	سمّى
benutzen (vt)	istanfa'	إستنفع
beobachten (vt)	rāqab	راقب
berichten (vt)	qaddam taqrīr	قدّم تقريرًا

bersten (vi)	taʃaqqaq	تشقّق
beruhen auf ...	i'tamad	إعتمد
beruhigen (vt)	ṭam'an	طمأن
berühren (vt)	lamas	لمس

beseitigen (vt)	azāl	أزال
besitzen (vt)	malak	ملك
besprechen (vt)	nāqaʃ	ناقش
bestehen auf	aṣarr	أصرّ
bestellen (im Restaurant)	ṭalab	طلب
bestrafen (vt)	ʿāqab	عاقب
beten (vi)	ṣalla	صلّى
beunruhigen (vt)	aqlaq	أقلق
bewachen (vt)	ḥama	حمى
bewahren (vt)	ḥafaẓ	حفظ
beweisen (vt)	aθbat	أثبت
bewundern (vt)	uʿʒab bi	أعجب بـ
bezeichnen (bedeuten)	ʿana	عنى
bilden (vt)	ʃakkal	شكّل
binden (vt)	rabaṭ	ربط
bitten (jmdn um etwas ~)	ṭalab	طلب
blenden (vt)	aʿma	أعمى
brechen (vt)	kasar	كسر
bügeln (vt)	kawa	كوى

253. Verben E-H

danken (vi)	ʃakar	شكر
denken (vi, vt)	ẓann	ظنّ
denunzieren (vt)	waʃa	وشى
dividieren (vt)	qasam	قسم
dressieren (vt)	darrab	درّب
drohen (vi)	haddad	هدد
eindringen (vi)	daχal	دخل
einen Fehler machen	aχtaʾ	أخطأ
einen Schluss ziehen	istantaʒ	إستنتج
einladen (zum Essen ~)	daʿa	دعا
einpacken (vt)	laff	لفّ
einrichten (vt)	ʒahhaz	جهّز
einschalten (vt)	fataḥ, ʃaɣɣal	فتح, شغّل
einschreiben (vt)	saʒʒal	سجّل
einsetzen (vt)	adχal	أدخل
einstellen (Personal ~)	waẓẓaf	وظّف
einstellen (vt)	tawaqqaf	توقّف
einwenden (vt)	iʿtaraḍ	إعترض
empfehlen (vt)	naṣaḥ	نصح
entdecken (Land usw.)	iktaʃaf	إكتشف
entfernen (Flecken ~)	azāl	أزال
entscheiden (vt)	qarrar	قرّر
entschuldigen (vt)	ʿaðar	عذر
entzücken (vt)	fatan	فتن

erben (vt)	wariθ	ورث
erblicken (vt)	lamah	لمح
erfinden (das Rad neu ~)	iχtara'	إخترع
erinnern (vt)	ðakkar	ذكّر
erklären (vt)	ʃarah	شرح

erlauben (jemandem etwas)	samah	سمح
erlauben, gestatten (vt)	samah	سمح
erleichtern (vt)	sahhal	سهّل
ermorden (vt)	qatal	قتل

ermüden (vt)	at'ab	أتعب
ermutigen (vt)	alham	ألهم
ernennen (vt)	'ayyan	عيّن
erörtern (vt)	bahas fi	بحث في

erraten (vt)	χamman	خمّن
erreichen (Nordpol usw.)	waṣal	وصل
erröten (vi)	ihmarr	إحمرّ
erscheinen (am Horizont ~)	ẓahar	ظهر

erscheinen (Buch usw.)	ṣadar	صدر
erschweren (vt)	'aqqad	عقّد
erstaunen (vt)	adhaʃ	أدهش
erstellen (einer Liste ~)	ӡamma'	جمّع
ertrinken (vi)	ɣariq	غرق

erwähnen (vt)	ðakar	ذكر
erwarten (vt)	tawaqqa'	توقّع
erzählen (vt)	haddaθ	حدّث
erzielen (Ergebnis usw.)	balaɣ	بلغ

essen (vi, vt)	akal	أكل
existieren (vi)	kān mawӡūd	كان موجودًا
fahren (mit 90 km/h ~)	sāfar	سافر
fallen lassen	awqa'	أوقع

fangen (vt)	amsak	أمسك
finden (vt)	waӡad	وجد
fischen (vt)	iṣṭād as samak	إصطاد السمك
fliegen (vi)	ṭār	طار
folgen (vi)	taba'	تبع

fortbringen (vt)	ðahab bi	ذهب بـ
fortsetzen (vt)	istamarr	إستمرّ
fotografieren (vt)	ṣawwar	صوّر
frühstücken (vi)	aftar	أفطر
fühlen (vt)	ʃa'r bi	شعر بـ

führen (vt)	ra's	رأس
füllen (mit Wasse usw.)	mala'	ملأ
füttern (vt)	at'am	أطعم
garantieren (vt)	daman	ضمن

geben (sein Bestes ~)	a'ta	أعطى
gebrauchen (vt)	istaχdam	إستخدم

gefallen (vi)	aʻʒab	أعجب
gehen (zu Fuß gehen)	maʃa	مشى

gehorchen (vi)	ṭāʻ	طاع
gehören (vi)	χaṣṣ	خص
gelegen sein	kān mawʒūdan	كان موجودًا
genesen (vi)	ʃufiy	شفي

gereizt sein	inzaʻaʒ	إنزعج
gernhaben (vt)	aḥabb	أحب
gestehen (Verbrecher)	iʻtaraf	إعترف
gießen (Wasser ~)	ṣabb	صب

glänzen (vi)	lamʻ	لمع
glauben (Er glaubt, dass ...)	iʻtaqad	إعتقد
graben (vt)	ḥafar	حفر
gratulieren (vi)	hanna'	هنأ

gucken (spionieren)	waṣwaṣ	وصوص
haben (vt)	malak	ملك
handeln (in Aktion treten)	ʻamal	عمل
hängen (an der Wand usw.)	ʻallaq	علق

heiraten (vi)	tazawwaʒ	تزوج
helfen (vi)	sāʻad	ساعد
herabsteigen (vi)	nazil	نزل
hereinkommen (vi)	daχal	دخل
herunterlassen (vt)	anzal	أنزل

hinzufügen (vt)	aḍāf	أضاف
hoffen (vi)	tamanna	تمنى
hören (Geräusch ~)	samiʻ	سمع
hören (jmdm zuhören)	istamaʻ	إستمع

254. Verben I-R

imitieren (vt)	qallad	قلد
impfen (vt)	laqqaḥ	لقح
importieren (vt)	istawrad	إستورد
in Gedanken versinken	ʃaṭaḥ bi muχayyilatih	شطح بمخيلته

in Ordnung bringen	naẓẓam	نظم
informieren (vt)	aχbar	أخبر
instruieren (vt)	ʻallam	علم
interessieren (vt)	hamm	هم

isolieren (vt)	ʻazal	عزل
jagen (vi)	iṣṭād	إصطاد
kämpfen (~ gegen)	qātal	قاتل
kämpfen (sich schlagen)	qātal	قاتل
kaufen (vt)	iʃtara	إشترى

kennen (vt)	ʻaraf	عرف
kennenlernen (vt)	taʻarraf	تعرف

| klagen (vi) | ʃaka | شكا |
| kompensieren (vt) | ʻawwaḍ | عوّض |

komponieren (vt)	laḥḥan	لحّن
kompromittieren (vt)	faḍaḥ	فضح
konkurrieren (vi)	nāfas	نافس
können (v mod)	istaṭāʻ	إستطاع

kontrollieren (vt)	taḥakkam	تحكّم
koordinieren (vt)	nassaq	نسّق
korrigieren (vt)	ṣaḥḥaḥ	صحّح
kosten (vt)	kallaf	كلّف

kränken (vt)	ahān	أهان
kratzen (vt)	xadaʃ	خدش
Krieg führen	ḥārab	حارب
lächeln (vi)	ibtasam	إبتسم

lachen (vi)	ḍaḥik	ضحك
laden (Ein Gewehr ~)	ḥaʃa	حشا
laden (LKW usw.)	ʃaḥan	شحن
lancieren (starten)	aṭlaq	أطلق

laufen (vi)	ʒara	جرى
leben (vi)	ʻāʃ	عاش
lehren (vt)	ʻallam	علّم
leiden (vi)	ʻāna	عانى

leihen (Geld ~)	istalaf	إستلف
leiten (Betrieb usw.)	adār	أدار
lenken (ein Auto ~)	qād sayyāra	قاد سيّارة
lernen (vt)	daras	درس
lesen (vi, vt)	qaraʼ	قرأ

lieben (vt)	aḥabb	أحبّ
liegen (im Bett usw.)	raqad	رقد
losbinden (vt)	fakk	فكّ
löschen (Feuer)	aṭfaʼ	أطفأ

lösen (Aufgabe usw.)	ḥall	حلّ
loswerden (jmdm. od etwas)	taxallaṣ min …	تخلّص من...
lügen (vi)	kaðib	كذب
machen (vt)	ʻamal	عمل
markieren (vt)	ʻallam	علّم

meinen (glauben)	iʻtaqad	إعتقد
memorieren (vt)	ḥafaẓ	حفظ
mieten (ein Boot ~)	istaʒar	إستأجر
mieten (Haus usw.)	istaʒar	إستأجر

mischen (vt)	xalaṭ	خلط
mitbringen (vt)	ata bi	أتى بـ
mitteilen (vt)	axbar	أخبر
müde werden	taʻib	تعب
multiplizieren (vt)	ḍarab	ضرب
müssen (v mod)	kān yaʒib ʻalayh	كان يجب عليه

nachgeben (vi)	istaslam	إستسلم
nehmen (jmdm. etwas ~)	ḥaram	حرم
nehmen (vt)	aχað	أخذ
noch einmal sagen	karrar	كرّر
nochmals tun (vt)	a'ād	أعاد
notieren (vt)	katab mulāḥaẓa	كتب ملاحظة
nötig sein	kānat hunāk ḥāӡa ila	كانت هناك حاجة إلى
notwendig sein	kān maṭlūb	كان مطلوبًا
öffnen (vt)	fataḥ	فتح
passen (Schuhe, Kleid)	nāsab	ناسب
pflücken (Blumen)	qaṭaf	قطف
planen (vt)	χaṭṭaṭ	خطّط
prahlen (vi)	tabāha	تباهى
projektieren (vt)	ṣammam	صمّم
protestieren (vi)	iḥtaӡӡ	إحتجّ
provozieren (vt)	istafazz	إستفزّ
putzen (vt)	naẓẓaf	نظّف
raten (zu etwas ~)	naṣaḥ	نصح
rechnen (vt)	'add	عدّ
regeln (vt)	sawwa	سوّى
reinigen (vt)	naẓẓaf	نظّف
reparieren (vt)	aṣlaḥ	أصلح
reservieren (vt)	ḥaӡaz	حجز
retten (vt)	anqað	أنقذ
richten (den Weg zeigen)	waӡӡah	وجّه
riechen (an etwas ~)	iʃtamm	إشتمّ
riechen (gut ~)	fāḥ	فاح
ringen (Sport)	ṣāra'	صارع
riskieren (vt)	χāṭar	خاطر
rufen (seinen Hund ~)	nāda	نادى
rufen (um Hilfe ~)	istaɣāθ	إستغاث

255. Verben S-U

säen (vt)	baðar	بذر
sagen (vt)	qāl	قال
schaffen (Etwas Neues zu ~)	χalaq	خلق
schelten (vt)	wabbaχ	وبّخ
schieben (drängen)	dafa'	دفع
schießen (vi)	aṭlaq an nār	أطلق النار
schlafen gehen	nām	نام
schlagen (mit ...)	ta'ārak	تعارك
schlagen (vt)	ḍarab	ضرب
schließen (vt)	aɣlaq	أغلق
schmeicheln (vi)	ӡāmal	جامل

schmücken (vt)	zayyan	زيّن
schreiben (vi, vt)	katab	كتب
schreien (vi)	ṣaraχ	صرخ
schütteln (vt)	hazz	هزّ
schweigen (vi)	sakat	سكت
schwimmen (vi)	sabaḥ	سبح
schwimmen gehen	sabaḥ	سبح
sehen (vt)	naẓar	نظر
sein (vi)	kān	كان
sich abwenden	a'raḍ 'an	أعرض عن
sich amüsieren	istamta'	إستمتع
sich anschließen	inḍamm ila	إنضمّ إلى
sich anstecken	in'ada	إنعدى
sich aufregen	qalaq	قلق
sich ausruhen	istarāḥ	إستراح
sich beeilen	ista'ʒal	إستعجل
sich benehmen	taṣarraf	تصرّف
sich beschmutzen	tawassaχ	توسّخ
sich datieren	raʒa' tarīχuhu ila	رجع تاريخه إلى
sich einmischen	tadaχχal	تدخّل
sich empören	istā'	إستاء
sich entschuldigen	i'taðar	إعتذر
sich erhalten	baqiya	بقي
sich erinnern	taðakkar	تذكّر
sich interessieren	ihtamm	إهتمّ
sich kämmen	tamaʃʃaṭ	تمشّط
sich konsultieren mit …	istaʃār …	إستشار...
sich konzentrieren	tarakkaz	تركّز
sich langweilen	ʃa'ar bil malal	شعر بالملل
sich nach … erkundigen	istafsar	إستفسر
sich nähern	iqtarab	إقترب
sich rächen	intaqam	إنتقم
sich rasieren	ḥalaq	حلق
sich setzen	ʒalas	جلس
sich Sorgen machen	qalaq	قلق
sich überzeugen	iqtana'	إقتنع
sich unterscheiden	iχtalaf	إختلف
sich vergrößern	izdād	إزداد
sich verlieben	aḥabb	أحبّ
sich verteidigen	dāfa' 'an nafsih	دافع عن نفسه
sich vorstellen	taṣawwar	تصوّر
sich waschen	istaḥamm	إستحمّ
sitzen (vi)	ʒalas	جلس
spielen (Ball ~)	la'ib	لعب
spielen (eine Rolle ~)	maθθal	مثّل

spotten (vi)	saχar	سخر
sprechen mit ...	takallam ma'a ...	تكلم مع...
spucken (vi)	bazaq	بزق
starten (Flugzeug)	aqla'	أقلع
stehlen (vt)	saraq	سرق
stellen (ins Regal ~)	wada'	وضع
stimmen (vi)	sawwat	صوت
stoppen (haltmachen)	waqaf	وقف
stören (nicht ~!)	az'aʒ	أزعج
streicheln (vt)	masah	مسح
suchen (vt)	bahaθ	بحث
sündigen (vi)	aðnab	أذنب
tauchen (vi)	γās	غاص
tauschen (vt)	saraf	صرف
täuschen (vt)	χada'	خدع
teilnehmen (vi)	iʃtarak	إشترك
trainieren (vi)	tadarrab	تدرّب
trainieren (vt)	darrab	درّب
transformieren (vt)	hawwal	حوّل
träumen (im Schlaf)	halam	حلم
träumen (wünschen)	halam	حلم
trinken (vt)	ʃarib	شرب
trocknen (vt)	ʒaffaf	جفف
überragen (Schloss, Berg)	irtafa'	إرتفع
überrascht sein	indahaʃ	إندهش
überschätzen (vt)	bāliχ fit taqdīr	بالغ في التقدير
übersetzen (Buch usw.)	tarʒam	ترجم
überwiegen (vi)	γalab	غلب
überzeugen (vt)	aqna'	أقنع
umarmen (vt)	'ānaq	عانق
umdrehen (vt)	qalab	قلب
unternehmen (vt)	qām bi	قام بـ
unterschätzen (vt)	istaχaff	إستخفّ
unterschreiben (vt)	waqqa'	وقّع
unterstreichen (vt)	wada' χatt taht	وضع خطّا تحت
unterstützen (vt)	ayyad	أيّد

256. Verben V-Z

verachten (vt)	ihtaqar	إحتقر
veranstalten (vt)	nazzam	نظّم
verbieten (vt)	mana'	منع
verblüfft sein	ihtār	إحتار
verbreiten (Broschüren usw.)	wazza'	وزّع
verbreiten (Geruch)	fāh	فاح

verbrennen (vt)	ḥaraq	حرق
verdächtigen (vt)	iʃtabah fi	إشتبه في
verdienen (Lob ~)	istaḥaqq	إستحقّ
verdoppeln (vt)	ḍāʿaf	ضاعف
vereinfachen (vt)	bassaṭ	بسّط
vereinigen (vt)	waḥḥad	وحّد
vergessen (vt)	nasiy	نسي
vergießen (vt)	dalaq	دلق
vergleichen (vt)	qāran	قارن
vergrößern (vt)	zayyad	زيّد
verhandeln (vi)	aʒra mubāḥaθāt	أجرى مباحثات
verjagen (vt)	ṭarad	طرد
verkaufen (vt)	bāʿ	باع
verlangen (vt)	ṭālib	طالب
verlassen (vt)	nasiya	نسي
verlassen (vt)	tarak	ترك
verlieren (Regenschirm usw.)	faqad	فقد
vermeiden (vt)	taʒannab	تجنّب
vermuten (vt)	iftaraḍ	إفترض
verneinen (vt)	ankar	أنكر
vernichten (Dokumente usw.)	atlaf	أتلف
verringern (vt)	qallal	قلّل
versäumen (vt)	ɣāb	غاب
verschieben (Möbel usw.)	ḥarrak	حرّك
verschütten (vt)	saqaṭ	سقط
verschwinden (vi)	iχtafa	إختفى
versprechen (vt)	waʿad	وعد
verstecken (vt)	χabaʾ	خبأ
verstehen (vt)	fahim	فهم
verstummen (vi)	sakat	سكت
versuchen (vt)	ḥāwal	حاول
verteidigen (vt)	dāfaʿ	دافع
vertrauen (vt)	waθiq	وثق
verursachen (vt)	sabbab	سبّب
verurteilen (vt)	ḥakam	حكم
vervielfältigen (vt)	ṣawwar	صوّر
verwechseln (vt)	iχtalaṭ	إختلط
verwirklichen (vt)	ḥaqqaq	حقّق
verzeihen (vt)	ʿafa	عفا
vorankommen	taqaddam	تقدّم
voraussehen (vt)	tanabbaʾ	تنبّأ
vorbeifahren (vi)	marr bi	مرّ بـ
vorbereiten (vt)	aʿadd	أعدّ
vorschlagen (vt)	iqtaraḥ, ʿaraḍ	إقترح , عرض
vorstellen (vt)	qaddam	قدّم
vorwerfen (vt)	lām	لام

vorziehen (vt)	faḍḍal	فضّل
wagen (vt)	aqdam	أقدم
wählen (vt)	iҳtār	إختار
wärmen (vt)	saҳҳan	سخّن
warnen (vt)	ḥaððar	حذّر
warten (vi)	inṭazar	إنتظر
waschen (das Auto ~)	ɣasal	غسل
waschen (Wäsche ~)	ɣasal	غسل
wechseln (vt)	tabādal	تبادل
wecken (vt)	ayqaẓ	أيقظ
wegfahren (vi)	ɣādar	غادر
weglassen (Wörter usw.)	ḥaðaf	حذف
weglegen (vt)	ʃāl	شال
wehen (vi)	habb	هبّ
weinen (vi)	baka	بكى
werben (Reklame machen)	aʻlan	أعلن
werden (vi)	aṣbaḥ	أصبح
werfen (vt)	rama	رمى
widmen (vt)	karras	كرّس
wiegen (vi)	wazan	وزن
winken (mit der Hand)	lawwaḥ	لوّح
wissen (vt)	ʻaraf	عرف
Witz machen	mazaḥ	مزح
wohnen (vi)	sakan	سكن
wollen (vt)	arād	أراد
wünschen (vt)	raɣib	رغب
zahlen (vt)	dafaʻ	دفع
zeigen (den Weg ~)	aʃār	أشار
zeigen (jemandem etwas ~)	ʻaraḍ	عرض
zerreißen (vi)	inqaṭaʻ	إنقطع
zertreten (vt)	faʻaṣ	فعص
ziehen (Seil usw.)	ʃadd	شدّ
zielen auf …	ṣawwab	صوّب
zitieren (vt)	istaʃhad	إستشهد
zittern (vi)	irtaʻaʃ	إرتعش
zu Abend essen	taʻaʃʃa	تعشّى
zu Mittag essen	taɣadda	تغدّى
zubereiten (vt)	ḥaḍḍar	حضّر
züchten (Pflanzen)	anbat	أنبت
zugeben (eingestehen)	iʻtaraf	إعترف
zur Eile antreiben	aʻჳჳal	عجّل
zurückdenken (vi)	taðakkar	تذكّر
zurückhalten (vt)	manaʻ	منع
zurückkehren (vi)	ʻād	عاد
zurückschicken (vt)	aʻād	أعاد

zurückziehen (vt)	alɣa	ألغى
zusammenarbeiten (vi)	ta'āwan	تعاون
zusammenzucken (vi)	irta'aʃ	إرتعش
zustimmen (vi)	ittafaq	إتفق
zweifeln (vi)	ʃakk fi	شكّ في
zwingen (vt)	aʒbar	أجبر